法藏知津

九編

杜潔祥 主編

第13冊

宋代禪宗僧侶世俗化的研究（上）

張俊儒 著

花木蘭文化事業有限公司

國家圖書館出版品預行編目資料

宋代禪宗僧侶世俗化的研究（上）／張俊儒 著 -- 初版 -- 新
北市：花木蘭文化事業有限公司，2023〔民 112〕
目 2+188 面；19×26 公分
（法藏知津九編 第 13 冊）
ISBN 978-626-344-418-8（精裝）
1.CST：禪宗 2.CST：佛教事業 3.CST：僧侶文學 4.CST：宋代
618   112010445

ISBN-978-626-344-418-8

法藏知津九編
第十三冊   ISBN：978-626-344-418-8

宋代禪宗僧侶世俗化的研究（上）

作　　者　張俊儒
主　　編　杜潔祥
副總編輯　楊嘉樂
編輯主任　許郁翎
編　　輯　張雅淋、潘玟靜　美術編輯　陳逸婷
出　　版　花木蘭文化事業有限公司
發 行 人　高小娟
聯絡地址　235 新北市中和區中安街七二號十三樓
　　　　　電話：02-2923-1455／傳真：02-2923-1452
網　　址　http://www.huamulan.tw 信箱 service@huamulans.com
印　　刷　普羅文化出版廣告事業
初　　版　2023 年 9 月
定　　價　九編 52 冊（精裝）新台幣 120,000 元
版權所有・請勿翻印

宋代禪宗僧侶世俗化的研究（上）

張俊儒　著

作者簡介

張俊儒，男，八十年代生人，籍貫甘肅慶陽，二零二二年於四川大學獲得博士學位，現從事古典文獻、佛教文獻等研究，有相關領域論文數篇。

提　　要

　　宋代禪宗僧侶的世俗化表現具有多樣性的特點，本文擬從四個角度來做定性的分析，分別是寺院經濟的發展形式、寺院制度的創新狀況、僧侶的文學創作、寺主群體的導向性作用等。這四個方面代表了僧侶在經濟、制度、文化等各層次的實踐活動。僧侶作為這些關係網絡的核心，起到了勾連並推動的作用。因而研究這些要素的世俗化苗頭，就是在討論宋代僧侶乃至佛教的整體世俗化狀況。由布施作為根基的寺院經濟活動，推動了宗教機構組織方式的改革，即從甲乙向十方，以及兩院制向住持制的改進。經濟較好的情況下，部分僧侶從百丈清規的束縛中解脫出來，從事文史的創作活動，並取得了較高的成就。作為教派領袖的寺首擔負著內外兩方面的責任，對內統轄寺院並教導門徒，以接續佛教之慧命；對外則作為佛教的社會代理人，盡可能多的尋找與政府的合作機會。

目
次

緒　論

　　佛教史研究的主流集中在宋代以前，宋及以後的著作相比之下顯得比較有限。宗教通史雖會偶爾提及此一時段的情況，但因為並非專著，故論述往往失之精細。造成這種情形的原因是多方面的，一則由佛教發展的內在邏輯所決定，唐代以後佛教思想的開拓性有所降低，即由創新變為保守，僧侶開始大量整理宗教的史地材料以及過往高僧的嘉言懿行。既缺乏創造性的思維，則可供探討的內容便不會太多。二則或與時代的學術風氣有關，宋明時新儒家為大端，清代樸學昌盛，這一大時間內宗教基本都處在閏位，此一變化形式反映在當代學人的觀念之中，即有「預流」與否之分，問津者少有其人也是可以想見的。三則宋代佛教雖然在思想上表現出了保守的特徵，但其在社會層面的影響力卻有加強的趨勢，宗教經濟、僧團運營等方面都有新的建樹。這些內容都可以看作宗教世俗化的表現，這一層次的研究完全不同於宗教哲學問題，它是經驗性的——它只能對可能觀察到的現象進行研究並得出結論。因此這種資料來源的限定，即可觀測可記錄等性質，與宗教核心要素即精神性或超自然的要求相悖。因而研究宗教的世俗面向往往要受到一些質疑，甚至有被描述為買櫝還珠者的風險。然宗教與社會有千絲萬縷的關係，即使這種在虔信者看來屬於宗教最邊緣化的內容，也展示了信仰形態的一隅。此外，將宗教人員看作社會力量的一種，分析其與世俗社會糾纏和調適的情形，不僅對社會史研究有利，同時也能看到教派政策變革的動力，這雖然不是有關宗教的唯一重要信息，但也是本質性的內容之一。當然，與社會過多的糾葛會使得宗教神聖性受到損傷，如過度物質化的指責就是一個老生常談的問題，瞭解不同歷史狀態下的處理方法，或者也能為教派提供一些未雨綢繆的措施。因而，加強宋代佛教研究

固然是佛教史內在邏輯的需要，更重要的是能對當今過度的世俗化浪潮，提供一些認識論上的借鑑。筆者雖學譾識庸，希望能於此貢獻綿薄之力，個中想法多不成熟，懇請專家哂正。

一、綜述

宋代一般被認為是近世文明的開始，這一判斷基於當時一些社會要素的深刻變化，如生產力進步、政治結構變遷、商業倫理完善、市民精神增強等。此諸種要素重構了社會風貌，使得古典社會中出現了一些新的苗頭。這在以前是從來沒有的，宗教方面大的變化就是世俗化的加深。宗教世俗化最先被用於描述基督教的情形，然而它並不是研究宗教的本質問題，而是預言其在現代社會中的走向。即基於現代性的祛魅能力，並藉助高度市民精神，來討論宗教消亡的可能。當然基督宗教並沒有消失，不過這並不意味着世俗化命題的論述不可取，它的思路和視角對研究宗教發展仍然具有很高的指導價值。要將其移植到本土宗教命題，效用的匱乏反倒是其次的問題，可能面臨的真正挑戰是民族化的情緒，即文化沙文主義的偏見。宗教徒認為自己的教派具有唯一性、至上性，人類可以靠此路徑獲救。這種強調教派特殊性的思路有其重要價值，然而它卻忽略了宗教的趨同性，而這種趨同性可能纔是更本質的內容。暫且拋開儀軌教義等異質性較強的要素不談，教派的物質面向需要在人際互動中完成，既有互動，則難免發生倫理、經濟的活動，這些活動的原則必然要受到本學科的統轄。從普遍的共性出發，亦可考見宗教發展的某種邏輯。本文即從宗教人亦即神職人員為出發點，來探討佛教在宋代的發展狀況，神職人員可以是信徒、先知、神父，或者是此處將要討論的對象——僧伽。

宗教神職人員作為溝通現象界和本體界的橋樑，擔任了紓解信徒屬靈需要的職責。作為使者，他在世俗中踐行聖訓，這與人的本質多少有些衝突。聖哲的要求包含了脫離人本質範疇的誡命，這種要求不僅體現在道德上，更需要落實在行動上。謹以佛教為例，理想狀態下，僧侶學習佛陀的四諦八苦十二因緣等教義，傳播一種悲觀的人生哲學，號召自力解脫的同時，也散佈拯救的福音。為了區別於普通信徒，建立起訴諸知識乃至權威的優越地位，他們會宣稱自己開悟並洞悉了世間的妙道。經由知識而建立的優越地位，讓他們的身份充滿了神聖的意味，對真相瞭解的多少本身就會區別人的等次，當成為了一個理想中全知全能的人，就和信徒心中的「神」合一了。與這一理想狀況不同，真

實的情形是神職人員並沒有達到教主的高度，教主都是故往的，他沒有物質的需要，不發生社會關係，他是不可挑戰的完美狀態的偶像。而信徒除了精神生活，還有生存必須的物質生活。宋代仍有部分僧侶實踐頭陀行，他們居住在深山，過着低慾的生活。這並沒有什麼特別，幾乎所有原始宗教都認為痛苦和靜謐對心智有巨大的啟發，能讓人快速的了別究竟義的真諦。剩餘的僧侶基本都在寺院中居住，有時候也會旅行，這是學習更高知識的要求。除了擔任佛陀的使徒，踐行救世度人的教誨之外，他們常常也會扮演其他角色，比如商人、農夫、高利貸者……有些職業可能是不如法的，甚至違背了教義的要求，然而他們似乎也無暇在意。額外的身份，不會對他們解脫有太大的幫助，不過能夠帶來現實的利益。這種身份重疊矛盾的現象，背後的原因耐人尋味。

米歇爾·福柯在《瘋癲與文明》中使用了群體學的方法，創造性的回溯了歐洲區分瘋癲者的手段，展示了理性對非理性的征服過程。他注意到在瘋癲與理性互相羈縻的領域，存在一種模糊閃躲粗糙的交流，正是這一交流導致了秩序的重建。這種群體和細部結合的研究手段，展現除了極強的創造力，堪稱範本。為了能夠在一定程度上還原宋代僧侶的生活狀態，這裡也將採取類似的手法。宋代的佛教徒開始擁有一種世俗化的生活，從某種程度來看，這是對以往僧團規制的突破。其引起了神聖性降低等一系列的問題，並因此與普通信徒形成了新的隔膜。如果將此過程看作世俗化的端倪，那麼引發這種變化的恰恰是神職人員自身。不過宋代佛教並沒有呈現出凋敝的狀態，按照宗教經濟學的觀點看，當宗教的張力下降時，信徒的委身程度會降低，若宗教回報不能相應的上調，會導致教團的衰落，甚至會出現教徒改宗的現象。很明顯，這種情況在宋代沒有出現，這當然不是自然的狀態，而是人為運作的結果。佛教與彼時社會的張力極低時，僧侶會採取了一系列的組合措施來提振教團的發展，神聖經濟學的觀點正可予以解釋，這也是第一部分討論的重點。僧侶的經濟生活已經有較多學者討論，他們的研究基本圍繞在身份獲取的政治手續、隸屬機構的變遷、寺院的組織方式、僧侶業農業商的情況等方面，這些內容基本都屬於史實的考證。部分細節尚有進一步討論的必要，如甲乙制寺院中科層化的組織形態，以及僧伽差遣職務的意義等，事實上住持制度雖然提高了寺院的凝聚力，但同時也降低了神聖性，也即是當時的宗教世俗化潮流有一些特殊的內部邏輯和因由。僧侶之業商態度的轉變，此一現象隱藏有價值觀念的變化，亦需要做專門的研究。

　　宋代佛教採取去精英化的路線，轉向了一種更具普遍價值的帶有「民粹」色彩的方向。雖當時之名宿碩德並不罕見，然而寺院的發展以及產業的經營，並不能端賴此輩完成，更需要大量精擅俗務的中堅力量。他們在一定程度上主導了彼時佛教的發展。總的來看，宋僧擯棄了理性宗教及文本根基，大膽地確立了頓教的地位，這種學習成本更低的策略幫助他們迅速佔據了底層的信仰市場。此一特別教義能夠吸引更多人進入教派，在展現了自身在神學上優越性的同時，又提供了更高的宗教承諾，對吸納更多信仰者來說，無疑是一個更好地選擇。然而通過簡化教義來降低宗教和世俗之間的張力，存在着去神聖化的風險，同時也意味着社會總體宗教強度的降低。低宗教強度社會可能會導致無神論的汎濫，從而削弱包括自己在內的所有教派的根基。為了防止此狀況的出現，宋僧採用了將拯救可能商品化的行為。這是一種類似贖罪券的嘗試，他們把從業力理論中提取的功德變成了一種等價物，信徒通過皈依、捐獻、幫工等手段，都可以積累一定的功德，並作為贖買將來更好果報的憑證。這種簡化策略降低了所有人參與信仰活動的成本，豐富了佛教的經濟內涵。最重要的是它聯通了世俗活動與拯救可能的橋樑，此創舉為宋代佛教經濟的發展提供了極大便利。當僧侶獲得布施之後，他可以通過投資參與再生產，以擴大經濟規模，並取得一定的社會地位。將本來較為獨立的宗教力量引入社會化生產之中，既影響了財物的流通分配，同時也在世俗消費活動中積累了一定的社會影響力。在業力論的策動下，這種投資的活動也可以被如法的解釋，施主的布施能夠獲得一次功德，而錢財經過投資增長之後也可以獲得一次功德，每一次布施行為都將得到持續的回報，也即這些錢的質性因為如法僧的參與而發生了改變。因而，雖然宋代佛教整體處於較低張力的品味，宗教世俗化的浪潮較為強勁，卻正好可以作為解釋其繁榮的根據。

　　宋僧在經濟方面取得了較大成就的同時，在文化上面臨着更嚴峻的挑戰。這不僅因為新儒家在思想領域重新掀起的排佛潮流，更由於深度的世俗化現象為全社會送去了把柄。士大夫批評佛教蠹費公帑、削弱國家根基，這已經是老生常談了。以最具有代表性的韓愈為例，他排佛是通過展示其與社會體制的扦格這一層面，很少涉及對義理批判，可以認為是一種表面化，卻不易應對的批評方式。宋儒在沿襲了這一路徑的同時，也提出了一些新的見解。新儒家一面吸收禪宗思想以擴充道學，一面又批判士大夫所濡染之禪風。僧侶如契嵩等對此也偶有回擊，然而往往處於下風。一些佛教徒曾試圖利用其思想資源解釋

儒家經典，強調共通性是一個較好的選擇，可惜這一行為在一定程度上取消了教派的獨立性，並且降低了宗教的價值。宋代儒士很少關心佛教義理，甚至部分僧侶也有一種拋棄聖典的傾向。他們互相談論的內容多半是參禪論玄之類，這種談話具有很強的個體性和隨機性，基本上不能形成公共知識。沒有新鮮的可供發掘的共識產生，教派惑人耳目的參禪論道，更多的只能被看作有閒者的消遣。另一方面，不能形成共識就無法豐富當時的社會思想，佛教在唐代以前對中國本土思想貢獻巨大，為當時那種封閉保守的社會帶來了強力的刺激。而到了宋以後雖然也有譯經，但因為風氣的轉移，思想建設的工作基本上很難參與了，這就導致佛教的思想資源有退化為倫理觀念的風險。倫理觀念僅能作為維繫社會規則的附屬，而不能創造新的增長可能。本來能夠維繫社會價值觀念也未嘗不可，可是宋代道學情緒高漲，新的價值準則正在迅速確立，其中尊王攘夷的因素於佛教多有不利，至少在形式和觀念上的排擯和省察成了士大夫自我驚醒的一種策略。

蠹費公帑、蝕壞國家根基不必多言，強調其外來文化的身份，這也不是新的作法。其根據可以追溯到古典的儒家文獻，五經中存在大量有關尊王攘夷的論述。僧侶遵循的教誨據稱來自釋迦牟尼本人，宗教徒標榜他的言語為聖典，但就效用來看，作為聖典的經論與載籍傳道的典冊並無差別，也就是說佛教徒難以證明他們的聖典具有其所宣稱的自性。另外，佛教的一些原則可能存在不適應國情的狀況，所謂國情這裡特指與儒家倫理相違背，因而被當時崛起的今文經學家斥為外道之學，或一種破壞倫常的歧見。宋代僧侶面對這種批評，有時候會表現出束手無策的狀態，不予置評當然是一種態度，如果奮起辯解，雖然能夠緩釋指責的惡果，同時也會深度的介入到與世俗文化的糾纏中，這不符合教義的原則。還有一種情況，那就是支持佛教的士大夫反抗指責。宋代支持佛教的士大夫大都是禪宗的信徒，這些士夫往往兼顧了施主和護法者兩重角色，當僧團面臨困難或者需要積累常住資本時，他們會慷慨解囊；一些時候他們會抗然而起為佛教分辯，認為其原則在儒家可以找到根據。信佛有時候會提供良好的名聲，他們會被貼上仁慈的標籤，當然不一定是恰當的。這對他們為官有利，更多時候還是本人為佛教的空性見所征服，這與個人的宗教秉性有關。當士大夫成為佞佛者後，他和佛教就成了合作的關係，從付出來看，布施和聲辯是他能夠提供的服務，這些都可以幫他在功德田中種下種子，將來業果成熟時，他們能夠作為護法者而受到良好的後報。收穫呢，佛教徒仁慈寬懷的

名聲，能夠為他們的風評提供很大的好處。這是宗教方面的原因，在俗世的層面僧徒作為佛教的社會代理人，他們有意識地爭取各種力量的支持，採取的手法是多樣化的。如通過營建良好而幽深的寺院環境，來為儒家精英提供實現隱逸理想的空間，他們在這個空間中遐想與古代的高明賢達者精神交匯的可能，這極度迎合了士夫高貴人格的野望，這也是居士佛教的主要形態。一些優秀的僧侶通過交遊爭取到了許多支持者，這些人會被稱為外護，他們能夠幫助寺院解決一些政治方面的難題。談到政治方面，僧尼身份的成立及其與政府的關係，總是繞不過去的問題。

　　宋代官府對僧團以及僧侶個人的儀範有特殊的要求，這些規定大都建立在戒律基礎之上。因而討論戒律是研究僧侶這一社會角色的客觀需要，戒律不僅反映宗教之理念，更重要的是其表現了僧伽群體在三寶中地位的升降變化。不同派別對戒體認識的差異，既反映出教義的側重，也可以窺見佛教內部對僧侶約束及放縱的過程。這種變化一般都來自社會力量的倒逼，因此釐清其中各要素，有助於從本質上把握僧伽在主流文化中掙扎、適應的動因。要從紛雜的現象界中確定僧侶身份的特殊性，不但應說明其自別於大眾的外在表現，也必須追溯作為行為準則的律學的展開史。這是從佛教自身角度的考察，而其作為一種社會力量，又難免受到外界各因素的轄制。當戒律被作為社會層面的規範來推廣，並用以律儀僧侶的行為時，就必須從其中取得最大的共識，蓋因法律比起不同的戒律文本具有更強的普適性。且在世俗律法中，提供更嚴苛的要求來限制僧侶，一方面可以展示教派在道德上的優越性，另一方面也能夠為普通人提供信仰的參考。除了法律之外，來自政治的影響同樣不可估量，政府首先會通過調整僧團的規模來左右其發展，基本上是以限制的措施為主。取得僧侶的身份需要經過國家的審批、備案，這一制度的出發點是控制神職人員的隊伍。宋代政府立法明確了度牒贖買的條件，以及不適宜入僧的情形，並規定了對違背條令者的懲處。強制性的政治手段往往對社會有深遠的影響，他會打消一些投機者或者窮人對皈依的執念。度牒贖買的費用高昂，普通個體很難獨力負擔，因而就有了寺院營產置辦的情形。然童行之人數往往超出購買能力的限制，這就產生了先後以及去取的問題。一些寺院按照其承擔俗務的多少來安排贖買次序的，出色者可通過祠部的考試程序而獲得度牒，考試大都要求背誦特定的經文等。但這不是常態，其原因在考試並不是循例舉行的，它更多像是一種恩例。按照所承擔的雜務來安

排先後時，寺院俗務就有了新的意義，這也是世俗化加深的主要表現：寺廟內部出現了不以信仰能力評判的標準。要解釋此現象必須回溯寺院職位乃至組織方式的變遷。寺院體制從晉唐到兩宋，發生過兩次較大變化，分別是唐代的三綱制度到北宋的寺一院二級制度，最終到南宋的住持制度，也即宋代是佛教制度發生變動的時期，兩宋的情況又各有不同。住持制乃是從禪宗的叢林制中演化而來，其具有分工明確、責任清晰、程序連貫等高效特點，這些要素的作用是整合權力，此後寺主對寺院的管理有了絕對的裁斷權，即越集權越高效，這明顯是一把雙刃劍。內部人員按照序齒和能力綜合排位，以職位繫事，同時又互相監督，最終向寺主負責。這種制度是對帝國構架的象喻和模仿，因此很快就獲得了政府的認可，並被納入了國家力量。寺主的更換需要經過相應的批准，甚至直接降中敕為大型寺院來指定寺主，小寺院也需要地方長官核准，佛教作為一種社會力量被進一步納入到了政府的框架之中。寺主作為教團和朝廷的橋樑，擔負着溝通協調的職能。一方面，他們一直在極力推動教派內蘊價值的普遍化，內蘊價值普遍化可以形成一種游離於國家之外的力量，共享同一種原則和信仰會與主流社會產生距離，這樣就會形成部分自治的可能，並進而獲得特殊的經濟、政治和社會的地位。另一方面，政府要求境內的所有臣民都必須服從其絕對的權威，大一統王國都有這樣的要求。這兩者之間必然存在矛盾，為了緩和關係，寺主對內整合了寺院的權力之後，對外則極力尋求與政府合作的可能。

推動內蘊價值的普遍化，是通過對更多信徒的教導來完成的。僧團領袖作為佛陀的使徒，擔負着佛法傳播和永駐的責任。隨著世事的轉移，其教育手法也有相應的更改，不再是單純的訴諸神聖性的權威，亦即引用聖典作為說教的材料，他們開始利用談論並製造邏輯陷阱的方式。禪宗是宋代佛教的大端，他們的知識通過奇異的對話以及靈性共鳴完成傳遞，不像以前那樣有權威文本作為支撐。因這些談話在經典中並不存在，並且進一步說談話背後的部分邏輯也很難為佛教哲學所肯定。禪宗哲學以及教育方式的研究可謂汗牛充棟，人各其說，但有一點比較確定，那就是語言的崇高地位。禪宗通過簡潔的對話來傳播意義，看起來是從語言中覺醒，而覺醒者迅速的成為新的靈性語言的運用者，那麼會不會他的覺醒包括了語言的覺醒，或者乾脆就是語言的覺醒呢？寺主通過開示語言的悖論，來創造一個存在主義的巨大陷阱，讓門徒充滿焦慮的意識，並從焦慮中自勝以尋求開悟的機會。即住持或

曰禪師乃焦慮語言的創造者，而焦慮語言正是後來者的解脫語言。寺主的教誨讓初學者處於一種焦慮的狀態，有時候這會被叫作疑情，當某一天機緣到來的時候，他們突然獲得了對真相的了知，也就是一種技術化的語感。頓悟的理論基礎當然是眾生所共同具有的佛性，也就是每個人和佛陀都沒有本體論上的差異，因而突然的了悟只是開啟了內心的鎖鑰。這是寺主對內的教誨工作，也就是內蘊價值普遍化的一個面向。與政府合作的可能，建立在佛教本身的哲學基礎之上，他們通過合法化帝國建設之中的異常行為來進行。佛教進入中國後，寺院機構一直在尋求成為政府的合作夥伴，並以取得儒家那樣的地位為目標。佛教所提倡的廣大菩薩行，也就是兼善的倫理，對社會治理有一定的益處。雖然其不能成為社會的支柱倫理，但「可補充社會改造之缺陷，革新社會制度，改良社會組織」，〔註1〕並使組織成員之關係得到圓滿調和。他們在往昔已經取得了政府的一些項目，比如追薦陣亡的士兵，為國家以及皇室成員祈福。到了宋代，他們還開拓到了祈雨的活動之中，這與龍信仰被歸化有很大關係。與政府合作，除了良好的名聲之外，一般還能獲取到很好的賞賜，有時候會被賜紫，並給以度僧的名額，這對提振寺院有較大的作用。

南宋時因為助軍的需要曾出現過出售度牒的潮流，這導致了僧伽隊伍冗濫的加劇，不過從長時期的歷史來看這並不是新鮮的事情。僧尼出家的原因往往千奇百怪，一部分人是出於避稅的需要，甚至有些寺院聚眾為盜，僧團的整體素質很難保證，因此其形象因也就受到了較大的影響。這種冗濫引發了一系列的社會問題，附佛外教大量出現，如羅教、先天教、無為教、白蓮教等，乃至於被諷「吃菜事魔」的摩尼教也有攀附佛教的行為，這些教派對佛教思想的建設幾乎沒有幫助，更多帶來的是負面影響。他們常與地方幫派結合，形成一種介於宗教和社團之間的組織，成為安定的隱患，因此多被政府打擊取締。不過效果似乎不太好，許多秘密教派一直到清末還有活動的痕跡，這些附佛外道對教團一直有消極的影響。除了僧尼冗濫這個原因之外，新翻譯佛經的內容取向也可能是平民宗教（popular religion）氾濫的一個誘因。宋代譯出的佛經大都與密宗相關，充滿了神怪的元素，再加上本土唐密的流傳，使持咒、詛祝等巫術之手段，迅速進入到了佛教的儀軌之中。這對部分信徒起到了負面的表率

〔註1〕〔日〕加藤咄堂《社会教化に於ける宗教の使命》，《南瀛佛教》第11卷第2號，1933年2月，《文獻集成》第113卷，第260頁。

作用，甚至在一些地區形成了殺人祭鬼的畸形風俗。實質上，佛教密儀和本土巫鬼道的合流有其必然性，這兩者都包含了大量原始信仰的元素，可以看作萬物有靈論的不同表現形式，它們根底上存在著同質性，甚至他們可能有一些共同的來源。密宗教典的譯出對處於創造力枯竭期的佛教來說有其積極的意義，它標榜的快速成佛法門，較大程度上肯定了禪宗頓教思想，使頓教的修持方式有了更多聖典的依據。禪宗的許多異常行為，相形之下也就有了更多的合理性。至於更多的文化影響，郭朋認為微乎其微〔註2〕。除譯經之外，僧侶的著作亦往往而有。宋代僧尼的著作大約可分為五類，其中對當時風氣有較大影響的當屬集部和史部，集部即詩古文辭等文學作品，史部情況較為複雜，大約可以分為專門史及通史兩種。

　　僧尼文學往往與一種極端的集體主義掛鉤，即他們的創作會被視作宗教身份的一種表徵。將此論放回到中國文學傳統的語境，更需要理解這種狀態：宗教這一語義來源既廣，且與本土文化相衍相生，因此也就成全了他們身份的多重面貌。僧尼身份主體的生成來自於釋教之經典，直到本土化的禪宗出現之後，開始出現了對僧侶個人性的持續思考。這一主體呈現了三項特色：教徒有掙脫臉譜化從而建立一深度自我的傾向；日常生活具有了更豐富的意義；自然體現出了一種形而上的哲學資源。具體到宋代來說，禪宗帶來的解放力，使僧徒有能力掙脫深文廣句的束縛，在作品中表現出直覺化、非理性的特徵。對哲學來說，理性能力失位是一種倒退的表現，然而對藝術來說卻是一種進步。他們表現剎那的生命體驗，或者說再現開悟狀態的靈光，自然有「羚羊掛角」「天機自現」的境界現前。佛教從一種思想範式漸而進入到了意識形態，這是表面化的現象。真相是宋僧光怪陸離的創作局面之後，有一股推動的力量在發生作用，那就是「興」的啟發功能。我們認為宋代僧尼之文學創作實踐，大量使用了「興」的手法，「興」的原初義即為詩之表現手法，宋僧之文學創作可以看成這一指導思想的實踐。然「興」又不僅為作詩之心法，除文藝手段之外，其更為一思維方式乃至存在之狀態。職是之故，其在宋代禪宗有其更大的用途。「興」的本質是啟發，它試圖經由對周遭世界的描述，來領起讀者進入到一「全知」的境界。這一境界的發生要求詩性智慧的參與，姑可用佛教現量的概念論說，「現者，有現在義，有現成義，有顯現真實。現在，不緣過去作影。現成，一觸即覺，不假思量計較。顯現真實，乃彼之體性本自如此，顯現無疑，不參

─────────────────────

〔註 2〕郭朋編著：《宋元佛教》，福州：福建人民出版社，1981 年，第 13 頁。

虛妄。」〔註3〕「興」作為個體與全體的橋樑，以比附、融通、隱喻為主要手段的特徵，這些內容的全體構成了它對禪宗傳法方式，尤其是以文學文本為主體手段的引導和指示作用。此文化建設雖不具有石破天驚的開創性，但也豐富了文學、藝術領域的表現方式，故自有不容忽視的價值。

文學上的創舉之外，宋僧在史學方面也取得了一定的成就。除了創造性的使用燈錄和年譜這兩種新型體裁之外，他們還嘗試編纂了一些宗教通史類的著作。佛教史學家和正統史學家的修史觀念存在一些差異，比如在史料的去取和信度的考察上，佛教史家更強調觀念的真實性。也即他們的歷史主體是由歷時性的觀念合集構成的，雖有訴諸於現實信度的要求，但不成其為主流。這可能是他們秉持的知識範型不同所決定的，宗教更加強調個人化的體驗。同時應該看到宋僧在輯錄前輩的嘉言懿行方面取得了較高的成就，這構成了以個人事蹟為主流的燈錄體著作。此體裁有脫胎於列傳的痕跡，不過作為聖典的本質規定了它與眾不同的特徵：它可以作為傳道的寶訓。另一方面，教派強調其輝煌歷史的轉向，有時候會被批評為創造力枯竭的表現。因為一般認為當一個教派不能繼續理念創新的時候，僧侶纔會轉而總結編訂以往的事蹟。這一行為不僅能夠掩蓋創造力枯竭的實情，也可以通過彰顯的行為吸引更多的門徒。然而實際的情形可能更為複雜一些，宋代各教派都有修史的行為，不同分支的僧侶通過追定自己的前輩為正朔，以形成輿論來打擊競爭者，從而提高教派的地位。某種程度上可以看作他們通過訂立新的修行準則，以搶奪派別內部話語權力的行為。燈錄就是禪宗在這一權力交鋒中創造的產物，禪宗道統的擬構發生在宋代，藍日昌指出「爭道統乃宋人的想法，也因道統之爭，宗派之區別才愈形重要」，而真正「宗派的觀念是由後人向上追溯的」，其「初始於中唐，而大成於宋代」，因此，「宗派及宗祖代傳一人的傳承觀念是道統觀念的架構，非歷史性的構成」〔註4〕。燈錄既擔負著底定道統的重任，則其修纂原則必然不同於普通史書，有序性是第一項要求，不能出現難以解釋的派系傳承，否則信度很可能成為攻擊的軟肋。此外，它經常會表現突出的文學性，且求全求備的傾向非常明顯，甚至過分追求細節真實性的復原，以至於其背叛了某些歷史原則，從而具有了小說的影子，這一點從官方史書中也可以看到。禪宗內部不同

〔註3〕（清）王夫之《船山全書第十三冊‧相宗絡索》，長沙：嶽麓書社，1998年，第536頁。

〔註4〕藍日昌：《宗派與燈統——論隋唐佛教宗派觀念的發展》，《成大宗教與文化學報》2004年第4期，第19～52頁。

宗脈的祖師在燈錄中都被塑造成一副高深莫測的形象，嚴苛一些說他們的形象有大量的重合，可以看作一個總形象的派生，這個總形象很可能就是宗派的理想人格範式。這種多元人物共生的現象可以看作談判和妥協的結果，文本背後這些複雜的糾葛使得其很難稱得上歷史範疇，而更像是神聖範疇的產物。燈錄的建立不僅有文獻學的意義，同時更為重要的是其通過文本影響所構建的現實意義。宋代禪僧的最終目的是想通過燈錄文本來建立一個威權體系，即只有被記錄在案的祖師纔可以授予開悟認證的權力，凡是沒有記錄在案或者絕嗣的法系，則被剝奪脈統發展的權利。這樣能極大整合禪宗鬆散的權力態勢，個中情形較為複雜，後文將有專章予以介紹。

　　宋代僧侶世俗化研究這一議題，最大的困難不在材料缺失的方面，這雖然是研究者經常面臨的挑戰，恰恰相反，現在面臨的主要麻煩是材料太多且頭緒紛繁所導致的。再加上各種議論的指向性不明確，經常使人有盲人摸象的感慨，因而去取是第一要考慮的問題。並且宗教世俗性的研究經常會受到一些指責，信徒想強調教派的超越而非物質層面，這是可以理解的。然而宗教團體生活在塵寰之中，難免與社會發生交互，考察其所處環境以及應對策略是歷史敘事的需要。社會學中存在一個基本的假設，那就是在一個既定的群體和社會中，一切社會現象都是相互聯繫的。也就是說，所有的社會現象都處於持續的相互作用之中，並且每個部分之間至少以間接的方式彼此相互聯繫。因此，宗教與每一個其他社會現象和過程處於相互聯繫之中，既影響它們，同時又受到它們的影響。這一涉及宗教和其他社會現象的關係是持續並且辯證的，因而其必要性也就不必多言。況且人在物質方面的需求既不可避免的，則採用合宜的態度謹慎地處理這些問題，也正是認識宗教生活面貌的必需。佛教的理論千頭萬緒，若沒有經過長時間專門的學習，難以搞清其中名相部分的聯繫和區別，基於這樣的考慮，這裡的研究儘量建立在歷史和文學的範疇之內，避免過度的牽涉到教理的討論。這既是對教派的尊重，同時也希望能避免更多錯誤的發生。總之，斷言宗教的世俗性潮流及判定其為一種社會現象，此論斷不帶有任何評價性意圖。為達到此種目的，請以宋代僧侶群體的整體狀況作為切入點。

　　群體學的研究方法已經比較成熟了，基本上是按照定名、文化環境、生活狀態以及成員構成等思路進行。若將其遷移到宋代佛教的狀況，當也可以分為僧侶之定名、生活、所經歷的文化衝突以及形象的異化。前面已經談及這種研究思路會引起信仰者的擔憂，即經由歷史、社會等方面的考察，會瓦解作為宗

教的神聖性，故而迄今少有同題之專著。宗教世俗性或曰社會化的研究是基於經驗法則的，而如果從經驗法則的角度來看，神聖性往往出於一種預設，因為它不能被觀測和記錄。同時過度強調宗教神聖性或許可以吸引信徒，但不能維繫僧團的長久穩定。人對經驗之外的內容充滿警惕，只有秉持一信念之後方能優入宗教之堂廡。此信念之建立既有待於彼岸的肇造，向其昭示宗教之報償的高低，同時也需要政治、經濟諸要素的支持，制度、儀軌等具有同等重要的價值。這是本文開展研究的基礎。

考慮到當前的研究現狀，此處亦不採用四步法作為研究的思路，僅在前賢的高論下作一些修補和深化的工作，雖亦大約可分四個部分，即為經濟狀況、制度建設、文化形態、個體研究等，各部分之間看似相對獨立，但都服務於世俗化這一共同命題。第一部分集中在僧侶經濟的考察上，任何宗教對社會經濟層面的深度介入，都會被認為是世俗化的重要表徵。這裡遵循經濟基礎的決定論，試着提出了一種新的關於佛教經濟的解釋策略，並進而考察傳法、經營等手段變化的緣由。經濟方面的考察之後，緊隨第二部分乃有關宋代寺院組織方式及權力貫徹方面的討論，強調了宋代寺院的改革是對世俗政府的象喻式模仿，論及的內容包含住持制度的確立及其內涵，並因此分析了十方制寺院的權力貫徹方案，最終擴展到禪宗派系之間的權力糾葛。第三部分分析宋僧的文化建設，按照佛教戒律的觀點，搖動脣舌巧言好語都是不如法的，因而參與文學創作的潮流，本身就是世俗化的一部分。故此處既有文學創作的討論，也有史學成就的說明，並提出了宋代僧尼文學中對興起功能的開掘，肯定了禪宗對文化及藝術創作的巨大貢獻。史學方面主要說明了燈錄在整合鬆散教派權力中所起到的作用，認為燈錄乃宋僧為統轄教派而創作的神聖文本，通過控制傳法權力的分派，以控制宗派規模，乃至整個世俗面向。另外也提到了宋僧修撰通史的實踐，略微分析了佛教史觀的內涵。最後一部分選擇了佛教僧侶中的寺主這一特殊群體來做專門之研究，一方面寺主乃佛教這一社會機構的代理人，擔負着紐合政府與教派的中樞作用，對佛教世俗化的深度有充分的調控能力。另一方面他們作為佛陀的使徒，又擔負着教導門徒、拯救世人的重任，這一職責雖然充滿神聖性，然而其實現還是需要依靠社會根基。這兩方面的要求都使其在宋代社會中面臨着多樣化的挑戰，故而此群體的生存狀態，實可以作佛教整體狀態之表徵觀，研究其傳法策略、行政生活，都可以收到小中見大的效果。

二、研究現狀

　　此處大致將可能涉及到的資料略作說明，更詳細研究現狀的說明，係屬在每章的前部。與本文相關的內容較多，但同題的著作缺少，此處只揀最相關的略作說明。佛教史題名與宋代有關的著作，大都或多或少的討論了預設的部分問題。這些作品有郭朋《宋元佛教》、顧吉辰《宋代佛教史稿》、史金波《西夏佛教史略》、謝和耐《中國五——十世紀的寺院經濟》、劉長東《宋代佛教政策論稿》、竺沙雅章《宋代佛教社會史研究》《宋元佛教文化史研究》、黃敏枝《宋代佛教社會經濟史論集》、黃啟江《北宋佛教史論稿》、高雄義堅《宋代佛教史研究》、塚本善隆《中國中世佛教史論考》、牧田諦亮《中國近世佛教史研究》、藤堂恭俊《中國佛教史》、湯用彤《漢魏兩晉南北朝佛教史》、印順《中國禪宗史》、杜繼文之《禪宗通史》等。此類著作於宋代佛教通論、宗派、人物、寺院經濟、中外交流、佛教與社會文化之關係等，有一些令人歎服的貢獻，勾勒了宋代佛教的整體面貌，其中成果可供本文借鑑者頗多。其中《宋代佛教政策論稿》、《宋代佛教社會經濟史論集》、《中國五——十世紀的寺院經濟》三種相關性更強，《宋代佛教政策論稿》主要討論了兩方面的問題：宋代政府對僧侶的管理，包括僧尼之隸屬機構以及管理制度的討論；寺院的性質和行政手續，如寺院合法地位的取得程序，寺院的形制以及官方寺院的行政內涵。此書基本理清了宋代佛教管理政策的脈絡，對研究僧侶之政治生活頗多助益。《宋代佛教社會經濟史論集》討論了宋代寺院的經濟狀況，涉及寺院的物質積累手段、寺田的管理方式，僧侶業商的策略等，並重點討論了寺院的商業活動及其影響，如對僧侶從事高利貸、長生庫、邸店以及具有賭博性質的拈鬮射利業的解析，展示了市民經濟對寺院的滲透，同時也呈現了分層化的寺院管理體制及其涉及的權力分配，此書可算宋代寺院經濟研究的開山之作。謝和耐的著作雖然並不專以宋代為研究對象，但因其將早期佛教經濟有關的全部原始資料做了分析，並且將寺院經濟與一種集合心理現象聯繫了起來，開創了一種新的策略，故多有可資借鑑之處。事實上他在對佛教戒律與中國社會相適應的討論裡，指出了佛教衰落的兩方面原因：一方面是在佛教本身的內部矛盾和最有利於佛教發展的背景中，僧侶在尋找一種世人可以稱之為商業思想的心理狀態，追求利潤變成其目的本身；另一方面，社會關係向一種社會分裂方向發展中，為了適應趨勢，佛教放棄了與舊關係的殘餘作鬥爭的企圖，進而放棄了保障社會凝聚力的特色，而佛教本身正是從這種被放棄的普遍性中獲得力量，故其僅

能以失去靈魂的蛻變形式維持下來。

　　思想史的研究有助於揭示僧侶行為變化的深刻根源，這不僅包括佛教思想，同時也應該考察相關的社會等背景要素。職是之故，忽滑谷快天《中國禪學思想史》、郭朋《中國佛教思想史》、潘桂明《中國佛教思想史稿》、葛兆光《中國禪思想史——從六世紀到十世紀》、土屋太祐《北宋禪宗思想及其淵源》、葛兆光《中國思想史》、柳詒徵《中國文化史》、陳來《宋明理學》、余英時《朱熹的歷史世界——宋代士大夫政治文化的研究》以及《士與中國文化》、包弼德《斯文——唐宋思想的轉型》、陳運寧《中國佛教與宋明理學》、溝口雄三《中國的思維世界》、方東美《中國大乘佛學》、小島毅《中國思想與宗教的奔流：宋朝》、Richard Robinson《佛教倫理學導論——基礎、價值與問題》等，都可以作為參考的對象。如葛兆光之禪思想史認為《壇經》摒棄了律學的各種主張，將戒體統一於修體，定修體為無相，致使戒律的意義完全喪失。這種看似無關緊要的改變背後有更深層次的意涵，戒律本為一種行為之規範，需要以特殊的儀表相貫穿於衣食住行等，各種宗教與非宗教生活之中，假若取消這種儀表的相狀，使戒律的儀軌置於不着諸相的原則下，就等於消解了它們應有的拘束制約功能，這樣僧侶自別於大眾的根基就完全喪失了。這一論斷中所肯定的經由無相戒而喪失的神我，及其對宋代的信仰關係產生的影響等問題，有進一步討論的必要。又余英時在《朱熹的歷史世界》中指出道學家之闢佛，並不像韓愈一般攻擊三寶本身，而是反對士大夫之禪風。余氏指這一現象的原因乃佛教的儒學化與僧侶的士大夫化，事實上，宋代儒佛之爭的關鍵不在於佛學本身，原始教義此時得到了新的詮釋，佛教也肯定了世俗社會對傳法事業的巨大價值，爭議的內容是由什麼來主導秩序的重建。釋門之內儒風大盛，事實上是對這一權力的讓渡，即放棄了其思想建設的籌碼。這是宋代佛教的一個新動向，余氏以為這一領域仍有深入瞭解的必要。包弼德在《斯文》中回溯了六到十世紀僧侶地位的升降變化，他認為唐代儒釋道三種思想的特殊性都得到了仔細的維護，王室並不尊任何一種為權威，這一時期顯要的僧人與顯要的官員看來並無區別，故而他們能夠雙向影響。宋代的道學運動卻改變這一局面，它通過對儒家經典的重新闡釋，確定了士地位的崇高性，道學家將己與理合一，其思想似乎與禪宗有千絲萬縷的聯繫，然而表面上對佛教的排斥也在增強，故儒生另闢蹊徑將孟子升格，這重新分配了文化領域的話語權。包氏此論尚有可以開拓的餘地，如忽略了佛教以及僧侶本身的變化，禪宗、淨土宗的興盛可以

看成一種民粹運動的先聲，這一變動有削弱知識地位的傾向，與古典精英領銜的社會範式扞格不入，此內因的作用恐怕要比外因更強勁。

　　第三類可資參考的文獻是普通宗教學的研究成果，這類作品數量非常可觀，然與本文有直接關係的並不多，現擇要臚列。羅德尼·斯達克和羅傑爾·芬克合著的《信仰的法則》、馬克斯·韋伯的《宗教社會學》與《中國的宗教》、麥克·彼得森及威廉·哈斯克等合著的《理性與宗教信念》、羅納德·約翰斯通《社會中的宗教：一種宗教社會學》、楊慶堃《中國社會中的宗教：宗教的現代社會功能與其歷史因素之研究》、高延《中國的宗教系統及其古代形式、變遷、歷史及現狀》。《信仰的法則》對委身者的研究具有開拓性，作者本人也試圖用其解釋東方宗教的問題：「In our theoretical work we have attempted to formulate propositions that apply everywhere-that explain religion behavior as adequately in Canada as in China」（在我們的理論工作中，我們試圖提出適用於所有地方的命題——在加拿大和中國也一樣可以充分地解釋宗教行為）〔註5〕。他之所以能夠做出這樣的保證，正是抓住了作為感情與理性並存的人——信仰者（包括卡里斯瑪領袖）本身。他們難以逃脫普遍規則的制約，基於此前提斯達克將宗教個體的研究擴展到了群體，進而上升到宗教經濟，並通過大量個案的分析，得到了一種信仰的經濟模型。這一創舉為宗教社會學的新範式奠定了基礎，同時斯達克等對於反宗教的世俗化理論、非理性宗教理論進行了批判，他們建構了理性選擇的信仰路徑，這對僧侶行為（經濟）的認識具有指導性。事實上理性選擇的概念在韋伯的《宗教社會學》中已經有所表現，不過作為百科全書式的社會學巨匠，韋伯的著眼點更加寬廣，他僅將經濟的要素作為一種強烈動因，而統合了各種因素以構建信仰的倫理。信徒行為必須藉由分層化的宗教組織來顯現，這些組織在不同的文化中表現出不同的形態，正如作者本人所言：「如果要簡潔地以一句話描述出所謂世界諸宗教的主要擔綱者，那麼，可以這麼說：儒教，維持現世秩序的官僚；印度教，維持現世秩序的巫師；佛教，浪跡世界的托鉢僧；伊斯蘭教，征服世界的武士；猶太教，流浪的商人；基督教，流浪的職工。」這裡韋伯強調的是思想、觀念、精神因素對人行動的決定作用，然而在《宗教社會學》中的其它章節中他又宣稱制度因素第一重要

〔註 5〕〔美〕羅德尼·斯達克、羅傑兒·芬克著，楊鳳崗譯《信仰的法則——解釋宗教之人的方面》，北京：中國人民大學出版社，2003年，第2頁。本文所有涉及到的英文均由筆者徑譯，此後不再做專門之說明。

的地位。雖然這其中有一些抵牾的觀點，但他開創的以社會科學來解釋宗教現象的途徑，可以為僧侶行為的研究樹立參考的模板。

以上諸方面的著作均可作為研究之綱領原則，具體到佛教經濟來說，除黃敏枝教授的書之外，尚有游彪的《宋代寺院經濟史稿》，這本書糾正了以往對宋代寺院經濟中租佃關係本質的錯誤認識，並著重分析了寺院經濟發展所帶來的諸多問題的政策應對，全書材料翔實，取得了較高的成績。此外計有斯波義信的《宋代商業史研究》，竺沙雅章的《中國佛教社會史研究》、道端良秀的《中國佛教社會經濟史の研究》、周藤吉之《宋代經濟史研究》，以及汪聖鐸的《兩宋財政史》、漆俠的《宋代經濟史》、王德毅的《宋史研究論叢》、全漢昇的《中國經濟史論叢》等，皆勝義紛披。僧尼著作之研究如汗牛充棟，如龍晦《靈塵化境——佛教文學》之兩宋編，馬焯榮《中國宗教文學史》之宋代篇，王水照編《宋代文學通論》之僧侶篇，周裕鍇之《宋代詩學通論》《禪宗語言》等。更多專門領域的研究情況視行文的需要，相機予以說明。具體材料之來源亦為需要斟酌之問題，前文已經指出宋代材料較多的狀況，面對此情形若不能通觀全局，則裁斷上可能存在較大的困難，一有不慎，則有盲人摸象的遺憾。未免這種遺珠之恨，故所取材之範圍，以儘可能廣泛為原則，包括但不限於禪林筆記、燈錄、僧史、聖傳，也包括正史、小說、方志、詩詞歌賦乃至寶卷、善書、詛祝等文乘等。這些領域大都有專人之相關研究，大都集中在解釋宗教面向或者文學分析上，與本文之取徑略有差異。部分專事輯錄僧侶資料的著作，如李國玲之《宋僧錄》、《宋僧著述攷》等，為文獻蒐集提供了極大的便利。

三、研究方法

所採用研究方法大致可分為三種：文獻學、社會學、宗教學。文獻學的方法，即對涉及之材料做儘可能廣泛的蒐集。宋元佛教著作自不必多言，非宗教來源的主要包括歷史類如《宋史》《建炎以來繫年要錄》《續資治通鑑長編》《三朝北盟匯編》、《宋朝諸臣奏議》《宋大詔令全集》《宋會要輯稿》，方志如《寶慶四明志》《長安志》《淳熙三山志》《嘉定赤城志》《嘉定鎮江志》《嘉泰會稽志》《嘉泰吳興志》《景定建康志》《乾道四明圖經》《吳郡圖經讀記》《吳郡志》《咸淳臨安志》、《咸淳毗凌志》《咸淳玉峰續志》《新安志》等，筆記小說及宋人文章均在考察之行列。這些作品中涉佛教的部分材料已經有前人輯錄，可覆

核後直接引用。其餘未經輯錄者需作專門梳理，又有一小類本身具有迷惑性，需要特別裁斷。如《獨醒雜志》卷八載武昌萬道人善製陶硯之事，若不明白「道人」早期亦作為僧侶之稱呼，就很難判斷這一材料的相關性，實質上「萬道人」蘇軾早有過記載，言其在信州之觀音院，所製硯題款尤為精美云云。

二、社會學的方法。所以將社會學的思路單獨強調，不僅是方法論的問題，更牽涉到了一種價值的討論，對宗教進行價值判定會受到僭越的批評，因而有關宗教世俗化的寫作經常充滿了作者個人的焦慮。就方法論而言，對僧侶群體的研究是建立在一種重新社會化基礎之上的，即通過對其角色的定位的分析，這包括先賦角色與自致角色的衝突、社會角色扮演的過程等，推廣到這一群體內外的互動交流的考察，進而討論其作為一個社會階層的意義。僧伽集團中存在明顯的科層制，這就導致了一種分流局面的出現，理清這一現象的根源對認識異質性宗教團體可能會有幫助。就價值取向而言，社會學強調其本身所蘊含的科學性，聲稱理想狀態下這種研究方法能帶來價值中立主義，這一進路是建立在將社會行為視為一種「自然現象」的實證主義思路之上的，它要求研究者必須盡量作出客觀的判斷。事實上價值中立很難做到，社會學的三大奠基人馬克思、韋伯、涂爾干都會受到詬病：他們無不是以其鮮明的價值偏好作為研究動力的人。故而可能每個研究者都很難獨立做到價值中立，但整個學界可以價值中和，進而提供一種全面的圖景。即作為信仰的研究與作為批判的研究互補，使各種片面的深刻成為一種新知識增量的生產。以佛教為例，歷史的解構的研究思路，也許更能提供一種理性信仰的資源，而非像以往擔憂的那樣瓦解神聖的性質。

三、宗教學的方法。研究佛教必然要建立在名相、義理的判釋之上，這一點在僧伽身份的分析中尤其重要。通過追溯僧侶作為一種職業的變化歷史，如考察其衣著、配飾、聖物、戒律等要素的消長過程，可以清楚的觀察到原始佛教時期、漢傳早期乃至宋代作為一種社會角色的僧侶身份的模糊化、複雜化的過程，分析澄清其中的誘導性因素（包括律學的弛坏等），也許可以從佛教立場來認識其背後之邏輯。同時佛教作為普遍宗教之一種，必然要遵守宗教具有之基本規則，這些規則中部分已經取得了共識，如宗教的構成、信仰的意義、冥契的效果等，這些規則佛教自然也無法否定。同時宗教學中仍有一些尚未被普遍認可的討論，這些問題甚至不同研究者彼此有相異的看法，然而據我看來這只是視角所帶來的差異，其在認識程度上並無根本區別。以呂大吉提出的四

要素說為例，他認為這四個要素可以解釋宗教的一切現象，而這一邏輯在伊利
亞德那裏則變成了三要素說，這些爭論式的研究可以為僧侶形象的研究提供
一種新的更加全面的視野。即宗教基本理論的比較應用，不僅能提供知識的支
持，也可以構建一種差異化的方法體系。

第一章 宋代寺院經濟的振興及世俗化的加深：以善德經濟為核心的討論

　　宋代佛教經濟的研究著作較多，出色者如黃敏枝的《宋代佛教社會經濟史論集》〔註1〕，如游彪的《宋代寺院經濟史稿》〔註2〕，另外還有日本人斯波義信的《宋代商業史研究》〔註3〕、竺沙雅章的《中國佛教社會史研究》〔註4〕、道端良秀的《中國佛教社會經濟史の研究》〔註5〕、周藤吉之《宋代經濟史研究》〔註6〕，以及汪聖鐸的《兩宋財政史》〔註7〕、漆俠的《宋代經濟史》〔註8〕、王德毅的《宋史研究論叢》〔註9〕、全漢昇的《中國經濟史論叢》〔註10〕，

〔註1〕黃敏枝《宋代佛教社會經濟史論集》，臺北：臺灣學生書局，1989年。黃教授此書共有十一章，討論了宋代佛教寺院與社會經濟的各種層面和問題，比如寺田的背景和來源、寺院工商業以及福利產業的運營等，這些研究都取得了較高的成就。

〔註2〕游彪《宋代寺院經濟史稿》，保定：河北大學出版社，2003年。這本書糾正了以往對宋代寺院經濟中租佃關係本質的錯誤認識，並着重分析了寺院經濟發展帶來的諸多問題及其應對方法，全書材料翔實，取得了較高的成績。

〔註3〕斯波義信《宋代商業史研究》，東京：風間書屋，1968年。

〔註4〕竺沙雅章《中國佛教社會史研究》，京都：同朋舍出版，1982年。

〔註5〕道端良秀《中國佛教社會經濟史の研究》，京都：平樂寺書店，1983年。

〔註6〕周藤吉之《宋代經濟史研究》，東京：東京大學出版社，1962年。

〔註7〕汪聖鐸《兩宋財政史》，北京：中華書局，1995年。

〔註8〕漆俠《兩宋經濟史》，上海：上海人民出版社，1987年。

〔註9〕王德毅《宋史研究論叢》，臺北：臺灣商務印書館，1968年。

〔註10〕全漢昇《中國經濟史論叢》，香港：香港中文大學新亞研究所，1972年。

這些作品大都闢有專門章節或設相當的篇幅，用以研究寺院的經濟狀況，但因內容龐雜而分散，其中知識難以在此處統一交待，只能後續視行文必要另作說明。值得一提的還有法國漢學家謝和耐所著的《中國五——十世紀的寺院經濟》和《蒙元入侵前夜的中國日常生活》〔註11〕，前者雖然涉及宋代的部分很少，但它作為神聖經濟研究的典範，被人視為「用現代科學標準編寫中國史邁出的重要一步」〔註12〕，其地位和價值不容小覷，故思路和視角都將作為本文的參照對象。以上諸書大都完成於上世紀八九十年代，有一些甚至更早。近年來學界評價寺院經濟的觀點有了一些新的變化，這些觀點主要分散在一些單篇的論文中，體量較大的專著較少。其中有較大價值的如 Michael J. Walsh 的 Sacred Economies: Buddhist Monasticism and Territoriality in Medieval China〔註13〕（神聖經濟：中世紀的佛教寺廟和空間），Michael J. Walsh 通過對宋代位列「五山」之一的天童寺經濟活動的分析，揭示了神聖經濟深層的本質問題，諸如寺院田產取得的可能性以及必須性，深入到了對布施的研究，並且判定這一佛教經濟的基礎行為，完全符合布厄迪爾所謂的「交換」的本質。Michael J. Walsh 的認識對解釋神聖經濟的本質具有重要的作用〔註14〕。他的觀點在歐美佛學研究領域不算太過新鮮，與他持相似看法的人有不少，Donald S. Lopez 在 2007 年集解論文集 Buddhism in Practice〔註15〕（實踐中的佛教），其中收錄的文章大都試圖通過政治經濟學的方法解構寺院經濟，取得了一定的成績。Reiko Ohnuma 之 The Gift of the Body and the Gift of Dharma（身體與佛法的饋贈），〔註16〕另闢蹊徑試圖從佛教敘事文學中重溯早期僧侶經濟的歷史，擬構出僧團所採用的招徠策略，並展示出佛教與社會融合適應的過程。此外相關著作仍

〔註11〕〔法〕謝和耐著，劉東譯《蒙元入侵前夜的中國日常生活》，南京：江蘇人民出版社，1995 年。

〔註12〕〔法〕謝和耐著，耿昇譯《中國五——十世紀的寺院經濟》，蘭州：甘肅人民出版社，1987 年，第 3 頁。

〔註13〕Michael J. Walsh, *Sacred Economies: Buddhist Monasticism and Territoriality in Medieval China*, Published by: Columbia University Press, 2009.

〔註14〕Michael J. Walsh 曾專門撰寫過一篇文章：*The Economics of Salvation: Toward a Theory of Exchange in Chinese Buddhism*，載於 Journal of the American Academy of Religion, Jun., 2007, Vol. 75, No. 2 (Jun. 2007), pp. 353-382，這篇文章對佛教神聖經濟本質的揭示更為明確。

〔註15〕Donald S. Lopez, Jr. *Buddhism in practice*, Published by Princeton University Press, 41 William Street, 2007.

〔註16〕Reiko Ohnuma, *The Gift of the Body and the Gift of Dharma*, History of Religions, May, 1998, Vol. 37, No. 4 (May, 1998), pp. 323-359.

計有 John C. Holt 之 Assisting the Dead by Venerating the Living: Merit Transfer in the Early Buddhist Tradition〔註17〕（敬重生者以幫助死者：早期佛教傳統中的功德傳遞）、Richard Gombrich 之 Merit Transference in Sinhalese Buddhism: A Case Study of the Interaction between Doctrine and Practice〔註18〕（錫蘭佛教中的功德傳遞：教義與實踐之間的互動案例研究）、Robert J. Miller 之 Buddhist Monastic Economy: The Jisa Mechanism〔註19〕（佛教寺院經濟：吉薩制度）、Barend J. TerHaar 之 Buddhist-Inspired Options: Aspects of Lay Religious Life in the Lower Yangzi from 1100 until 1340（佛教啟發下的選擇：1100 年至 1340 年長江下游地區民間宗教生活的方方面面）等〔註20〕，以上著作勝義紛披，作為後來者自當歡忻相從。即本章節是在前賢時彥研究成果的基礎上，對宋代僧侶經濟的部分問題做的一些探討。

　　宋代寺院的經濟行為表現出多樣化的特點。僧侶參與社會經濟生活的基礎是通過受施行為奠定的，其過程大致可分為三個階段：施主對寺院的供養、僧侶的經營增殖、寺院對盈餘錢穀的處置。來自皇室和貴族的布施以田產和較大額的金銀為主，庶民階層則奉給其穀物和小額錢財。商人是個較為特殊的群體，他們一些時候也會捐贈大額的財物，以祈求生意的順利和家族的興旺。僧侶的經營自殖是圍繞寺院管理的土地展開的，包括耕種、租佃、買賣等形式，其本質是追求產出的最大化，這個目的帶有明顯的世俗導向。中古社會的經濟基礎來自於對土地的經營，這一點僧俗之間沒有太大區別。一些寺院還會進行其它商業行為，可以看作對土地經營的補充，例如碾磑業、油坊業、紡織業、賣藥業、飲食業乃至博彩業和高利貸等，範圍遍佈當時大多數商業經營模式，而這其中部分商業行為是不如法的。這些商業活動能獲取相當可觀的利潤，然

〔註17〕John C. Holt, *Assisting the Dead by Venerating the Living: Merit Transfer in the Early Buddhist Tradition, Numen*, Jun., 1981, Vol. 28, Fasc. 1 (Jun., 1981), pp. 1-28, Published by: Brill.

〔註18〕Richard Gombrich, *"Merit Transference" in Sinhalese Buddhism: A Case Study of the Interaction between Doctrine and Practice*, History of Religions, Nov., 1971, Vol. 11, No. 2 (Nov., 1971), pp. 203-219, Published by: The University of Chicago Press.

〔註19〕Robert J. Miller, *Buddhist Monastic Economy: The Jisa Mechanism*, Comparative Studies in Society and History, Jul., 1961, Vol. 3, No. 4 (Jul., 1961), pp. 427-438, Published by: Cambridge University Press.

〔註20〕Barend J. TerHaar, *Buddhist-Inspired Options: Aspects of Lay Religious Life in the Lower Yangzi from 1100 until 1340*, T'oung Pao, 2001, Second Series, Vol. 87, Fasc. 1/3 (2001), pp. 92-152, Published by: Brill.

而寺院的開銷項目也很多，如僧眾的粥食、伽藍的修繕、賦稅、丁錢、購買度牒以及佛事法會等，刨除開支若仍有盈餘，他們有時候會利用這些錢來從事公益活動以提高在當地人群中的聲望，如修橋鋪路、建卑田院、賑飢濟貧等，這樣公益性的投資總是可以收到很可觀的回報。

寺院經濟活動的直接參與者是僧侶，僧侶通過接受和處置布施以推動寺院的正常運行。這一行為在寺院空間中每天都會發生，此行為的背後有更深刻但尚未被闡明的機制。首要的問題就是布施是如何發生的？即為何世俗社會的各個階層會對僧侶進行布施？如果布施被認為是一種慷慨美德的實踐，那麼宗教的信徒是如何培養起來這種品質的？如果布施像 Michael J. Walsh 所定義的那樣是一種交換，那麼僧侶提供的一般等價物是什麼？僧侶如何使交換成為可能？即布施的機制是什麼？他們的教義中是否包含有這種經濟行為的根據？在傳教的過程中他們如何推銷自己的商品，又如何通過兌現服務來建立自己的信譽？

第一節　佛教經濟的文獻學依據

寺院營產並不違背經典的教誨，這一原則是認識佛教經濟的前提。按照僧侶的解釋，在遙遠的過去教主已經開示了一種方便的法門，以便後世門徒在乞食法難以貫徹的時候，不至於為饑寒所迫。若不能採用乞食的方法，則必須受施並經營產業，這正是中國佛教採用的道路。在古典文化中「討飯者」會被等同於乞丐和盲流，而忽視其背後運作的邏輯。這種情況下，布施就成了提振寺廟關鍵的一個環節，那麼它到底是如何發生的呢？布施作為支撐寺院經濟的根本，它的根據可以追溯到佛教的業力理論。簡而言之，業力作為憑藉可以決定信徒未來世的生存狀態。一個人為了獲得更好的後有，就必須提供功德作為支付成本。功德的作用機制是它可以抵消惡性的業，同時增長善性的業，這是一種具有支付功能的產品。既然能作為支付手段，則功德就具有了一般等價物的特徵，它擔負起了贖買將來輪轉世良好生活品質的重任。這種對業力論的描述是簡化並且不如法的，僅可以被看作一權宜的說法，更具體的內容後文有專門的篇章介紹。暫且先以這種說法作為討論的起點，那麼功德如何作支付成本的呢？這個問題比較複雜，牽涉到了業力論在佛教的地位問題。

　　業力說是佛教的根本學說之一，也是影響信徒較多的一種理論。但業力這個概念並不是佛陀首創的，婆羅門教乃至數論派都有類似的看法。婆羅門教的業力說更像一種命定論，數論派則從命定論中發展出了一定的辯證色彩，釋迦牟尼繼承並發展了印度有關業力的說法。佛陀發展出的是一種新穎的觀點，後來商羯羅在進行宗教革新的時候，又借鑑了佛教的看法，所以印度教中有關業力的內容實質上有脫胎於佛教的痕跡。這且不論，佛教的業力論傳播到本土，與中原文化又有融合的跡象，故在漢傳佛教中能見到的業力論實質上是雜糅的。既有對佛教本來教義堅持的因素，也有折衷的現象，這一理論生態使得僧侶修法時有了較多的選擇。講法僧會按照聽眾的根器便宜說法，即對於有定見基礎較好的信徒，他們會宣說原教旨主義的業力學說，這基本上是一種精進論。而對於素質不高卻善於踐行的信眾來說，他們宣傳的說法中主要的因素是消極的，也就是包含了命定論的觀點。信徒因為經濟身份和自身根器的差異，會獲取到不同的信息，這實質上會在徒眾中造成分裂的局面，但其為功德的引入做好了鋪墊。

　　從構詞的角度來看，業力首先並且必須是一種力，它和自然界中其他的力沒有區別，佛經中曾經舉水漂匏瓜作為例子，這一示例中浮力是一種不以主觀意志為轉移的力，佛陀認為業力也是如此。凡是力就必須有其作用，業力的作用就是對生命主體的纏縛。當纏縛能力強的時候，下一世輪迴可能連人類身份都不能保證。當然，它主要是阻礙解脫的作用，並不是專門將人拉往下三道。不論怎樣，業力的纏縛能力會給信徒帶來焦慮的情緒，即如果不能如法的生活，則沉淪將是不可避免的。並且即使一個人從他聽聞了業力論開始，就按照教誨生活，也不能保證他往昔世未曾犯下過惡。若曾經犯下過惡，則將來其一定會成熟，並且不僅僅會有苦受，他還會因為等流的緣故，可能繼續犯下類似的錯誤。人不能了知未來，更不能了知過去，這種不可知的狀態對一個信徒來說存在巨大的風險。為免於業力可能帶來的種種隱患，佛教實時開示了兩種法門。第一是懺悔，這當然是為了糾正往昔犯下的錯誤，過去不當的行為會直接影響將來的果報，懺悔則可能消除這樣的影響。然而效果到底有多大？佛教在這個問題上表現出了審慎的態度，畢竟如果懺悔可以消除一切惡業，那麼有關業力的其餘理論就成了畫蛇添足。所以僧伽會承認懺悔的作用，梁武帝尤其推崇這一心法，然而它所起的作用不能是決定性的，只能是助緣的一種。較懺悔而言，第二法門的效能更高一些，即積累功

德以作為將來世的保障。功德的來源是多樣性的，基本上利他的、正面的行為都有這樣的作用，布施當然是其中的一種。功德積累體系的內涵相當複雜，不同的佛經中舉證了大量事例，可以稱得上包羅萬象。僧侶會根據信眾不同的需求來提供差異化的恰當服務，這一點使得其適用性有了很大提高。像上文提及的正面、利他的行為之外，一個人追求解脫也能產生良好的業報，並且這種東西可以轉移。當面對皇室時，僧侶可以為其提供追薦陣亡將士的服務，以及使帝國暴力行為合法化的嘗試。這個時候僧侶收穫了安魂的福報，他其實維護了社區的穩定，免除了流浪鬼侵襲的風險，而皇室寬大慷慨的行為，不但為他的國家增添了福祚綿長的可能，他自己的健康也會因此有了保障。皇室所接受的業力論中包含有短跨度時間的因素，也就是說僧侶許諾的後報似乎在這裏會很快的兌現，而不必等到久遠的來世。另外他們看上去也不太在意虛妄的不可琢磨的後報，更注重現實的物質的部分。士大夫、商賈、平民也有類似的業力機制存在，只是存在一些細微的差別，後文會專門解釋。不同階層都會獲得一個有關業力的知識，那就是慷慨的布施能收穫大量的功德。作為善舉的布施，既彰顯了信徒的良好品德，滿足了其倫理方面的要求，同時又能為他將來世的美好生活提供保障。滿足善德倫理的方面暫且不談，就作為保障的資糧來說，其中蘊含的機制已經不能定義為禮物，而恰恰相反它是商品，更進一步說，這整個的行為本質上是交易的行為。

僧尼在進行這一交換活動的時候，對其中的商業因素往往不自知。他們堅信自己許諾的後報可以對等的抵消施主的布施，如果指明其中的商業因素，教徒會感覺自己受到了冒犯。儘管教徒高度異質化，教派也呈現出不同的面貌，但作為社會機構整體的佛教，卻沒有採用不同的解釋策略，恰恰相反，他們不約而同的選用了一系列聯合路徑，以推進布施這一過程的發生。比如締造神聖空間也就是寺院系統的時候，他們會下意識的採用貴族化的建築風格，這種舉動被現代宗教學家稱為對「帝國的隱喻」（imperial metaphor），隱喻帝國能使得他們傳教的行為更加可信，信譽是經濟活動的關鍵要素之一。他們又編寫了許多輔教功能的靈驗記，以宣揚懲惡揚善以及因果報應的說法，這類讀物強化了施主對自己慷慨行為正當性的認定，雖然神職人員對靈驗事跡深信不疑，並因此而忽略這些行為裡所包含的經濟因素，但是從某種立場來看其性質有類似廣告的嫌疑。實質上，宋代的寺院有部分經濟體的特徵，趨利是經濟體的本性，因此其行為模式中經常可以觀察到商業活動的痕跡。

一、問題的提出

　　原始佛教的沙門過著一種托缽乞食的生活，這種物質需求較低的修行方式，是由佛陀本人踐行並宣說的。他否定了過度的苦行，且認為對身心的摧殘有悖於解脫，但同時他指出適當的苦難能讓人更容易了解世界的真相，且更少的對物質的慾求也為不受世俗生活的限制提供了更大的可能性。他宣說過關於如何獲得和使用收入的教誨，這些內容分散在《阿含經》中。因而，「在佛教看來，財富並不是罪惡：重要的是如何創造和使用。」〔註21〕當然這一切的前提是不應該有貪婪的態度，貪嗔癡被稱為三毒，是必須禁絕的慾望。佛教認為這些內容是由無明所驅使產生的，一個人要拋棄它們只能通過智慧的增長來實現。不貪婪被認為是一種可貴的品德，保持這種美德的人往往被讚譽，如給孤獨長者、阿育王等。如果一個人不貪婪，且保持對財物很低的慾望，甚至過一種貧困的生活，又該怎麼評價呢？佛陀否定了貧窮，認為對現世的人來說，貧窮是一種巨大的苦難，是苦受的成熟。如《增一阿含經》云：「若彼見沙門、婆羅門奉持戒者，起瞋恚心：『此人虛偽，何處當有福報之應？』彼人身壞命終之後，生地獄中；若得作人，在貧窮家生，無有衣食，身體裸露，衣食不充。是謂此人先樂而後苦。」〔註22〕即財富是沒有自性和善惡之分的，一個人通過自己的勞作來獲得富足的生活，這是合乎佛教倫理的，要譴責的是非分、非法的手段，也包括守財奴的性格。因而對一個比丘而言，對待財富的正確態度是「既不譴責財富，也不讚美貧窮，應受指責的品質是貪婪、慳吝、貪著和積藏無用。如果財富有助於正道的修習或者對僧團內的其它成員有益，那麼財富就是可取的。」〔註23〕這是佛教的財富觀念的總綱領。

　　佛教傳入中國後，佛陀開創和踐行的乞食法難以維持，這背後有一些複雜的原因，如本土文化中對乞食者的輕蔑態度，僧侶自由流通面臨的困難處境等。總之，比較早他們就放棄了對乞食法的依賴，而轉向了其它謀生手段的開發。東晉道恆曾在《釋駁論》中指出：「至於營求孜汲，無暫寧息，或墾殖田圃與農夫齊流，或商旅博易與眾人競利，或矜恃醫道輕作寒暑，或機巧異端以

〔註21〕〔英〕彼得・哈維著，李建欣、周廣榮譯《佛教倫理學導論：基礎、價值與問題》，上海：上海古籍出版社，2012年，第195頁。

〔註22〕大正新修大藏經刊行會編《大正新修大藏經》，東京：大藏出版株式會社，1988年，第2冊第655頁中。

〔註23〕〔泰〕P.A.佩尤托著，劉婷文譯，《佛教經濟學》，北京：宗教文化出版社，2016年，第95頁。

濟生業，或占相孤虛妄論吉凶，或詭道假權要射時意，或聚畜委積頤養有餘，或抵掌空談坐食百姓，斯皆德不稱服行多違法。」〔註24〕即此時僧侶中已經出現了各行業的從業者。墾殖田圃可能是早期寺僧餬口主要的手段，法顯的傳記中有相關的記載，很可能法顯在從事農業勞作的時候，發現了此行為與戒律有互相牴牾處，他在當時零落的戒學中沒有找到解釋疑惑的答案，遂發願西行尋找更全面的戒律學說。從事農業與我們國家的傳統有關，也可能與早期皇室賜敕土地的行為有聯繫。這裡的問題仍然是為何乞食傳統難以維持呢？黃敏枝推測「理由之一是迫於風俗民情」，她認為「在中國乞丐是賤民階級，為社會所不齒，僧人沿門乞食，有若乞丐，自然難以獲得社會大眾的認同和尊敬」。〔註25〕對中國人來說佛教學說具有異質性，這主要是對產生佛教文化環境的陌生所引起的。為了改變這種狀況，以最大程度的降低傳教中可能遇到的困難，早期的學者僧採用了一種妥協和調和的策略。這不僅表現在文化與理念上，也表現在生活方式和宗教儀軌上，從乞食到農耕的轉變或也是基於這樣的思考。這是一種正確然而膚淺的解答，除了迫於風情之外是否還有其它的可能呢？許理和（Erik Zürcher）曾經提出過一個問題：「到底中國僧人知識分子（clerical intelligentsia）最初來自士大夫階層因而是後者的一部分，抑或他們是『知識無產者』（intellectual proletariat）因而屬於與士大夫相對的階層呢？」〔註26〕對高僧的身份背景的調查將有助於解釋他們生活方式選擇的內因。許氏指出僧傳中存在有意誇大高僧出身家庭貧困程度的現象〔註27〕，以顯示他們問道求法行為所包含的宿命性以及可貴性。蒲慕州也表達過類似的看法，他認為高僧中「一定有不少是來自知識階層」，更恰當的說，「就是社會中上階層」〔註28〕。當然慧皎在編寫的過程中可能加上了自己的讚美之辭，但即使如此在

〔註24〕《大正藏》第52冊第35頁中。

〔註25〕《宋代佛教社會經濟史論集》，第19頁。

〔註26〕〔荷〕許理和著，李四龍、裴勇等譯《佛教征服中國：佛教在中國中古早期的傳播與適應》，南京：江蘇人民出版社，2003年，第7頁。

〔註27〕《佛教征服中國：佛教在中國中古早期的傳播與適應》，第8頁。

〔註28〕蒲慕州著《歷史與宗教之間》，上海：復旦大學出版社，2020年，第21頁。蒲氏原文為：「在高僧傳中，高僧的身份背景可考者，確知來自上層社會，包括王侯、世家、官宦之家者約有23人，而確知來自平民或者貧苦家庭者僅約10人，其餘大多數人均不知其家世。但值得注意的是，在這些不知家世背景的高僧中，一定有不少來自知識階層，也就是社會中上階層。因為許多高僧自幼就有機會接觸經典、佛書。

剔除了這種誇大的因子之後，我們會發現早期處於領袖地位的僧侶「實際上全部出生於士大夫家庭」。這些人聚集形成了一個士大夫僧人的團體，從某種程度上來說，他們的團體是一個學術和文化的沙龍。這個中心必然「對有才能但出身低賤的人產生極大的吸引力」〔註29〕，因而後來僧傳中湧現了許多出身貧寒而有教養的僧人。這種吸引力在僧傳中有多樣化的表現方式，察覺生命無常者，如（安清）「深惟苦空，厭離形器」，如（竺叔蘭）「少好友獵，後經暫死，備見業果。因改屬專精，深崇正法。」〔註30〕被高深教義或者講經儀式吸引，如（慧遠）「聞安講般若經，豁然而悟，乃嘆曰：『儒道九流，皆糠秕耳。』」又如「（僧肇）嘗讀老子道德章，乃嘆曰：『美則美矣，然期栖神冥累之方，猶未盡善也。』後見舊維摩詰經，歡喜頂受，披尋玩味，乃言始知所歸矣。」〔註31〕不論如何，被吸引的僧侶參與講法或者傳道的團體，有類似於參與貴族沙龍之處。出身不好者會享受到一定程度的士大夫生活，從而有機會改變原來的生活方式〔註32〕。生活方式的改變可能同時也意味着身份狀態的變化。早期的僧侶領袖本身來自貴族，那麼他們將本來的生活方式帶入伽藍是一件很容易理解的事情。他們通過招徠追隨者，作出適當的調整以形成一種蛻化的貴族生活，顯而易見托缽乞食的行為肯定不在被考慮的行列。僧團因早期成員構成的關係，具備了某些貴族團體的特質，故而佛教在中國傳法的過程中，逐漸拋棄了印度那種類似乞丐的生活，轉而投向了具有社會文化和經濟上較高層次的士大夫生活。要維持士大夫生活，必須有相應的經濟支撐，因而這一轉向不僅使得他們在早期迅速集聚了許多才華出眾的信徒，也奠定了後來寺院經濟的組成形式——一種地主經濟形式。

〔註29〕蒲慕州著《歷史與宗教之間》，第9、10頁。

〔註30〕《高僧傳》，第3、342頁。

〔註31〕《高僧傳》，第137、166頁。

〔註32〕早期的士大夫僧侶（gentlemen-monks）享有較高的社會地位，他們可以「自由出入於因其出生和教育而擁有的各種場合，與此同時，又能夠以中國學者的權威和清談名士流光溢彩的雄辯來宣揚他們對佛法的認識。」在他們的感召下，出身卑微而有才華的人加入到了僧團，後者可以「相對擺脫階級的差別」，這是因為削髮為僧的所有人都屬於釋子的門徒，對於他們而言，一切世俗的差別包括等級都不復存在了。「這意味著中國文化史上的一種新現象：作為印度傳統一部分而傳入中國的佛教出家修行的觀念已經創造出一種新型的社會組織形式，在那裡，中國中古時期嚴格的等級界限逐漸消失，出身不同的人均能從事智力活動。」見《佛教征服中國：佛教在中國中古早期的傳播與適應》，第9、10頁。

　　上層僧侶確定的早期寺院生活樣式，被推廣到帝國的不同角落，有能力和機會維持這種理想狀態者只能是體量較大的寺院。這類寺院有經營土地的機會，以及獲取大額布施的可能。除了大型的寺院之外，深山之中的小佛堂很難維持寄生的生活方式，這是佛教在中國傳播過程中表現出的多樣性的特點。當僧侶群體龐大之後，上層僧侶和底層僧侶之間出現了明顯的割裂，這種割裂是營產能力的高下所導致的。由於地理區位等關係，小佛堂輻射的信徒大都是赤貧的階層。他們無力建立足夠數量的信徒社區，就很難接受到田產的布施，因此往往被稱為民僧，這些人在迫不得已的時候會外出乞食。以供養來源來劃分僧侶可能會使問題變得清晰：「中國一共有三大類僧侶：官僧，由國家撥款供養，以負責完成皇家宗教儀軌；私僧，由一些大戶人家提供食住；最後是民僧，他們孤立的生活或形成一個小團體而棲身於鄉間。」〔註33〕無論哪種類型的僧侶，歸根結底都是由信徒和國家供養的，因而這一群體對帝國的經濟來說是一種經常性的負擔。先不考慮宗教的要素，單就經濟方面來說，對他們的供養是不是有好處呢？這種問題有時候會被教徒認為是一種褻瀆，然而也許答案並不像他們預料的那樣不好。事實上僧侶群體對帝國經濟的耗費可能會引起消費和分配機制的變化，例如他們將從農業系統產出的價值，通過建立寺院和經營產業而分配到了手工業和商業之中，「按照某些近代經濟學家的說法是促進了第三產業的發展」〔註34〕。另外還有一種看法，這種體量較大的營產方式，可能會引發馬克斯‧韋伯所說的計算、理性等精神的萌發，這些精神與資本主義直接相關，這是余英時的看法。〔註35〕不過其弊端也很明顯，這樣的價值再分配沒有形成規模，並且寺院資本的最終流向似乎指向了帝國的政府。這很可能成為另一種榨取活動，因而對第三產業的促進非常有限，也就很難形成再分配的機制。更重要的是生產活動的根基，也就是第一產業農業受到了侵害，農民創造的價值除了被官府稅收掠取意外，通過信仰活動，最終的流向還是政府，而這個交易中他們沒有得到任何可資再分配的生活資料。對農業價值的攫取會使得其規模進一步萎縮，這不僅影響生產者自身的生活質量，也會導致國家財政的空虛。如果說早期統治者沒有認識到這種弊端的話，到了隋唐以後他們對此就完全洞若觀火

〔註33〕〔法〕謝和耐著，耿昇譯《中國五——十世紀的寺院經濟》，第 7 頁。

〔註34〕〔法〕謝和耐著，耿昇譯《中國五——十世紀的寺院經濟》，第 21 頁。

〔註35〕余英時著《中國近世宗教倫理與商人精神》，合肥：安徽教育出版社，2001 年。

了。滅佛運動就是為了解決國家經濟問題所採取的措施，一方面收繳寺院資產，另一方面限制僧侶數量，使得勞動力返回到農業系統中。這兩方面共同作用限制佛教發展。然而每次滅佛運動結束不久，僧尼的數量又會迅速的回彈，縱觀整個歷史時期，這一團體的規模基本上處於一種穩中有增的大趨勢。這種強力的調控手段不能奏效，其背後的原因是什麼呢？

有一種看法說僧侶階層本身是一種奢侈品，與難得之貨或者高雅藝術一樣，會天然的吸引一部分人的目光。例如有人喜歡奢靡的生活，有人酷愛消費，同樣一部分人會將僧尼作為一種奢侈的物品蓄養起來。這一看法經常被用來解釋世界範圍內的一些宗教的繁榮現象，被認為是一種常見的宗教心理。這當然是一種解釋策略，也有助於對這一問題的分析和認識。然而它似乎忽略了對不同心理訴求權重的分析，即經濟、文化背景不同的群體，對同一心理過程的需求是不同的，可能對經濟狀況較好的階層來說，這樣的需求優先級會更高一些。施主的群體是相當異質化的（heterogeneous），這樣的心理分析只能說明部分問題。並且奢侈品的數量不應該很龐大，否則就喪失了稀缺性的價值。實質上，僧侶階層能夠存活下來，且出現階段性的繁榮現象，是因為他們有意識的採取了一些組合策略，作為刺激宗教發展的手段。這些策略既包括心理的部分，也包括經濟的、人文的部分，它們共同奠定了寺院經濟的基礎。

二、文獻中的神聖經濟等價物

陸游在淳熙十六年（一一八九）十一月二十四日作《明州育王山買田記》一文，詳述了阿育王寺購買寺田的始末，其文如下：

> 紹興元年，高皇帝行幸會稽，詔明州阿育王山廣利禪寺上仁宗皇帝賜僧懷璉詩頌親札，念無以鎮名山、慰眾志，乃書佛頂光明之塔以賜。又中以手詔，特許買田贍其徒。逾五十年，未能奉詔。佛照禪師德光，以大宗師自靈隱歸老是山，慨然曰：「僧寺毋輒與民質產，令也。今特許勿用令，高皇帝恩厚矣，其可弗承。且昔居靈隱時，壽皇聖帝召入禁闥，顧問佛法，屢賜金錢，其敢為他費？」乃盡以所賜及大臣長者居士修供之物買田，歲入穀五千石，而遣學者義銛求記於陸某。某方備史官，其紀高皇帝遺事，職也，不敢辭。
>
> 惟茲四明，表海大邦，自嘉祐、紹興兩賜宸翰，雲漢之章，下飾萬物。於是山君波神，效珍受職；黿鼉蛟鰐，彈伏退聽；惡氣毒

霧，收斂澄廓。萬里之舶，五方之賈，南金大貝，委積市肆，不可數知。陂防峭堅，年穀登稔，於虖盛哉！今德光又廣上賜，薪兩宮之壽，植天下之福，無疆惟休，時萬時億，刻之金石，於是為稱。咨爾學者，安食其間，明己大事，傳佛大法，報上大恩，將必有在。不然，不耕而食，既飽而嬉，屬民以自養，豈不甚可愧哉！淳熙十六年十一月二十四日，朝議大夫、尚書禮部郎中兼實錄院檢討官陸某記。〔註36〕

這一份碑銘中包含了寺院經濟的多項信息，Michael J. Walsh 認為它概括了六種交易過程：兩任皇帝手書的賜敕、皇帝和僧侶的互動、德光對帝王恩德的祈福迴向、其他僧侶對皇帝仁慈的報答、德光對天下臣民的祈願、土地的購入以及再生產的擴大〔註37〕。這是宗教與政治合作的典範，又是社會主體間的積極交流。由兩個具有競爭性結構的機構來主導，且雙方都存了一個相同的根本的目的，那就是通過勾連更多的關係讓自己能夠永遠存在。這種交易形成了唐宋時期寺院經濟的一環，國家將自己的控制權伸向了一個強力的社會團體，這是通過對僧侶領袖的籠絡來進行的。與此同時，寺院取得了皇室贊助的生產資料，獲得了輔翼政府的聲譽，從而構建了社會再生產的基礎。從某種程度上說，佛教的社會力量具備了一定的獨立性，僧伽、居士和信徒分享一種游離於帝國之外的世界觀，並且遵從某些不同的生活習慣。這種世界觀與政府宣揚並賴以存在的觀念不同，群居的生活方式也不符合儒家倫理的要求，這兩點對普通趨新者具有很大的吸引力。因而佛教徒看似生存在政府主導的物質世界，實質上他們卻部分的游離於規則，尋找一種不被打擾的自治的可能。不論如何，佛教這種差異化的競爭方式讓寺院獲得了深廣的社會基礎，這與大一統帝國的要

〔註36〕（宋）陸游著，馬亞中、涂小馬校注《渭南文集校注》第二冊，杭州：浙江古籍出版社，2015 年，第 248～249 頁。

〔註37〕Michael J. Walsh: *The Economics of Salvation: Toward a Theory of Exchange in Chinese Buddhism*, Journal of the American Academy of Religion, Jun., 2007, Vol. 75, No. 2 (Jun., 2007), pp. 353~382。原文為英文，此處的漢語內容由筆者翻譯，其中有省略，如第一條的原文為：Two emperors donate their calligraphy to a Buddhist monastery; Ayuwang Monastery and the surrounding area flourish as a result and the monastery becomes the protector of the busy port of Mingzhou and indeed the entire region（兩位皇帝將自己的書法捐贈給了佛教寺院；阿育王寺和周邊地區因此而繁榮，該寺院成為繁忙的明州港乃至整個地區的保護者）省略部分指出了皇帝所賜的手書吸引了附近的信徒，而導致了阿育王寺的興盛。

求是背離的。統治階級不僅有軍事和政治上的統治要求，也有試圖維持知識權威的嘗試，哪怕這種知識是宗教式的。故而經濟的籠絡中也包含了帝國理念的滲透，亦即寺院必須宣揚皇恩並作出臣服的姿態。在這項交易中，僧侶付出的代價看似只有祈福之類的法事工作，若如此則兩方的籌碼並不對等，交易難以持續，那麼真實的代價到底是什麼呢？上文已經提及，僧侶提供的儀式可以強化皇權的控制能力，從而在附近的信眾中重建帝國的觀念。這對提高皇室的影響有一些幫助作用，同時也能將更多游離的平民納入到統轄之中。但更重要的是祈福（包括其它法會）的行為代表了一套世界和知識的邏輯，此交易過程表明了政府對這種邏輯的認可，也將對國家福祚綿長的期許轉化為實際的行動。僧尼採用特殊的儀軌追薦陣亡的將士，或者為皇室成員祈求福祿，這一行為的本質是在和冥冥之中的存在交換的是一種無形的資產：功德。帝國作為贊助商，為僧侶的物質生活提供保障，這是延續佛教慧命的行為，按照經典的說法，它能帶來大量的功德。這些功德被作為交換並最終反饋到了贊助人，也就是皇室和政府的手中，良好的後報既包括帝國的長久，也包括皇帝本人和他的親眷的福祉。功德直接參與了兩種交易，皇帝的賜敕作為贊助宗教的行為可以直接產生功德，這些功德同時又決定了他可以作為被祝福的對象。僧尼長時間從事佛事活動，自身也積累了大量功德，因此進行法會的時候，他會將自己的這部分功德讓渡出去，作為對敕賜的回報。即皇帝獲取了功德，同時消耗掉了其中一部分，為自己和帝國的未來做出憑證，僧侶也消耗了一部分功德，作為贊助的回報，完成了整個交易過程。整體來看，功德的產生渠道是可控的，只有物質贊助和如法僧的修行纔可以產生。這種可控使得其具有稀缺性，並因此可以長時間維持較高的價值品味。它的兌現過程也是在佛教的監督下進行的，全程需要僧侶的參與，他們作為使者傳遞信徒的祈求，從這一方面來看，佛教對其具有壟斷性。功德作為神聖經濟等價物的屬性是完足的。亦即帝國贊助所策動的神聖經濟的本質，乃是功德的生成和轉移，這或也是僧侶主導的經濟行為的關鍵。

　　功德是什麼呢？《壇經》給出的答案：「見性是功，平等是德。念念無滯，常見本性，真實妙用，名為功德」「內心謙下是功，外行於禮是德」「不離自性是功，應用無染是德」「自修性是功，自修身是德。」又說：「功德需自性內求，不是布施供養之所求也。」〔註38〕這是一種經院派的解釋，是斷言式的命題，

〔註38〕惠能著、李明註《六祖壇經》，長沙：嶽麓書社，2016年，第81頁。

真理的成立可以訴諸知識權威，這就屬於這一類型。味其言下之意，功德似乎不假外求而僅憑自身的修持就可以做到自足，準此說則其與儒家所謂的德行區別不是太大，都是獨佔的且可以自生的。這顯然與前文交易的情況不匹配，從阿育王寺買田的記錄中可以直觀的看出，功德是向佛教寺院捐贈（交易）時產生的硬通貨，即其與交換過程直接相關。太史文曾經試圖這樣描述：「描繪了未來的快樂或因功德獲得的解救，也指源於善行的具體的福——長壽和健康。」〔註39〕這個定義嵌套了自身，需要進一步考察哪些行為可以被認定為善行。魏明傑曾在一篇論文中給出了一種描述性的看法，他認為「功德由有形和無形兩個部分組成。……生活在中國古代的絕大多數人民目不識丁；因此，設想俗家捐贈者或許對於其涉足的交換程式文本衍生物有某種暗示，……救世神學中德行怎樣傳遞給田地捐贈者……我極其說服俗家捨田，既要有經濟利益，同時也要無形拯救獲得……功德最有效的定義仍然是……因功取得的具體的福——長壽和健康。……向寺院捐贈田地確保了捐贈者善的因果報應。佛教功德，這一概念最常見於福田，原則上暗示對佛教僧侶的任何布施就如同在功德地裡種下了一粒種子——這粒種子將成長，給予捐贈者比原始捐贈更多的回報。……佛教在努力吸引着更為廣泛的聽眾。」〔註40〕這裡雖然僅以土地的交易來描述功德（捐贈土地是功德的主要產出途徑），但大約可以看出魏氏的觀點。功德伴隨著對寺院的施捨而產生，凡是施捨的行為都會自然的產生福報，而所以能如此，就是因為在施捨中有功德生成，最後功德兌現的結果就是現世的良好報應。即功德就是福報的具體根據。這種定義清晰度是足夠的，可惜它仍然是描述性的，並沒有說清楚功德產生的內在機理，為何捐贈寺院就能生成功德呢？有沒有其它的產出途徑呢？功德這一僧侶經濟硬通貨的提出導源於佛教一個根本命題：業力。

三、等價物的聖典依據：業論

談到「業」，一般人腦海中首先浮現的是「善有善報惡有惡報」的運命論的印象。這種看法曾經被佛陀批評過，在《中阿含・業相應品・度經》中有如下的記載：

〔註39〕Stephen Teiser, *The Ghost Festival in Medieval China*, Princeton: Princeton University Press, 1988, 210.

〔註40〕胡素馨主編《佛教物質文化：寺院財富與世俗供養國際學術研討會論文集》，上海：上海書畫出版社，2003年，第118頁。

　　　　於中若有沙門、梵志如是見、如是說，謂人所為一切皆因宿命
造者，我便往彼，到已，即問：「諸賢！實如是見、如是說，謂人所
為一切皆因宿命造耶？」彼答言：「爾。」我復語彼：「若如是者，
諸賢等皆是殺生。所以者何？以其一切皆因宿命造故。如是，諸賢
皆是不與取、邪婬、妄言，乃至邪見。所以者何？以其一切皆因宿
命造故。諸賢！若一切皆因宿命造，見如真者，於內因內，作以不
作，都無欲、無方便。諸賢！若於作以不作，不知如真者，便失正
念、無正智，則無可以教，如沙門法如是說者，乃可以理伏彼沙門、
梵志。」〔註41〕

佛陀認為宿命造的說法失去了正念正智，是不可取的，他進一步解釋了其中的
原因，這個原因雖然在漢傳經典中也能找到，但比較集中地還是收錄在南傳巴
利增支部第三集第六十一則：

　　　　諸比丘！此中凡沙門、婆羅門言：「凡士夫人領受樂、苦、或非
苦、非樂，此一切之因，是前世所作。」若如是說、如是見，則我將
至彼之處作非苦、非樂者，此一切之因，是前世所作。

　　　　若彼對我之問答為然者，則我將對彼等如是說：「若果然，則具
壽！於前世作因故，當可殺生，於前世作因故，當可取不與者，於
前世作因故，當可行非梵行，於前世作因故，當可妄語，於前世作
因故，當可離間語，於前世作因故，當可麤惡語，於前世作因故，
當可雜穢語，於前世作因故，當可為貪欲者，於前世作因故，當可
為瞋恚者，於前世作因故，當可為邪見者。」諸比丘！復次將前世
之所作，執為堅實者，是無所謂可作或不可作之欲，亦無精進。復
之，尚未確知為可作或不可作時，失念，無所護而住者，自稱為沙
門是無理由之事。

　　　　諸比丘！此是我折伏彼如是說、如是見之沙門、婆羅門之第一
正當根據。〔註42〕

宿作因主張今生的苦樂境遇，完全由人在過去世中所造的「業」決定的，這是
一種較為極端的看法，與六師外道中耆那教的尼犍子（Nigantha Nātaputta）的

〔註41〕恆強校注《中阿含經》上冊，北京：線裝書局，2012年，第44～45頁。
〔註42〕元亨寺譯《漢譯南傳大藏經》，高雄：元亨寺妙林出版社，1995年，冊7頁250
　　　　～251。

主張類似。此說法具有極大的迷惑性，在許多人眼中，它與佛陀的主張是相合的。然而佛陀堅決地否定了它，並認為是一種外道的邪見。因為它完全否定了人今生的價值，畢竟如果因為等流和因緣成熟，那麼今生的所有行為都是不能自主的，也就否定了人的本質，否定了自由意志的存在。同時也存在一定的矛盾性，因不具有自由意志，那麼任何業的主體指向就會變的模糊。可是在四阿含中又經常可以看到合乎宿作因規律的說法，如《中阿含》：

> 「瞿曇！何因何緣，彼眾生者，俱受人身而有高下、有妙不妙？所以者何？瞿曇！我見有短壽、有長壽者，見有多病、有少病者，見不端正、有端正者，見無威德、有威德者，見有卑賤族、有尊貴族者，見無財物、有財物者，見有惡智、有善智者。」

> 世尊答曰：「彼眾生者，因自行業，因業得報，緣業、依業、業處，眾生隨其高下處妙不妙。」

> ……「摩納！當知作短壽相應業必得短壽，作長壽相應業必得長壽，作多疾病相應業必得多疾病，作少疾病相應業必得少疾病，作不端正相應業必得不端正，作端正相應業必得端正，作無威德相應業必得無威德，作威德相應業必得威德，作卑賤族相應業必得卑賤族，作尊貴族相應業必得尊貴族，作無財物相應業必得無財物，作多財物相應業必得多財物，作惡智慧相應業必得惡智慧，作善智慧相應業必得善智慧。摩納！此是我前所說，眾生因自行業，因業得報，緣業、依業，業處眾生隨其高下處妙不妙。」〔註43〕

這裡佛陀將業果和後報嚴格對應，認為今生所有的機遇都是往昔因緣的成熟，這就陷入了宿命論的泥淖。這種模棱兩可的態度，可能是由於經論產生的時間不同而引起的，也可能是有偽經闌入的結果。這在宗教文獻中可以算作常態，然而其在客觀上卻容易讓人產生疑惑，從而對「業」的本質不甚了知，誤把宿作因當作佛教正統的說法。那麼什麼才是正確的業力觀呢？

　　業力，顧名思義其本質是一種力，是由「業」驅動而產生的力。按照現代物理學的認識，有四種基本力，而其在自然界中表現出來的形態卻多種多樣數不勝數。按照效果來看，一些有吸引的作用，一些有擠壓的作用，一些有推拒的作用，而業力的作用類似於纏縛。從它梵語的字源來看，業為 karma 由詞根 kr 衍生而來，後者的意思是造作，也就是行為。即只要有行為就會有業，業是

〔註43〕《大正藏》，第 1 冊第 704 頁下欄。

行為的餘勢，既包括身體、語言，同時也包括思想的活動。《大毗婆沙論》云：「業有何義？答：由三義故，說名為業。一作用故、二持法式故、三分別果故。作用故者，謂即作用，說名為業；持法式者，謂能任持七眾法式；分別果者，謂能分別愛、非愛，果。」〔註44〕持法式故中的七眾指教團的組成要素，如比丘、比丘尼、沙彌、優婆塞等，持七眾即表業可為七眾之法則，也就是它表達了這些成員應該遵守的原則。分別果則明確表示了業論，也就是行為及後來產生的苦樂感受，這是從倫理屬性上討論的。也有一種看法，認為十二緣起或五蘊中的行就是業，比如日本學者舟橋一哉在《業的研究》中指出：「阿含所說的業，都是由十二緣起的行和五蘊的行之中去探討的……思惟者自覺人類之生存（稱之為『有』bhava），乃係始自主觀的『識』和客觀的『名色』（亦即一切法）相接觸，而引起種種識之活動。這時，只需剖析其識之內容，便知曉凡夫都是以無明（即對佛教真理無自覺）為內相，而以渴愛（即求之而不已）為外相。非僅如此，因為內在之『無明』表現於外而為『渴愛』，所以，在推想之中，渴愛的背後必有無明，而渴愛更加發展的形態，便是執『取』。一般污染凡夫的迷妄識，包括無明、渴愛和取之種種發作，可總稱為『行』。因此，行即是業，業即是行為上的生活。必須要有這些行為上之生活作為中心，始能有各種各具特相之人類生存，得以具體成立。」〔註45〕這種看法將思惟等活動都納入了行的框架下，從而認為任何的行動造作都會有業。其產生的原因是凡夫不了解真相，從而為無明驅動而取，這種行為從根本上來說是破壞了自然的和諧性，因此產生業也就是必然的。總體來看，這是嚴苛卻接近真相的說法。既然有業，則任何行為都有餘勢在行為者身上存留，這種餘勢可能以任何狀態存在，唯識學說認為它由阿賴耶識執持，這產生了一種分類的方法。另一種分類中，業被分為身、語、意等，這是就主體的作用業部位而言的，身、語兩類尚可調控，而作意是最難控制的部分，一旦起了不好的想法，也會留下清晰的

〔註44〕《大正經》，第 27 冊第 587 頁中欄。

〔註45〕〔日〕舟橋一哉著，余萬居譯《業的研究》，臺北：法爾出版社，1999 年，第 18 頁。舟橋一哉在解釋五蘊中的行就是業的時候提到：「思（cetanā）是一種意志作用。……我才肯定『使五蘊得以為五蘊而成立的因素是思，同時也稱之為行，而這種行也叫作業。』阿含之中有『行乃是思』的說法，這便是我認為五蘊之行為業的第一根據。事實上，也就是因為如此，『思』才會成為後世佛教的業論之中心問題。何況，正如後文所言，經部及其它部派都認為『業之體為思』，有部亦如此說，既然已承認『思業』和『思已業』的分類，當然也就不否定『思為業』之中心的說法了。」

業，這對教徒來說太過嚴厲，不過此分類對本文的意義不大，不論作意部位如何，其後報都針對個體的整體而言。

這裡要討論的是業力所帶來的報償，首先必須考察的要素是它的倫理屬性。倫理屬性按說當由佛陀本人確定，不過這一評價系統隨着藏經規模的擴大有模糊化的趨勢。這與社會的發展引起的環境變化有關，存在一些與時俱進的適應性，因此這裡我們按照人類社會的評價標準而表述的「善」「惡」的概念。《阿毘達摩發智論》中明言：「復有三業，謂善、不善、無記業。」〔註46〕類似的分類的方法還見於《大智度論》：「黑業者，是不善業，果報地獄等受苦惱處；是中眾生，以大苦惱悶極，故名為『黑』。受善業果報處，所謂諸天，以其受樂隨意自在明了，故名為『白業』；是業是三界天。善、不善業受果報處，所謂人、阿修羅等八部。此處亦受樂、亦受苦，故名為『白黑業』。『無漏業』能破不善有漏業，能拔眾生令離善惡果報中。」〔註47〕將業分為白、黑、白黑、非黑非白四種，其根據看似是後受的果報，因這些果報自然的有樂與不樂的區別。但實質上這是倒果為因的看法，應當先有黑白的判斷，然後纔有苦樂的感受。後受的不同使得這種四分法有了倫理屬性，這種屬性的說明主要是為了與後續的功德產生聯動。此外還有一種分類的方法也應該予以說明，這一分類是為了解釋善惡的報應不能立即兌現的問題。阿含時期這種分類方法沒有明確，這是在有部時才成熟的分類：表業（vijñapti）和無表業（vijñapti），此看法南傳的上座部沒有吸取。通過字面來看表當作「顯現」的意思，也就是說表業有著具體的身語行為，可以馬上被人感知，無表業恰好與此相反，它不顯現是隱蔽的，且很難被察覺的。說一切有部提出這種分類方法，可能是為了用無表業來接續業因和業果，表業發生之後會迅速地凋謝，而無表業則會作為一種隱秘的力量存在下來，引發了相續、轉變、差別等動作，但這種看法並未被普遍接受。經部的許多論師都曾作過批判〔註48〕，而代之以經部的種子說，遂有了異

〔註46〕迦多衍尼子造，（唐）玄奘譯《阿毘達磨發智論》，《大正藏》第 26 冊第 972 頁下欄。

〔註47〕龍樹菩薩造，（後秦）鳩摩羅什譯《大智度論》，《大正藏》第 25 冊第 720 頁上欄。按：無漏業即為非白非黑業，因為這種法已經清淨無垢，脫離了實像的範疇，故不宜再用『白』『黑』等詞語表述，所以名為無漏。

〔註48〕《俱舍論》中有一些經文明確的闡述了這樣的意思：已謝業有當果故。謂若實無過去體者，善惡二業當果應無。非果生時有現在因。即表業雖然在過去消亡了，但是它曾在那個時間段作為實有存在，所以它能作為根據而引發業果。世親朦朧的意思似乎要否定無表業的問題，然而這樣的話因果之間便沒有接續

熟的概念。不過這不影響這裡的論述，我們只需要明白業因、業果之間存在一種相續的力量就可以了，這種相續力量可能很久纔會發作，也可能被其餘行為抵消，並且它不一定是決定因，更多時候它只是一種助緣。

四、業論中的經濟要素

　　既分析了業的概念，接著需要討論業為何及如何生出功德的問題。功德產生及其轉移的機制牽涉到了生命連續性的問題，只有種因和受報的主體具有同一性，才可以認為業力及其附屬品是相續的。否則這個問題在邏輯上不具有可能性，這關係到了佛教對輪迴的態度問題。此事經論中有不同的記載，「每當釋尊站在勝義的立場對出家人說法時，都不曾積極的承認輪迴說的事實；但是，當他站在世俗的立場對在家信徒說法時，也許是為了說法的方便起見，他就會多次採取承認輪迴的說法。」〔註49〕如果佛陀採用輪迴的說法，認為福澤或者禍患會綿延到三世，那麼他的業論就與宿作因的說法有很大的相似性。對俗眾說法承認輪迴並牽涉到後有報應的文句大多集中在《雜阿含經》中，茲舉兩例：

　　　　一時，佛住王舍城，乃至尊者大目犍連於路中見一大身眾生，舉體無皮，形如脯腊，乘虛而行。乃至佛告諸比丘：「此眾生者，過去世時，於此王舍城為屠羊弟子，屠羊罪故，已百千歲墮地獄中受無量苦，今得此身，續受斯罪。諸比丘！如大目犍連所見，真實無異，當受持之。」

　　　　一時，佛住王舍城。乃至路中見一眾生，頂有鐵磨，盛火熾然，轉磨其頂，乘虛而行，受無量苦。乃至佛告諸比丘：「彼眾生者，過去世時，於此王舍城為卜占女人，轉式卜占，欺妄惑人，以求財物，緣斯罪故，已地獄中受無量苦，地獄餘罪，今得此身，續受斯苦。諸比丘！如大目犍連所見，真實不異，當受持之。」〔註50〕

這裡承認了輪迴並清楚地討論了許多職業的後報。具有概括意味並明確認為

　　　　的媒介了，為了解決這個問題，他引用了經部的種子說。這樣業雖因時間的推移而消滅了，但種子留存了下來，在恰當的時候業果便會從這裏生出來。今人舟橋一哉也認為說一切有部所安立的表業說具有重大缺陷，並且進一步指出這種錯誤的根源在於有部將身、語兩種表業的本體視為極微色所致。

〔註49〕《業的研究》，第23～24頁。
〔註50〕《大正藏》冊2頁136上欄。

業能決定人的貧賤富貴的經文則可以從《中阿含》中找到〔註51〕，這一則經文叫《鸚鵡經》，廣傳的有關業力的看法，基本都可以從其中找到原型，請允許我用一定的篇幅來引用其中關鍵的內容：

> 此瞿曇！何因何緣俱受人身，便有高下好惡清濁？此瞿曇！有長命、短命者，有無病者、有病者，有好者、有醜者，有貴者、有賤者，有所能者、無所能者，有多錢財者、無多錢財者，有惡智者、有智慧者？此摩牢！眾生因緣故，因行故、緣行故、作行故，隨眾生所作行，令彼彼有好惡高下。

> ……世尊告曰：此摩牢！何所因、何所緣，若男若女有命短者？此摩牢！或一若男若女，極生血污其手，近於惡、無有慈，斷一切眾生命下至蟻子，因此行故，如是所因、如是所行，身壞死時生惡趣泥犁中，來生此人間命便短。何以故？摩牢！彼所行短，是故令或一若男若女行殺生，是為摩牢！當見是行報故。此摩牢！復何因、復何緣，令或若男若女有命長者？此摩牢！或一若男若女棄於殺、離於殺，捨除刀杖，常有羞恥，於一切眾生欲令安隱，淨於殺意，彼因此行，如是所因、如是所行，身壞死時至善處天上，來生此人間命則長。何以故？摩牢！彼為命長行故，而令或一若男若女離於殺、棄於殺，是為摩牢！當知是行報故。此摩牢！何所因、何所緣，而令或一若男若女多有病？此摩牢！或一若男若女觸嬈於眾生，彼觸嬈眾生，或以手、或以石、或以杖、或以刀，彼因此行，如是所因、如是所行，身壞死時生惡趣泥犁中，來生此人間多有病痛。何以故？此摩牢！彼作病行故，而令或一若男若女觸嬈眾生，是故摩牢！當知是行報故。此摩牢！復何因、復何緣，而令或一若男若女無有病？此摩牢，或一若男若女不觸嬈眾生，彼不觸嬈眾生，不以手、不以石、不以刀、不以杖，彼因此行、因此故，因此行故，身壞死時生善處天上，來生人間無有病痛。何以故？此摩牢！彼作無病行故，而令或一若男若女不觸嬈眾生，是故摩牢！當知是行報故。此摩牢！復何因，復何緣，或一若男若女有醜者？此摩牢！或一若

〔註51〕四阿含的結集時間不同，一般認為雜阿含最後被編訂，所以其中可能含有並非原始佛教的內容，這種現象也可以從與南傳的增支部的對比中看出，其中經文的出入要多於其它三部阿含。中阿含較雜阿含編訂時間要早很多，因為一般認為它包含的內容信度也更高一些。

男若女多有瞋恚，多有憂感，彼少有所言便有瞋恚，憂戚不樂，住於瞋恚生瞋恚，廣說誹謗，因此行、因此故，因此行故，身壞死時生惡趣泥梨中，來生人間形色弊惡。何以故？彼作弊惡行故，而令或一若男若女瞋恚憂感，是為摩牢！當知是行報故。此摩牢！復何因、復何緣，而令或一若男若女形色好？此摩牢！或一若男若女不多瞋恚、不多憂感，若有以麤獷言說者，彼亦不恚、亦不恨、亦憂感，不住於恚、不生瞋恚、不以恚恨，彼因此行、以此行，因此行故，身壞死時生善處天上，來生此人間形色則妙。何以故？此摩牢！彼行妙行故，而令或一若男若女無有瞋恚亦無憂感，是故摩牢！當知是行報故。此摩牢！復何因、復何緣，而令或一若男若女少有所能？此摩牢！或一若男若女有貪嫉發於貪嫉，彼見他有恭敬施財物已，便發於貪嫉，他所有令我得，彼因此行，因行故、緣行故，身壞死時生惡趣泥梨中，來生此人間少有所能。何以故？此摩牢！彼作少有所能行故，而令或一若男若女貪嫉發於貪嫉，此摩牢！當知是行報故。此摩牢！復何因、復何緣，而令或一若男若女極有所能？此摩牢！或一若男若女無有貪嫉、不發貪嫉，彼見他恭敬財物施已，不發於貪嫉，他所有令我得，彼以此行，因此行、緣此行，身壞死時生善處天上，來生人間極有所能。何以故？摩牢！彼作極有所能行故，而令或一若男若女無有貪嫉、不發貪嫉。是故摩牢！當知是行報故。此摩牢！復何因、復何緣，而令或一若男若女生下賤家？此摩牢！或一若男若女自大憍慢，應當恭敬而不恭敬，應當承事而不承事，應當禮事而不禮事，應當供養而不供養，應當施座而不施座，應當示導而不示導，應當禮事起恭敬叉手向，而不禮事起恭敬叉手向，因此行、緣此行，有此行故，身壞死時生惡趣泥梨中，來生人間在下賤家。何以故？此摩牢！彼為下賤行故，而令或一若男若女自大憍慢。是為摩牢！當知是行報故。此摩牢！復何因、復何緣，令一若男若女生豪貴家？此摩牢！或一若男若女，不自大、不憍慢，應當恭敬而恭敬，應當承事而承事，應當禮事而禮事，應當供養而供養，應當施座而施座，應當示導而示導，應當禮事起恭敬叉手向，而禮事起恭敬叉手向，彼因此行、緣此行，以此行故，身壞死時生善處天上，來生此人間在豪貴家。何以故？此摩牢！彼作

豪貴行故，而令或一若男若女不自大、不憍慢。此摩牢！當知是行報故。此摩牢！復何因、復何緣，而令或一若男若女少有錢財？此摩牢！或一若男若女不施與非施主，彼不行施沙門婆羅門、貧窮下賤方來乞者，飲食衣被、華鬘塗香、床臥屋舍、明燈給使，彼此行、緣此行，以此行故，身壞死時生惡趣泥梨中，來生此人間少有錢財。何以故？此摩牢，彼作少錢財行故，令或一若男若女少有錢財。此摩牢！當知是行報故。此摩牢！復何因、復何緣，而令或一若男若女多有錢財？此摩牢！或一若男若女施與為施主，彼施與沙門婆羅門、貧窮下賤方來乞者，飲食衣被、花鬘塗香、床臥屋舍、明燈給使，彼因此行、緣此行，以此行故，身壞死時生善處天上，來生此人間多有錢財。何以故？此摩牢！彼作多錢財行故，而令或一若男若女多有錢財。此摩牢！當知是行報故。此摩牢！復何因、復何緣，而令或一若男若女惡智？此摩牢！或一若男若女，為眾生不能往問，謂彼有名稱沙門婆羅門，往彼已不隨時問其義，亦不論此諸賢，何者是善不善？何者是好不好？何者是惡是醜？何者是黑是白？何者黑白報？何者見法義？何者後世戒義？何者為善非惡？從彼聞已，不如如學。彼因此行、緣此行，以此行故，身壞死時生惡趣泥梨中，來生此人間有惡智。何以故？此摩牢！彼作惡智行故，而令或一若男若女為眾生不能往問。此摩牢！當知是行報故。此摩牢！復何因、復何緣，而令或一若男若女有智慧？此摩牢！或一若男若女為眾生能往問，謂彼有名稱沙門婆羅門，往彼已隨時問其義，能論此諸賢，何者是善不善？何者是好不好？何者是醜是妙？何者是黑是白？何者是黑白報？何者見法義？何者後世戒義？何者為善非惡？從彼聞已，如如學之。彼因此行、緣此行，以此行故，身壞死時生善處天上，來生此人間則有智慧。何以故？此摩牢！彼作智慧行故，而令或一若男若女為眾生能往問。是為，摩牢！當知是行報故。此摩牢！若作短命行，行已則受短命；若作長命行，行已則受長命。若作病行，行已則有多病；若作非病行，行已則無有病。若作醜行，行已則受其醜；若作形色好行，行已則受好形色。若作少有所能行，行已則受少有所能；若作多有所能行，行已則受多有所能。若作下賤行，行已則受下賤；若作豪貴行，行已則受豪貴。若作少錢財行，

> 行已則受少錢財；若作多錢財行，行已則受多錢財。若作惡智行，
> 行已則受惡智；若作智慧行，行已則受智慧。是為摩牢！我本所說。
> 此摩牢！隨眾生所作行，因行、緣行，以此行，眾生為行故，便於
> 彼彼便有高下好惡。〔註52〕

佛陀在這裡持一種宿命的論調，而且因和果被嚴格的一一對應。如談到為何此生會有短命的情形時，佛陀認為此人在過去無量世中曾經出現過沒有慈悲心，斷送眾生性命的行為，所以今生必須受到短命的報應。又如一個人今生被疾病纏身，這個後報是由他過去世中曾經以手石刀杖等傷害眾生，所以受到不健康的報應。另外還舉了許多例子，佛陀在這裏似乎放棄了勝義的說法。照此來看，人在現世沒有任何自由性可言，而全為過去無量世的力所驅動。之所以將此大量的篇幅引用下來，是因為這篇經文在漢地影響很大，普通信徒的業力觀念基本由此奠定。基本上常見的運命論、宿命論、神主論的觀點都可以從中找到原型，此經可以看作有關業力的方便說法的集成。漢地教徒信從了其中的說法，從而影響到他們對功德累積方式的理解，這當然是有意無意推動的結果。令人遺憾的是這裡的觀點可能不是佛教的勝義，甚至可以說這完全不是佛教的看法，也即漢地部分信徒奉持的業說是不究竟的，是一種落後而被佛教拋棄的觀念。

佛陀是業力論者，他接受了婆羅門教有關的哲學遺產，然而他並非亦步亦趨，而是有自己新的見解，從這一方面來看佛教有其革命性的本質存在。佛陀多次批評宿命論和神主論，這是對當時印度社會中盛行的以種性為根基的限制流動的狀態的批判，然而他並沒有峻厲的拒絕前人的遺產，而是採取了一種中道。他認為即今生的苦樂並非自作，也非他作，更非自他作，亦非自非他無因生，而是諸緣集合的結果。通過對這些觀點的批判，他提出往昔所作所為只能是今生際遇的助緣的因素，當卜的苦樂還是由自己來決定的看法。這是一種積極而有益的精進論，他肯定了自由意志，否定了命定的論調。其實如果採用後期佛教的觀點，也就是唯識的說法來認識這個問題會變得比較明晰。業因和業果之間所以能夠相續，是由於阿賴耶識被種下了一顆種子，阿賴耶保證生命的相續性，而這個種子會在適當的時候成熟從而引發果報。這樣既保證了主體的不變性，也保證了因果之間的連續性。業在種子成熟的時候起的作用可能不一樣，有時候是決定因，有時候只是助緣，這取決於業所引發的力量的大小，

〔註52〕《大正藏》冊1第889頁中欄至891頁上欄。

如果力量不夠強，那事情的發生還需要其它要素的搭配才可以。既然如此那麼如何理解佛陀在對俗眾說法時那種不同的選擇呢？可能是為了合乎印度當時流行的文化以爭取信徒，如果完全和婆羅門教的說法切割，很可能會受到上層力量的打擊。當時業論在印度很有影響力，六師外道之一的耆那教就採用了宿命造的說法，因而佛陀選擇對下根人說他們聞聽過的法門，可能更有利於教團的發展。也有可能釋尊希望在倫理的領域建立一種更簡便可行的法則。佛教的理論往往充滿思辨的色彩，易聞而難行，所以在對受教育程度較低的人講法時，採取一種簡化的原則，可能更能引導他們向善。當然也可能有一些尚不清楚的因素，總之，佛陀有時候講法會採用俗諦。

　　以上就業力的討論提及較多的是不好的一面，也就是作惡招致苦受的情形，樂受的一方面很少涉及。要產生樂受的結果，就必須積累良好的業緣，而良好業緣與樂受之間靠功德來連續。功德是伴隨有漏的善業而產生的。即道德上的善行會產生一粒種子，經過足夠的時間這粒種子成熟後，人就會收穫樂受。同樣與負面的業力一樣，這粒種子能否成長為異熟果，並不僅由業力本身決定，它是一種助緣的力量。然而宣傳福德的概念時，這個關鍵的信息經常會被有意無意的忽略，從而讓人產生一種錯覺，即倫理上正面的行為會帶來相當價值的報酬。道德上善行的核心是什麼？也許不同的人會有不同的理解，這種價值取向多元化的現象，會導致資源的分散，從而使受眾無法達成共識。因此，必須有一個權威機構給出清晰的規定。就佛教來說，這個權威機構必然是僧侶集團，善行可以包括許多方面，比如聞法、齋僧、建廟等，當然也可以包括布施。《長阿含・遊行經》記載了一個帝王，他對自己獲得的無邊的福報產生了疑問，經過長久的思考他認為是「以三因緣，致此福報，」這三種因緣他認為分別是「一曰布施，二曰持戒，三曰禪思，以是因緣，今獲大報。王復自念：『我今已受人間福報，當復進修天福之業，宜自抑損，去離憒鬧，隱處閑居，以崇道術。』」〔註53〕此國王以為布施是其樂受的第一憑證。《中阿含》中更進一步肯定了布施的價值：「舍梨子！當知我今在家，以家業為事，我應自安隱，供養父母，瞻視妻子，供給奴婢，當輸王租，祠祀諸天，祭餟先祖及布施沙門、梵志，為後生天而得長壽，得樂果報故。舍梨子！是一切事不可得疑，一向從法。」〔註54〕布施沙門梵志能夠取得長壽的果報。《雜阿含經》中釋尊親口承

〔註53〕《大正藏》冊1 第23頁下欄。
〔註54〕《大正藏》冊1 第456頁下欄。

認了以布施為核心的善行具備轉生天人的福德，並更進一步指出不同的布施行為所具備的福德大小。他多次稱揚給孤獨長者這樣的大施主，認為他們今生的福報乃是無數世前對僧團的慷慨造就的，而慷慨的本性會因為等流的相續，而導致了他們今生更大的施捨行為，這又為將來的更好業果的復歸埋下了根據。〔註55〕宋代的天息災譯出的《分別善惡報應經》中將具體行為的後報都列舉了出來：

> 若復有人，於如來塔合掌恭敬，有十功德。何等為十？一貴族廣大，二妙色廣大，三形相廣大，四四事廣大，五珍財廣大，六美名廣大，七信根廣大，八憶念廣大，九智慧廣大，十藝業廣大。如是，長者！若復有人合掌恭敬如來之塔，獲斯功德。……若復有人，於如來塔以鍾鈴布施，獲十種功德。何等為十？一端嚴無比，二妙音適悅，三聲同迦陵，四言辭柔軟，五見皆歡喜，六得阿難多聞，七尊貴自在，八美名流布，九往來天宮，十究竟圓寂；如是功德，布施鍾鈴所獲勝報。……若復有人，齋食供養佛及眾僧，功德有十。云何為十？一壽命延長，二形色圓滿，三肢節多力，四記憶不忘，五智慧辯才，六眾覩歡喜，七豐足珍寶，八人天自在，九命終生天，十速證圓寂；如是十種勝妙功德，施佛及僧齋食供養，獲如斯果……〔註56〕

此經基本都在談論布施所能得到的後報，並沒有關於解脫方面的內容，而是以現世所能得到的饒益作為落腳點，雖然名稱是經，但也可以看作輔教之書。按照佛教哲學的看法，布施並不能作為功德存在的絕對保障，更多的是一種類似信用投資的形式。只有良好行為的結果被兌付的時候，功德才產生並立即消滅。而這個兌付的條件，所有的經論都沒有給出明確的答案，至多用成熟這類字眼來表現，這當然是因緣際會的另一種表達。回過頭來看一個行為

〔註55〕按業有時候會被解釋為一種規限心的內容，這種規限的力量會影響人當下的選擇。必須藉助表業和無表業的分立來說明這個問題，前面已經提到無表業是身、語業結束後留下的作用力，其表現在意志上就是一種抵禦的能力，「當善業升起時，會制止惡業發生。惡業升起時，會抵制善業發生。」（佐佐木現順著，周柔含譯《業的思想》臺北：東大圖書公司，2003年，第127～128頁。）因此，當一個人經常為善，他的思惟中就無形的升起了一把保護傘，阻止他作不對的事，這種情形可以被叫作等流相續，一個愛撒謊的人會因為等流而一直撒謊，一個愛好布施的人也因為同樣的原因更加慷慨大方。這裏為了解釋的方便，採用了簡化的說法，其中忽略了一些信息，如思業和思已業的屬性問題，不過這不會對說明的完整性構成影響，僅此說明。

〔註56〕《大正藏》，第一冊第899頁。

本身不能被簡單認定為功德，功德是行為完成後留在這個宇宙中的餘勢，任何造作都會產生影響，這些影響中只有一部分可以被稱為功德。倫理上的善行可以幫助功德的增長，不過這個善行將來的業果是無覆無記的，也就是說從結果的質性上看，它沒有好壞的區分，至於苦樂不同的感受，是一種然高度個人化的經驗。瞭解了佛教對業力的基本看法後，經論中多次承認布施的決定因作用，就變成了一個耐人尋味的現象，不論如何便宜的說法不應該違背主要原則。

業因、業果的相續牽涉到了因果論，因果論不僅是倫理問題，也是邏輯問題。倫理、邏輯之立場不同，遂產生了兩種不同的解釋路徑。「第一個方向，從因果律開展的思潮，重在人類行動的具體性上。這是以眾賢為代表的哲學，佛教內部則稱之為說一切有部。……第二個方向，同樣是以因果律為基礎，但是朝不同方向發展的思潮。……希望在經驗存在之上，予以實證的思潮。那就是大乘佛教所開展出來的業論。」〔註57〕中國繼承的是大乘佛教的理論，應該更注重後者，也即更加注重實證，論藏中也確實有這種表現。可是從整體層面來看，漢地對業力學說的倫理屬性似更加關注，基本上很少討論其中的邏輯性。注重業論的倫理性，就是注重個人行動的倫理性，這和本土高揚的道德評判系統互補。這是存有論層面的問題，不能弔詭，且必須同時表現在作用層面上。在作用層面上業論和道德一樣，都表現出了對社會規訓的能力。為發揚這種能力，經論中相關的更加具體的細則被強調了出來，因此便產生了十善業道和十不善業道的分別。十善業道並無具體的名目，一般認為只要離開十不善業道就可以被視作十善業道。那麼十不善業道有哪些呢？殺生、偷盜、淫邪、兩舌、妄語、惡口、綺語、貪慾、嗔恚、邪見等。這些規定一方面使得文化呈現出保守內斂的狀態，放棄了昂揚向上的創新能力，另一方面它對社會的穩定性又具有較積極的意義，因其不但能限定人的行為，更重要的是可以塑造道德觀，這就是「業論的社會性。」〔註58〕

五、善德經濟體系的文獻考察

佛教經院派的業力論市場較小，僅流傳於學識較高的精英群體，甚至有時候修養很好的士大夫，也會在因果論上表現出嚴重的宿命論特徵，這從大量的

〔註57〕《業的思想》，第145～146頁。
〔註58〕《業的思想》，第155頁。

文人筆記故事中都可以觀察到。漢地的普通僧尼對此事的認識具有很大的不同，這是由此群體的文化層次的不同所決定的，這種差異可作為解釋寺院組織、僧團經濟等問題的一種方式。這個問題前面已經有所涉及了，此處做更具體的討論。先談結論，原教旨的業論僅在漢地的學問僧，也就是高級的僧侶領袖中流傳，故其在社會中的影響力微乎其微。而宿作因論卻被廣泛的介紹到了僧團和普通信眾中，從而作為塑造漢地佛教經濟基礎的一種手段。當然由於文本翻譯及真假相雜等問題，真實的情況要複雜許多，這裡的結論僅為大致情形。布施具備功德這一核心觀點，在經論中是被釋尊首肯過的，因此只能說這種業論類似於宿作因，但並不是完全如此。且大乘佛教強調的廣大菩薩行中有自強不息的意味，這多少沖淡了宿作因帶來的惰性，而使機械運命論中有了一絲精進論的痕跡。第一種也就是理性色彩的業力說此處不再討論，因其影響不彰且與佛教經濟的關係較複雜，很難形成定性的評估結果〔註59〕。

　　宿作因說能在漢地廣泛傳播，並不是一種偶然的現象，本土文化中含有這種思想的苗頭。《易・坤・文言》載：「積善之家，必有餘慶；積不善之家，必有餘殃。」〔註60〕《論語・季氏》：「見善如不及，見不善如探湯。」〔註61〕《左傳・隱公元年》：「多行不義必自斃。」〔註62〕老子《道德經》七十三章：「天網恢恢，疏而不失。」七十九章：「天道無親，常與善人」。〔註63〕《墨子・天志》：「人之為善，天能賞之；人之為暴，天能罰之。」《墨子・法儀》：「愛人、利人者，天必福之；惡人、賊人者，天必禍之。」〔註64〕這些話語中包含有一種樸素的因果理論，僧侶宣揚的三世和六道輪迴的說法，與此多有相合之處。還有一種情形，即本土已有的命定論觀念，實質上在內在邏輯上也呼應了異化的業力學說，現舉兩例以為證明：

〔註59〕按事實情況是佛陀帶有精進色彩的業力論，對僧侶經濟的形成可能並不是無關，而是有反作用，如果能夠清楚地認識業力的本質，那就必然知道佛祖肯定了個人上進的作用，這就在無形中削弱了一些功德的能力，這可能會對布施等行為產生影響。

〔註60〕王弼註、韓康伯註、孔穎達疏、陸德明音義《周易注疏》，北京：中央編譯出版社，2012 年，第 48 頁。

〔註61〕（宋）朱熹撰《四書章句集註》，北京：中華書局，2011 年，第 161 頁。

〔註62〕（清）阮元校刻《十三經注疏》，北京：中華書局，2009 年，第 3725 頁。

〔註63〕（魏）王弼註、樓宇烈校釋《老子道德經註》，北京：中華書局，2011 年，第 190、196 頁。

〔註64〕周才珠、齊瑞端譯註《墨子全譯》，貴陽：貴州人民出版社，1995 年，第 24 頁。

凡人遇偶及遭累害，皆由命也。……命當貧賤，雖富貴之，猶涉禍患，失其富貴矣；命當富貴，雖貧賤之，猶逢福善，離其貧賤矣。……是故才高行厚，未必（可）保其必富貴；智寡德薄，未可信其必貧賤。〔註65〕

司馬牛憂曰：「人皆有兄弟，我獨無。」子夏曰：「商聞之矣：死生有命，富貴在天。君子敬而無失，與人恭而有禮，四海之內，皆兄弟也。君子何患乎無兄弟也。」〔註66〕

這種命定論沒有給出終極的原因，因而留給後人以遐想的空間。故有引申為星命說者，如王充：「天有百官，有眾星，天施氣而眾星布精，天所施氣，眾星之氣在其中矣。人稟氣而生，含氣而長，得貴則貴，得賤則賤。貴或秩有高下，富或貲有多少，皆星位尊卑小大之所授也。」不過星命說最終並沒有發展成為文化的大端。反而是佛教的業力論迅速填補了這個空白，成了解釋終極力量的一種有效論斷。早期佛教的格義也曾借鑑本土觀點作為旁證，這種文化根基的相似性，為業力廣泛的傳播奠定了基礎。「佛教業報輪迴說克服了傳統的善惡報應說拘泥於事實驗證的缺陷，挽回了它在思想界的不利地位。」〔註67〕嚴格來說，業報和報應，這兩者有一些區別。本土的報應觀念主體的連續性不明顯，有時候個人不會被惡行的後果所審判，取而代之的是整個家庭。且本土的報應論具有模糊化的表現，並不是一集中觀念。善惡報應觀念被以業力為核心的報應觀所取代，這種取代並不是以本土觀念的徹底消亡為結果的，而是佛教吸納並將其融合到了自身中。此過程完成的標誌是一種「採納了中國傳統報應觀的現世報，承認現實人生的幸福和生命的寶貴，並且將傳統以孝為核心的綱常道德與佛教戒律等同，作為果報之因」的說法形成〔註68〕。與戒律等同的意義十分重大，這是業報思想能夠成為行動指導綱領的契機。漢地僧侶對俗眾說法並不強調十善業等名目，他們會傳遞一種符合戒律的行為就是善行的看法。然而戒律的具體內容對普通信眾又呈現出保密的狀態，因而信徒對善行的認識有時候是不清晰的，這對佛教信徒的倫理觀念的影響很大。質言之，「佛教認為

〔註65〕（漢）王充著，高蘇垣選註《論衡》，北京：商務印書館，2020 年，第 31 頁。
〔註66〕《十三經注疏》，第 5436 頁下欄。
〔註67〕劉立夫著《佛教與中國倫理文化的衝突與融合》，北京：中國社會科學出版社，2009 年，第 15 頁。
〔註68〕陳筱芳《佛教果報觀與傳統報應觀的融合》，社會科學研究，2004 年第一期，第 94 頁。

凡是符合佛教教義者為善，反之為惡，遵守佛教戒律——如五戒、具足戒——是善，違背這些戒律則是惡。戒律是佛教因果報應的善惡標準。」〔註69〕這種綱領式的主張，因沒有具體的細節作為指導，因而又有多樣化的行動貫徹方案。

　　《佛說三世因果經》：「欲知前世因，今生受者是，欲知後世果，今生作者是。」〔註70〕合乎佛教戒律的倫理行為，由個人皈依的法師宣導，它能夠保證不至於出現下三道的輪轉。基本上這些行為基本上都是利他的，要進一步追求一種更良好的結果，則必須踐行超越戒律層次的善舉。這是更高層次的道德要求，是行有餘力者才能追求的境界，只有在這些行為中用功，才有取得更好果報的可能，具體來說就是更好地財富地位。這些善舉包括的方面較多，與本章節的核心神聖經濟有關的就是布施的行為，它可以增長教團以及支持傳法的事業，接續佛教慧命一直都被看作具備絕大功德的事業。布施因標準不同而有不同的類型，比較常見的分類如法布施、財布施和無畏布施。此三種類型在取得功德的效用上沒有太大區別，然而有一部分普適性不強導致俗眾甚少採用，法布施和無畏布施屬於此類，被採納最多的是財布施。財物的布施可以消減人貪吝的性格，從而免除未來世可能發生的貧困。契嵩在《鐔津文集》中曾對此做過專門的討論：「教謂布施何謂也？……布施也者，聖人之欲人為福也。夫福豈有象邪？在其為心之善不善耳。貪婪慳吝者心之不善者也，濟人惠物者心之善者也，善心感之則為福，不善心感之則為極。……夫布施之云為者，聖人欲人發其感福之心也。其發之者有優劣，則應之者有厚薄。以佛事而發其施心者優也，以世事而發其施心者劣也。……此道其緣而不道其因，非因則天下不知其所以為福也。所種之地薄則所成之物不茂，所種之地嘉則所成之物必碩也矣。是故聖人示人之勝劣，豈有所苟乎？如以財而施人者，其福可量也。以法而施人者，其福不可量也。可量者並世而言之也，不可量者以出世而言之也。」〔註71〕他認為布施是濟人惠物之心，其性質為善，而善心在冥冥之中可以感應到福報，最關鍵的是他進一步區分了對佛事和對俗事的布施，認為後者雖然也有功德，但遠不如前者廣大。

〔註69〕陳筱芳《中國傳統報應觀與佛教果報觀的差異及文化根源》，社會科學研究，2004 年 3 月，第 67 頁。
〔註70〕《新纂卍續藏》，第 61 冊第 395 頁。
〔註71〕《大正藏》第 52 冊頁 657 下欄至 658 頁上欄。

佛本行故事中有割肉飼鷹的記載，佛陀曾經將自己布施給了一隻鷹，這個故事在漢地流傳很廣。雖然其文本情節並沒有進一步的發展，但採用留白的技術性處理，讓人產生了正是這樣的慷慨善行才成就了他三界導師身份的印象，因此這個故事本身就是遙遠過去的清晰憑證。佛本生故事中有大量關於其美德的宣傳，文本雖然相對簡單明了，但其背後的意蘊卻非常豐富，有意無意之中都指向了佛陀三界導師這個身份。這種輔教文類很常見，如以下幾則：

> 元嘉四年從大駕巡京，至都夕暴亡，乃靈語諸人曰：「吾壽命久盡早應過世，賴比歲來敬信佛法放生布施，以此功德延駐數年耳，夫幽顯報應有若影響，宜放落俗務崇心大教，於時勝貴多皆聞云。」〔註72〕

> 烏長國王萬機之暇，雅好佛法。嘗謂群臣曰：「朕為人主，雖享福樂，不免生老病死無常之苦，聞西方佛國，誓願棲神。」於是日夜精勤，念佛行道，廣行布施，利樂眾生，每日設一百僧齋，王與後妃，親手行食，時請名僧，咨扣妙法，三十餘年，精專無替。一日宮中見彌陀佛西方聖眾來迎，祥瑞不一，端坐示滅。神色怡悅。〔註73〕

> 杭州俞春蛟，因祈嗣，立願齋僧十萬八千。齋至四萬便得子。某年城中失火。延燒四五里。火已逼其門。四僧來索齋。俞曰：「家將燼矣，何暇作齋？」僧曰：「但去炊煮，我為汝守宅，保無事。」俞從之，飯熟，僧已去，反風滅火，竟得無事。俞大感歎。復立願齋十萬八千。〔註74〕

這類故事的主體與本生記一樣，都講述了人因為布施這種慷慨的德行而獲得了良好後報，很容易就能從其中品味到導向性。我們相信佛教宣揚這樣的故事，是為了消除信徒心目中的貪戀之情，然而客觀上它也能感召信徒踐行布施的教誨，因此其又可以看作一種營銷的策略。布施作為一種宗教行動，既能消除人心中的貪吝，又能支持宗教的發展，更重要的是此理念推動了寺院經濟資

〔註72〕河村照孝編集《新纂卍續藏》，東京：株式會社國書刊行會，1975 年，第 88 冊 310 頁中欄。

〔註73〕《新纂卍續藏》第 78 冊第 375 頁中欄下欄。

〔註74〕《新纂卍續藏》第 88 冊第 41 頁中欄。

本的積累。輔教故事並沒有明確任何一個具體的寺院，這種迴避使得故事的背景呈現出模糊的狀態，因而所有寺院都獲得了被捐贈的機會，收益的也就是整個教派。富貴顯要的人可能會選擇大型的寺院，這既可以宣揚他仁慈慷慨的名聲，又能為未來世的生活提供憑證。經濟狀況不佳的人可以選擇布施小型的蘭若，以金錢的方式固然可行，也可以是代工或者實物，布施的心不因手段的不同而貶值。且一些可疑的經文中宣揚窮人少數的錢財布施，取得的功德可能要高於富人大量的布施。對許多家庭來說少量布施是能夠做到的，他們認為自己的善舉能夠獲得一定的果報，更進一步慷慨的行為可能會收穫到遠超錢財本身的價值。

應該注意到平民受教育的機會稀缺，因而單純的文學文本故事可能並不足以打動他們，這主要源於閱讀能力的匱乏。對這樣的情況教團也有預料，並針對性的提出了解決方案：俗講。俗講跨越了文本的障礙，由僧侶和施主進行直接的溝通，因而它將布施的價值闡述的更加直白。《資治通鑑》：「寶曆二年六月已卯，上舉興福寺，觀沙門文淑俗講。」條後有胡三省注：「釋氏講說，類談空有，而俗講者又不能演空有之義，徒以悅俗，邀布施而已。」〔註75〕即俗講若僅演說空有之義不能吸引觀眾，要吸引觀眾只能悅俗，以悅俗來請求布施成為了當時的主流。俗講招攬布施可能在當時產生了較大的影響，以至於官府曾經明文禁止過，唐玄宗開元十九年《禁僧徒斂財詔》中明確說道：「說茲因果，廣樹筌蹄，事涉虛玄，渺同河漢。……近日僧徒，此風猶甚。因緣講說，眩惑州閭，溪壑無厭，唯財是斂。津梁自壞，其教安施。無益於人，有蠹於俗。或出入州縣，假託威權；或巡歷鄉村，咨行教化。因其聚會，便有宿宵。左道不常，異端斯起，自今以後，僧尼除講律之外，一切禁斷；六時禮懺，須依律儀。」〔註76〕此處所謂的煽惑信眾納捐，文本中仍然有根據可循。《目連緣起》：「奉勸聞經諸聽眾，大須布施莫因循，託若專心相用語，免作青提一會人。須覺悟，用心聽，閑念彌陀三五聲火宅忙忙何日了，世間財寶少經營。無上菩提勤苦作，聞法三塗豈不驚，今日為君宣此事，明朝早來聽真經。」〔註77〕青提是神通第一的大目犍連的母親，但因為生前曾謗佛謗法，並且拒絕布施，死後流轉到餓鬼道受盡了苦楚。用她的事例來驚醒聽眾，並要求他們能夠大「布施」

〔註75〕（宋）司馬光等編著《資治通鑑》，北京：中華書局，2018年，第7972頁。

〔註76〕（清）董浩等編《全唐文》影印本第一冊，北京：中華書局1983年，第339頁。

〔註77〕黃征、張涌泉校注《敦煌變文校注》，北京：中華書局，1997年，第1016頁。

以積累功德，防止落入無邊苦受之中。這種類似威脅的傳教方式，根本目的在「要求聽眾對寺院捐獻錢財」。〔註78〕這種簡單粗暴的說教一般都係屬在講經文的首尾部分，文本中間也偶然會有提及功德、布施之類的說法，開宗明義或者作為壓軸都能加深聽眾的印象。為了擴大布施的影響，一些人還偽造過經論，來炫惑信眾的耳目心智。這些經全文都在談論布施的好處，如《佛說布施功德經》《佛說布施經》等，到今天其仍有大量的擁躉，其影響之彰亦可見一斑。當然這裡說的只是面對俗眾時的權宜之法，本質上號召信徒捐贈寺廟，可以消除他貪吝的性格，這對解脫是有幫助的，同時一個人的貪婪可能會引發一系列不好的行為，比如癡和取，這對社會的穩定性等都構成了威脅。因而，雖然號召布施促進了寺院的經濟，同時它也為維持社會秩序，培養市民精神起到了推動的作用，這一點毋庸置疑。

業力論由三世輪轉的連續性問題，變成了功德積累的問題，前者屬於邏輯領域，後者則由聖人直接宣說，這兩種方式都具有充分的有效性。僧尼強調以布施為代表的善舉，可以作為未來世更好果報的保證。更好的果報分成許多種類，按照信徒的根器相機宣說，可能是託生到天人道中，也可能是人間富貴的延續，或者僅僅是免於疾病的折磨。總之若一個人以慷慨的德行齋僧、建寺，不僅可以享有良好的聲譽，未來世也能夠延續優渥的生活。與此同時，他們廣泛的宣說吝嗇不良的品行會導致下三道的輪轉，並配合對地獄等苦難的渲染以警示信眾，從而使其選擇一種倫理上更恰當的德行。即啟動不良的心志會導致很苦的後報：

> 潁州一異僧，能知人宿命。時歐陽永叔領郡事，見一女妓，口氣常作新蓮花香，心頗異之。舉以問僧，僧曰：「此妓前生為尼，好轉《妙法蓮花經》，三十年不廢。以一念之差，失身至此。」後因郡會，其妓女適侍立在旁，公因以僧語告之，且問：「今亦曾轉《妙法蓮花經》否？」妓曰：「某不幸為妓，日事應接，何暇轉經？」公命取經令讀，一閱如流，宛若素習，公益異之。嗚呼！為尼而三十年轉經不廢，是必亦知為善者也。以一念之差，尚爾失身為妓，今為妓而惟淫是習，日將自家可以剎那作佛之身，兼受一切人臭穢不淨，無異便溺之物。捨此身後，更當受何等身乎？以教言之，只多婬一事，已自應失墜有餘，況更點劣萬端，平生豈獨無諸罪惡？聞愚此

〔註78〕鮑振培《中國俗文學史論》，天津：南開大學出版社，2015年，第75頁。

　　　　言，亦必有慚懼而生厭離者否？〔註79〕

一念之差有託生為妓的果報，性質更惡劣的行為自不必多言。抑惡揚善的倫理
制度，對社會的穩定性是有利的。畢竟道德上正面的行為，一般都是和諧的，
能在一定程度上降低衝突發生的概率，這也是以皇室為代表的貴族集團願意
和僧侶合作的原因之一。從正反兩面對信眾進行說教，使他們能切實認識到功
德的重要性。一旦在理念中建立了功德能作為未來世窮通富貴憑證的觀念，其
就在實質上具有了一般等價物，更直接點說通貨的能力，這就建立起了僧侶經
濟系統中的交換體系。一般經濟交換中的貨幣都誕生於具體的交換行為，即先
有實物的存在，後來才有貨幣的理念，而這個系統卻恰恰相反，其具備通貨能
力的物品完全產生理念系統，這可以說是宗教經濟的特色之一。

　　討論了原始佛教的業力問題，也介紹了其在漢傳中的變異，可以從中清晰
的看到漢傳的處理態度是一分為二的，學問僧採取的是比較符合經論的說法，
認為業力可以招致果報，但不能作為決定因，只是一種助緣的力量。佛陀對俗
眾說法時有時候會承認輪迴及宿作因，傳到本土之後，有意無意之間大量的出
家者和俗眾都信從了宿作因說，並且建立了一套像贖罪券一樣的體系，那就是
以布施善舉為核心的功德贖買系統。他們認為這些善舉輾轉延續三世並決定
未來的樂受，即保證託生在更高的輪迴世界或者未來世的富貴。這種看法的傳
播為漢地寺院和僧侶開展經濟活動提供了根基。這裡需要再次聲明，業力論對
佛教經濟的提振，僅是其作為廣大法門的邊緣影響而已，俗諦聖諦的分判對凡
夫來說具有相當的困難性。我們看到其作為不究竟義而提振了信徒布施的信
心，但同時它也為凡人祛除貪嗇的性格有幫助。

第二節　宋代文獻中所見的寺院經濟形態

　　既討論了僧侶對業力說的信從狀況，則應考慮此學說所造成的影響。亦即
漢地的信徒對異化業力說的認可程度，尤其是對功德贖買系統的接受情況，這
直接影響了佛教經濟的總體形式。選擇宋代作為考察的對象基於以下四方面
的考量：第一，宋代佛教脫離了精英教派的路線，而轉向了一種更具有普遍價
值的趨向。這一傾向是由禪宗的一些革命性理論決定的，他們擯棄了以往僧侶
對高文典冊的偏好，而大膽的確立了見性成佛的速成說，甚至他們有時候並不

─────────────────────────

〔註79〕　（宋）李昌齡輯《樂善錄》卷八，《全宋筆記》第九編第二冊，第324頁。

過分強調終極解脫的價值，而代之以對開悟狀態的追求。一個人只要如法踐行教誨，按說就有開悟的機會。然而當時的情況並不是普遍如此，開悟者群體太過龐大可能會影響到信徒對其價值的肯定，同時也會引起整個開悟群體邊際收益降低的麻煩。因此，開悟的權限並不在僧侶自身的手中，他們不能宣稱自己了知了終極的真相。開悟的權限被收歸到了已開悟禪師的手中，最初的開悟者由派系的祖師認定，這樣就形成了自上而下貫穿的權力體系。依靠這一種簡便易行，同時又非常有用的手段，他們迅速的擠佔了其它教派的市場，將一種民粹的色彩帶進了教團之中。何以故？開悟者被宣傳為佛陀形象的延續，因而他們就具備了其他分支宗師所沒有的偉力。同時他們的言語中包含了一些哲學的悖謬，這又對信徒形成了新的知識威懾，總而言之，作為佛陀傳人的開悟者，在宗派之間的競爭中早早佔據了先機。同時，禪宗更加強調一種隨順、機敏的學習方式，對文獻的價值並不十分看重。可以認為這樣的思潮引起了學問僧佔比的下降，學問僧佔比的降低就意味著普通僧侶數量的上升，這種變化僅僅是其深刻根源的表面流露。本質原因是培養僧侶的主導思想和手段發生了改易，不再以經律論等內容為基礎，而代之以靈活性更強的公案、話頭等，這種選拔手段有其先天不可克服的缺點。普通僧侶在教團中取得較高地位，會使得異化的業力說有快速發展的土壤。

第二，宋代僧侶經濟取得了很高的成就。這不僅表現在寺院獲得土地捐贈數量的多寡上（基本上以農業為主的社會中，土地都是整個經濟系統的起點和命脈），還表現在經營手段的專業化上面。較完整的科層制的人事配給，土地經營權的出租，以及對收益的再分配和擴大生產，這些都是宋代僧侶經濟的特點。正確認識這些環節對討論神聖經濟有較大的指導作用。第三，儒佛兩道的矛盾趨向於明朗化，反對和支持佛教的儒士力量基本持衡，同時皇室和貴族對佛教的態度也比較溫和，既沒有特別崇佛者，更沒有像三武一宗這樣的滅佛者。這種溫和但略具有挑戰性的環境，對教團的發展有利。許多優秀僧侶通過社交活動與士夫往還，他們對佞佛或者反佛者採取不同的社交策略，儒士會基於自己的認識作出反饋。儒佛互動包含了僧侶經濟活動的一些面向，可以幫助我們直觀認識漢傳「業力說」的作用情況。第四，宋代僧侶在寺院建設、僧團維護上取得了較高的水平。包括了甲乙制和十方制的進退，寺院建築的類型、佈局和附近配套市場的更新，以及宣揚地方士紳的碑銘等手段的運用等，都可以視為寺院經營策略的一環。它們共同配合以功德的產生和消耗為核心的僧

侶經濟體系，考察這些手段的運用情況大概可以顯示出其整體形態。以上談及的內容中一部分在宋代取得了較高的成就，另一部分根本就是他們的獨創。更重要的是相關的資料保存較為完整，可以快速的從筆記、地方志和寺院志中獲得，這為整個研究的開展提供了可能。

一、功德的市場化

　　一種不究竟的業力學說在漢地的信徒中廣泛流行，為功德作為等價物的引入奠定了基礎，這可以看作佛教經營寺院經濟的先聲。再一次說明這是勝義的邊緣收益，它的目的是消除貪婪，當然這僅是以賣方角度來考察的。為完整計還需要考量買方對此體系的認可程度，如果可能的話應該擴展到中立者以及反對者的層面。通過這些人對業力體系的調查反饋，更能夠全面的認識這一交易的真相。馬廷鸞的《碧梧玩芳集》中有《淨土院捨田記》一則：

　　　　唐院更宋，且將五百年，前人之述備矣。蓋嘗以檀法度人，施
　　者無翼而翔，不踵而至，當乾道辛卯，有初施田者，僧真悟大師道
　　崇匄文於吾伯祖潛溪翁，翁為說偈言云：「信心生供養，念起即無窮。
　　我田無窮年，我福亦無盡。」自後迨今百有十六年，由朱君純仁而
　　降，長者李公以建殿及諸佛菩薩像施；毛君自任以建三門，創彌陀
　　殿施；王君曰平夫、曰立夫以金剛像施；曰宰、曰彬之、曰立夫，
　　又皆以田施。而余兄弟暨昭文、文忠、南康公，又皆以題匾施。凡
　　施之事田為大，院之僧如本宏、普順、普潤者，皆肅肅然奉其教，
　　無敢越規矩準繩。且將修彼之禮以耕之，陳彼之義以種之，講彼之
　　學以耨之。於是又介吾猶子，奉潛溪翁遺文，謁余而請記。余觀多
　　田翁盡東其畝，祖也傳之孫，三世希不失矣，父也傳之子，再世希
　　不失矣，孰能更千百年不壞不滅，如浮屠氏之為乎？潛溪翁之言驗
　　於是矣。雖然，謂僧而可無田乎？則彼之人，固自為大言曰：「我師
　　之教盡虛空、遍法界，皆吾福田耳！」釋迦云：「與大比丘千二百五
　　十人，俱乞食王舍城中，王舍城即吾田也。國一師領徒山千餘眾，
　　寺無常產，庖廩不繼，山之神龍，實助緣化，山龍即吾田也。吾之
　　田若恒河沙數，歷僧祇劫，是可限以頃畝，裁以歲月乎？」謂僧而
　　可有田乎？則吾之人又律以正論曰：梵居者僧，野耕者民，必也復
　　而室家，還而冠巾，而後畀而田疇。室家之不復，冠巾之不還，而

田疇是畀，僧而民乎？民而僧乎？雖然，姑舍是。僧之祈余曰：吾因檀施助緣，建彌陀誕節，修西方淨土勝緣，其田得米三十斛有奇，是所為謁記者也。夫隨其心淨則佛土淨，此淨土說也；我無穢行之稊稗，人獲無量之果報，此福田說也；施福田。修淨土，庸何譏焉？彼將慊於不耕而食也。於是取檀施之田，自耕而食之，以逃吾人之譏可也。古德云：「諸方說禪，渾渾何似？我怕饑種田。」此語真實有味。或問莘郊樂堯舜之道於某禪師，答曰：「江上一犁春雨，良以耕食鑿飲，道在其中。」於吾儒之說，未大庚也。姑以是文之，可乎？後之觀文者，將無謂其附會空王之談乎？抑亦不乖聖人之道乎？是未可知也，安得起潛溪翁於九塚，再拜而質之。〔註80〕

馬氏明確談及信士對功德增長問題的看法，供養的心驅動福田的耕種，這種耕作帶來了豐厚而長久的收穫。即在僧團宣說的意旨之外，施主往往有自己的發揮，他們認為將錢財施捨給僧侶和寺院，獲得的功德是動態增長的。因為他們捐獻的財物會在佛教開闢的「福田」中落下種子，伴隨著如法僧侶的耕耘，這些種子會收穫持久的福報，這是布施功德之外的收穫。他也討論了寺院從事農業活動的可能性，出發點同樣在寺院經濟擴大化上，並宣稱只有僧侶具備對捐贈物資處決的全部權限，才有可能使捐贈物發揮最大價值，從而達到他在前文提到的功德增長的目的。《佛祖統紀》卷四八：「上謂輔臣曰：「自佛法入中國，士大夫靡然從之，上者信於清淨之說，下者信於禍福之報。殊不知六經廣大，靡不周盡，如《易》無思無為，寂然不動，感而遂通，禮之正心誠意者，非佛氏清淨之化乎？『積善之家必有餘慶，積不善之家必有餘殃。』與《書》『作善降之百祥，作不善降之百殃』，非佛氏禍福之報乎？」〔註81〕禍福之報云云即為功德興福遠禍能力的宣說，這是國家層面的認可。另宋僧惠洪之《石門文字禪》卷二十八之「抄華嚴經」條言道：「方今紙墨之費，不及百千；而道路之遠，才登五驛。集百安之道種，共開喜惠之福田。當施積而能散之心，成就卓然不朽之事。」所謂「共開福田」即指這一動態增長的過程。〔註82〕這種認識在宋代的居士群體中具有一定的代表性，如婁幾在《東塔置田度僧記》

〔註80〕 曾棗莊、劉琳主編《全宋文》，第 354 冊，上海：上海辭書出版社，合肥：安徽教育出版社，2006 年，第 58～60 頁。

〔註81〕 《佛祖統紀》卷四八《法運塞通志》，《大正藏》第 49 冊，第 425 頁中欄。

〔註82〕 （宋）惠洪著，周裕鍇校注《石門文字禪校注》，上海：上海古籍出版社，2021 年，第 4240 頁。

中描述：

> 自金仙氏入中土，老氏與吾儒之教鼎峙。吾儒常貶釋氏，謂其
> 馮虛恍洋，無所考詰。引繩批根，麾使不得。近吾於中常持衡焉，
> 世變日久，澆詭日滋，吾聖人語不及怪，不以幻異示人，而後釋氏
> 禍福之說行，蓋為權以濟經之所不及，指異而歸同，要使人遷善遠
> 罪而已。見不必偏，況人居天地間，孰不喜生惡死？釋氏獨以寂滅
> 為樂，覺觀湛然，不種愛根，不淪慾海，其事為甚難。世人重財纖
> 嗇，倍力為巧，市賈則爭分銖，飢丐在側靳一錢不與。而精舍山立
> 基置，備極莊嚴，朱碧煥爛，率借資於人，以廣其費。傾郡邑有餘
> 貲者，不命而獻力，不祈而薦貨，輸運輻集，色無留難，其致此必
> 有道。〔註83〕

婁幾對佛教了解不多，不過他還是敏銳地感覺到這種聚斂可能來自「禍福之說」的影響，可見此論調流傳之廣泛。婁氏在後文中對僧尼不事生產略有微詞。安史之亂前僧尼坐食的情況比較常見，到了宋代寺院經濟興起之後，他們接受了較大量的土地，這個時期僧侶改弦更張已經開始從事農業和商業的生產了，他們身份的複雜性進一步加強。再批評他們為坐食階層，實質上是不準確的。黃敏枝認為僧侶身份的複雜化是百丈懷海的清規和叢林制度的直接結果，並進一步指出其本質是一種經濟倫理的變化，亦即「僧眾操持勞務的入世行為即是為將來出世成正果而鋪路。」〔註84〕這一宏觀的論述與本文的觀點可以互相補充，言下之意，僧侶操持勞務可以使教團的穩定性加強，並進而保證正法的常駐。這比個人修持更能帶來收益，同時只有僧團營產能力提高，才能維持僧眾的修習活動，故可以看作是為將來出世鋪路。除了直接的布施之外，鈔經、刻經、妝佛等都會被認定有持續增長的功德產生：「無漏智所演之妙語，實世福田；所作心所發之志誠，乃人道種。未之則善道，已為時雨；耨之則勝緣，蓋其良農。致爵祿壽考之有年，使子孫慶流之無極。視其因果，粲如日星。儻三世如來為不欺，乃一切眾生為有賴。」〔註85〕這裏討論的即是鈔經的問題，鈔經明確的良好果報有本人的爵祿壽考，以及後輩子孫的繁衍昌盛，這一論斷中主體有一次更換，但更符合本土文化的觀念。

〔註83〕浙江省地方志編纂委員會，《宋元浙江方志集成》，第 13 冊，杭州：杭州出版社，2009 年，第 6104～6105 頁。

〔註84〕《宋代佛教社會經濟史論集》，第 21 頁。

〔註85〕《石門文字禪校注》，第 4243 頁。

　　宋代新譯出的經文中，有大量關於布施功德說教的內容。文本的這種風氣與佛教經濟的發展有千絲萬縷的關係，又或者說這些內容雖不是專門作為提振經濟的手段，但可以作為僧侶對其產品推介的助力。前文已經提到由天息災譯出的《分別善惡報應經》，此外仍有多種，如施護譯出的《分別布施經》及《佛說給孤獨長者女得度因緣經》，法賢譯出的《佛說阿羅漢具德經》和《帝釋所問經》等。以《分別布施經》來說，它指出了多種布施的分類方法，並分別討論了各自能獲得的福量。拿十四種較量布施來看，經文中言道：「阿難！汝今當知：施病苦人獲二倍福；施破戒人獲百倍福；施持戒人獲千倍福；施離染人獲百千倍福；施須陀洹向獲無量福，何況須陀洹果；施斯陀含向獲無量福，何況斯陀含果；施阿那含向獲無量福，何況阿那含果；施阿羅漢向獲無量福，何況阿羅漢果；施諸緣覺獲無量福，何況如來、應供、正等正覺；如是名為較量十四種布施功德。」〔註86〕這些新譯經文中有關功德增長的說明，很少提及往生到更高維度之類的觀念，而是非常務實的表達了富貴壽考，以及子孫昌盛的可能性。這可能是一種有意識選擇的結果，有大額布施能力的個體，往往對往生話題缺乏興趣。一般認為過分優渥的物質生活會影響對解脫的追求，也就會造成宗教能力不高的表現。他們過着奢華的生活，唯一需要擔心的是如何延續這種富貴，因此這些經的譯出就打動了他們這個群體。當然生活艱辛者也可以從中汲取到慰籍，這對於佛教來說是有利的。總之，此譯經的潮流有明確的將功德商品化的動向。當一個人如法布施的時候，他收穫的功德已經不僅是持續增長的狀況了，更是迅速倍數化的增加，這種急功近利的說法包含了趨利的苗頭。從另一個方面來看，經文中表現出來的動向，亦或者可以看作當時佛教被經濟思維所滲透的一種表徵。這是從產品推介者的角度分析，從贖買者方面看情形就比較複雜了。

　　宋代的士紳階層對功德的認識，可以從功德墳寺制度上察見端倪，以往的朝代雖然也有類似的概念出現，但像宋代如此大面積的實現則從未有過〔註87〕。宋人建立墳寺的目的就是功德的生成和轉移，即追薦先人和福蔭後代，而墳寺本身是一個功德的生成和轉移中心。功德墳寺，顧名思義就是建立在墳

〔註86〕《大正藏》，第1冊第904頁上欄。
〔註87〕《佛祖統紀》載有兩條唐代皇帝將寺院敕賜給達官貴人的記錄，這算是功德墳寺較早的原型，可惜日人竺沙雅章氏在其《宋代墳寺考》一文中指出這兩則記載不足為據，此說法認可程度很高，因此學界一般都認為這一制度真正的踐行是在宋代。

地上的寺院，墳地的主人一般都是達官顯貴，寺院的僧侶就是守墓人，同時也是功德的主要生產者。宋代的功德墳寺「通常為皇帝敕賜，是宋代皇帝對士大大的特殊恩典，故基本上限於皇族、朝廷顯貴的權力範圍，受到特殊的待遇。如墳園（莊園、寺領）可免輸租稅，每年可度僧若干，並有紫衣師號頒賜的特權。」〔註88〕據考最早的功德墳寺出現於宋仁宗慶曆四年，受賜的對象是范仲淹。後來大臣紛紛效仿建莊養僧，土地一部分得自敕賜，另一部分是自營的墳田。如《王氏捨田入定明寺記》載：「（墓）則委之寺……今田為墓而舍，則墓與寺相為無窮，是施報兩得之。」〔註89〕天臺宗沙門思廉曾在給當時的宰相杜範的一封信中指出：「朝廷立法，許大臣為祖、父以家財造寺乞額，所以薦福為先亡也。……嘗聞時貴言之曰：『請過功德，一鍼一草皆我家之物。』……一屬功德，則屬庸謬之輩以居之。」〔註90〕這種情形在元代也很常見，胡淑芳《崇明寺羅漢院奉祀田記》中言：「吾將假曇瞿之事，以寓吾無窮之孝……朔望忌日設伊蒲，修佛事以資冥福。」〔註91〕黃溍《永思菴記》亦云：「永思庵者，常熟趙氏之墓廬也。……買田若干畝，以供粢盛，俾浮屠氏之主，仍用其法，妥置像設，崇勝因以資冥福。」〔註92〕宋人設立功德墳寺一般都是用以奉祀去世的先祖，並為其追薦冥福，同時也希望能保證未來子孫的福祿，以及家族的永續。追薦冥福固然需要功德作為支付的基礎，而未來的福蔭同樣也必須用到功德，因此墳寺的核心邏輯就是變異的業力論。所以說是變異的，因為其福蔭子孫這一部分理念基本上還是「積善之家，必有餘慶」說的發揮，它要求後報的對象是家族，而不是獨立的個體。此為題外話。

　　功德墳寺即以功德的獲取和轉移為最終目的，產出的功德作為支付將來樂受的資本。對墳寺僧侶法事活動的布施，不僅僅能獲得如法布施的功德，誠如馬廷鸞所言，他們鑄就的福田中也會因為這些慷慨的行為而被種下種子，福德會持續的增長。這種永續性就是其所以能為亡人追薦，而福蔭後代

〔註88〕賴永海主編，潘桂明等著《中國佛教百科全書三・歷史卷》，上海：上海古籍出版社，2000 年，第 238 頁。

〔註89〕文淵閣《四庫全書》，臺北：臺灣商務印書館，1986 年，冊 1185 頁 242。

〔註90〕（宋）志磐著、釋道法校注《佛祖統紀校注》下冊，上海：上海古籍出版社，2012 年，第 1147～1148 頁。

〔註91〕（清）楊世沅纂《句容金石記》卷六《崇明寺羅漢院奉祀田記》，光緒二十四年排印本。

〔註92〕（元）黃溍著、王頲點校《浙江文叢・黃溍集》第 3 冊，杭州：浙江古籍出版社，2013 年，第 638 頁。

的直接根據。功德墳寺制度由政府直接推動，故而當時的朝廷對這一交換邏輯是認可的，或者說此教理為官方意識形態的一部分。在功德生成和轉移的知識已取得共識的情況下，皇帝的首肯具有重大的意義，這種表態的導引性作用，對庶民的價值觀念影響很大。皇帝在自己大力舉辦官方寺廟之餘，敕命有功勞的大臣成立家族的香火廟，允許他們從事功德的生產和交換，這既是一種對臣子的恩典，同時他分離了一部分永續的權力到了士紳手中。佛教在社會中的力量一部分是游離於皇權的，他們的教義和邏輯本身就隱含了權力的預設，而統治者控制這一宗教系統的手段，主要通過對嚴控僧侶身份的獲得來實現的，這是一種釜底抽薪的陽謀之策。功德墳寺每年自動擁有一定的度僧名額，這就意味著一部分被控制的權力又讓渡了出去〔註93〕。同時，功德墳寺產出所包括田地的產出，在一定條件下是免稅的，這個政策的初衷是為了使僧侶能夠僅憑墳寺田產而存活下去，然而一些士大夫圈進大量土地之後，其實盈餘的部分被墳寺所有者獲得了，因此這是一種經濟的特權。職是之故，政府冒這種雙重「風險」來籠絡人心，亦可見當時人對功德系統的癡迷。

二、寺院經濟活動略論

　　僧侶主導的寺院經濟取得了重大成功，不僅表現在產品購買者（服膺功德交換說的信徒）數量的繁夥上，也表現在寺院經濟活動類型和數目上。即佛教徒對資產的轉移處置以及再生產的擴大，其手段的也多樣化的，這一切當然都建立在可觀利益的基礎上。宋代一部分士人對寺院畜產的態度已經發生了較大轉向，由之前的一味批評變為一種容忍的立場。南宋人曹勛在《淨嚴寺田記》中說道：「長老了居既買田，歲度一僧，善利已博。又募信心檀那別置田三百二十畝，為供僧、換堂、珍食之用，甚矣有意，欲人至於道也。蓄如是田、供如是僧，因如是食、辦如是道，當有發真頓悟得正法眼，為人天所向，豈不本於安禪養道之具哉？則居公用心端有驗於此。」〔註94〕曹勛

〔註93〕官僚貴族功德墳寺之僧行能夠享有度僧及賜紫衣、師號的權力，以上三種優渥的特權對普通寺院來說非常難得，一些伽藍多年甚至湊不夠一張戒牒的費用，更不用說紫衣與師號了。這三種表彰直接關係到寺院參與社會分配能力的強弱，對寺院的存續影響很大。當時許多臣僚都發現了功德寺具有的價值，因而他們利用權力來搶佔已有之寺院，這樣不但在精神上能享有較高的利益，而且可以免除賦役、田租等。

〔註94〕（宋）曹勛著《松隱集》，第4冊，北京：文物出版社，1982年，第8頁。

的看法可能代表了士大夫階層的一種取向，寺廟營產可以度僧可以給食，以便維持他們對正法的追求，因而是正面的行為。這種看法為僧侶發展自己的經濟活動提供了助力。從許多方面看，如果僧尼專意追求現世利益，其行為很難有如法的解釋，居士的寬容和理解能給其一定的信心。當然如果經濟的收益僅是他們法事活動的餘事，那便可以用曹勛的看法來解釋。評斷宗教的經濟行為本身或者就含有功利性的目的，然而功利性能促使施主和僧侶兩方達成默契，從而繞過教義中對物質離棄的部分，而形成一種互惠的局面。即寺廟營產並不只是僧侶的需求，還是信徒的需求，對他們來說，這是一種簡便可行的信仰踐行方案。僧尼在經營寺田產生初始資本之後，會執行投資和再擴大的策略，這是保障神聖經濟良好運轉的前提。良好運轉的善德經濟倒不見得全是為了追求非法的物質享受，更多的是「因為寺院是採取自給自足的經濟體制，而寺院僧眾可以多到千人以上，若加上行者、徒弟、侍者、淨人、童僕、傭保、佃客等，人數之多，已經不下於一村或一鄉了。日常所需，泰半得自己生產和供給，無需外求，因此，寺院勢必以多元性的生產模式為主。」〔註95〕多元化經營策略的初衷除黃敏枝教授論述之外，尚有一些未盡處需要補充說明。我們認為僧尼設立工商產業，皆是為了提供公益性的服務，當然其結果不一定滿足這樣的預設。兩種情形，一是公益目的貫穿始終，並因此造福了鄉間，這可以為寺院提供良好的名聲。參與捐贈的施主也會因此獲得心理的滿足，他們除了得到如法布施的功德之外，惠及大眾的行動還會不停的幫他們收穫新的功德，這當然是一種最理想的狀況。二是隨着後續經營者輾轉變化，遂使其初始目的有所更易，變成了商業性質比較重的活動，這種情況在較大型的寺院常見。

　　純粹的公益性事業如橋樑、道路、水利的修建，這些工作一次克竣之後，除了少量的例行維護費用，後續需要追加的投資較少，能給當地的居民帶來極大方便。這對於提高寺院的社會影響力有很大的作用。同時橋樑這種「渡人」的工作，與他們本身的教旨具有相似性，大乘的僧侶往往以將世人從生命苦海中度離作為使命，因此修橋工作可能是僧侶福利事業中佔比最大的一種。郭黛姮曾在她的《南宋建築史》中列表統計了當時福建地區修成的石墩梁橋，其中八成是由僧人完成的〔註96〕。宋僧募資建橋者頗多，單以數量論，以釋道詢可

〔註95〕《宋代佛教社會經濟史論集》，第 93 頁。
〔註96〕郭黛姮著《南宋建築史》，上海：上海古籍出版社，2018 年，第 362～366 頁。

稱其中之翹楚，李約瑟在《中華科學文明史》中讚譽他高超的技術，指出了他一生修橋超過兩百多座，這在當時條件下是很難想像的創舉〔註97〕。這種修橋補路的善舉多半會被勒諸金石，除了表達成事艱難之外，廣作宣傳的仍然是它能造無量的功德，同時慷慨的施主也會被銘刻在碑文裡，他們因為這樣的善舉而有了不朽的意味。橋樑一旦建成之後，會有人源源不斷的路過，每一次渡人都會生出功德，並定位到僧侶和施主的身上，因而對施主來說功德是連續無窮的。連續生長功德的觀念深入人心，對後續僧侶的募化幫助很大。不需要長久投資且維護費用低廉的公益事業，如果其能夠持續造福鄉里的話，那麼在事實上也就是不斷地強化僧尼團體的良好聲譽，這對僧侶及寺院都有很大的好處，是他們樂意開展的工作。

　　第二類也就是福利的目的不能貫徹始終者。他們建功的初衷是利益眾生，然而這個想法因時地的不同而有所改易，此改變一般都是向著不好的方向，且這類活動到最後基本都淪為純粹的商業性質。這種變化一般都是由於繼承者的理念變化引起的，不論如何，尋利目的和宗教的聖義不相吻合，會使得這種產業飽受詬病。以長生庫為例，當寺田經營的餘利較多時，寺院一般會轉向商業的經營，比如建立長生庫。設立長生庫的最初目的是為附近的村民渡過困難，即當青黃不接或者有急事不趁手的時候，可以從長生庫中借貸以渡過難關。而寺院在其中只收很低的利息或者直接免除，這樣的局面對附近社區的信徒帶來了便利，同時也可以為寺院積累新度牒所需的資金，故其可以看成是寺田的衍生商品。宋代只有一部分大型寺院建立了長生庫，而當這一產業擴大化之後，許多寺院競相效仿，甚至和商人合資放貸，利息和社會機構中的高利貸業相差無幾，其性質已漸漸淪為食利的放貸收息機構。寺田來自施捨，每一次施捨寺田都伴隨著對功德持續擷取的願望，而從寺田產出的羨餘也應該如法的耕耘，以便可以回饋施主。然而後期長生庫純以射利為目的，違反了功德產業的整個初衷，這就使得其在根本上找不到合適的解釋方法。陸游在《老學庵筆記》中曾批評道：「今僧寺輒作庫質錢取利，謂之長生庫，至為鄙惡。」〔註98〕《夷堅志》：「永寧寺羅漢院，萃眾童行本錢，啟質庫，儲其息，以買度牒，

〔註97〕〔英〕李約瑟著，〔英〕柯林・羅南改編，上海交通大學科學史系翻譯，《中華科學文明史・下》，上海：上海人民出版社，2019年，第123頁。
〔註98〕（宋）陸游著《唐宋史料筆記・老學菴筆記》，北京：中華書局，1988年，第16頁。

謂之長生庫。鄱陽併諸邑，無問禪律，悉為之。院僧行政，擇其徒智禧，主掌出入。」〔註99〕若長生庫所獲之利潤大半用於度僧，也是一種不得已的權宜之計。然而部分僧侶發現長生庫獲利豐饒之後，為了獲得更多的錢物而不惜與商賈合作，由富人投資，擴大放貸的體量，這就純以盈利為目的完全失去了佛教的精神〔註100〕。宋代的寺院中不止有長生庫，也有長生牛、長生穀，這兩者的性質和長生庫相當，都是傭賃償租的形式，至於它們最後有沒有變成射利的方式，材料缺失很難遽下判斷。這種以「長生」冠名的產業，從字面上看都包含了一種寄庫祝的禱願望，這可能是一種銷售策略，其內蘊的根基邏輯仍然是功德的系統。如果一個人參與了長生物的交換、質買，那麼他實質上是在為寺院的規模擴大盡力。這與布施並沒有本質的區別，因此他將來會收穫「長壽」的果報，宗教理論產生的交換價值在其中扮演了一般等價物的角色，這與功德贖買系統並無區別。這種後續福利目的不能貫穿的情形，背後的原因可能比較複雜，但總的來說也可以看到當時寺院乃至佛教呈現出的世俗化加深的趨勢。

宋代寺院經營的工商業種類很多，除了上面提及的放貸業務外，仍計有碾磑業、油坊業、製硯業、製墨業、冶鐵業、冶銀業、紡織業、刺繡業、飲食業、邸店業、賣鹽業、賣藥業、賭博業等。長生庫的根基即寺田最應該予以關注，這是所有產業的根本來源。因「他們對莊田的經營，往往有驚人的積蓄，這些積蓄，除了供應寺院本身的開銷之外，大部分都轉化為經營工商業的資本」〔註101〕。積累寺田資本的方法不外乎受布施和認購。認購暫且不提，而布施不論被看成交換，亦或者贈與的行為，都牽涉到了功德的兌現和轉移的理念。這種對生產資料的再投資，既有擴大生產規模的追求在其中，同時也有促進社會分配合理化的功能，此外其可以視作僧尼的一種「炫耀性」消費。一些情況下炫

〔註99〕 （宋）洪邁著，楊名點校《夷堅志》，重慶：重慶出版社，1996 年，第 341 頁。

〔註100〕 富戶之所以會和不法僧侶合流經營長生庫，主要是因為可以規避稅款。《宋會要》載：「臣聞有丁則有役，有田則有賦。有物力則有和買，今有物力雖高而和買不及者，寺觀之長生庫是矣。臣詢其故，始因緇流創為度僧之名，立庫規利相繼進納……今則不然，鳩集富豪，合力同則，名曰關紐者，在在皆是。嘗以其則例言之，結十人以為局，高下資本，自五十萬以至十萬。大約以十年為期，每歲之窮，輪流出局，通所得之利，不止倍徙，而本則仍在，初假進納度牒之名，徒遂因緣射利之謀耳。」見（清）徐松《宋會要輯稿》食貨七十之一百零二，北京：中華書局，1957 年。

〔註101〕 《宋代佛教社會經濟史論集》，第 228 頁。

耀性消費也會成為讓「俗人」捐款的理由：僧侶所擁有的龐大的產業和安逸的生活皆是他們往昔如法踐行教誨的果報，當一個人也參照神聖教誨來行事，他也會在未來世擁有這種安逸的生活。這是一種不合乎佛說，但私下廣泛流傳的心理狀態。另外既然僧尼的生活是功德兌現的結果，那麼每一個信教的人都應該配合其在社會中的實踐，以保證行止高尚的僧侶獲得合適的後有，對這種理念的踐行也是保證自身利益的一種嘗試。更通俗來說，僧侶在遙遠的過去世曾經種下了善根，保證了他們今生不為衣食所迫並有解脫機會的生活。當僧侶的私德並不出色的時候，會被解釋為一種複雜業力狀態的共相，這樣的狀態也是受到供養的理由。按照傳統的看法一個德行不夠的人不配享受優渥的物質生活，而實際上他們享受了這樣的日子，這種邏輯和現實的矛盾就會被理解成過去世所中福德的兌現，這自然加深了他們對功德的信服程度。從而成為他們現在善舉的根據，因為一個私德並不出色的人，因為過去無量世的如法耕耘，而在今生獲得了良好的果報，則信徒按照教義踐行教誨，其功德的兌現也是不必懷疑的事情，只有苦樂有憑施主才有持續捐贈的動力。後一種解釋（心理）具有極大的誘惑力，信徒的自豪感在一定程度上可以解釋捐款的動機，而更根本的要素在於他們普遍的宗教願望，也就是踐行作為信仰者的本分，以及取得來生樂受的可能。宗教願望是一個簡約而充滿風險的解釋，共同的文化背景往往會有不同的表現。捐贈者的願望可能會表現出分層化的特徵，這與他們所享有的經濟身份有關。因此用這樣的簡約化的功能主義來解釋其中隱藏的複雜機制可能是不夠的。為了使這個問題得到更清晰的解答，有必要進一步考察不同群體追求寺院功德（支持寺院經濟）的手段，這裡討論三個階層：皇室、士大夫（文人）、平民。這種分層的策略既考慮了經濟能力，同時又兼顧了他們的階級身份，其中士大夫和文人身份的重合是基於這樣的假設：文人的本質是士大夫地位的前提，也即所有的官職都應該是通過科舉取得的。〔註102〕

三、宋代文獻中的三類贖買者

三種贖買者從不同層次和角度反映了當時佛教世俗化加深的狀態，因而對他們行為的考察，實質上就是在說明佛教經營策略的改易。宋代的皇帝大都

〔註102〕這一假設在很多情況下是不成立的，然而在這裡也許是可行的，因為宋代對佛教有興趣的士大夫，大都具有良好的文化修養，這與他們與寺僧的交往方式有關，後文會詳述。

對佛教採取比較理性的態度，這種政教關係在太祖朝就已經形成了。承五代滅佛之弊，太祖對佛教採取了較為友好的態度，這一點幫助佛教迅速從法難中恢復。為投桃報李計，僧人也採用了一些措施來幫助政府維持穩定，如以讖言來消弭外界對得位不正的指責，這些讖言散見於宋人的筆記之中，如《邵氏見聞錄》卷一云：

> 太祖微時，遊渭州潘原縣，過涇州長武鎮。寺僧守嚴者，異其骨相，陰使畫工圖於寺壁：青巾褐裘，天人之相也，今易以冠服矣。自長武至鳳翔，節度使王彥超不留，復入洛。枕長壽寺大佛殿西南角柱礎晝寢，有藏經院主僧見赤蛇出入帝鼻中，異之。帝寤，僧問所向，帝曰：「欲見柴大尉於澶州，無以為資。」僧曰：「某有一驢子可乘。」又以錢幣為獻，帝遂行。〔註103〕

類似的記載又別見於《佛祖統紀》、張舜民的《畫墁錄》等，僅文字略有小異，這些故事皆可視為宋興之一讖言也。與此同一機杼的還有不少，如麻衣祖師三天子的讖言、定光佛出世的讖言等〔註104〕。這一互動過程表徵了皇室和僧侶關係的基本邏輯，即佛教為政權的合法性證明，皇室賜予他們相對寬鬆的發展環境，因此他們的理念只能成為帝國意識形態的附庸。這是經過幾個世紀的發展，佛教以巨大的代價才認識到的現實。任何妄圖自立於名教之外的努力都充滿了風險，甚至可能會給教派帶來滅頂之災。因此僧侶們採取了自我保護同時又尋求更多合作可能的策略，其中關鍵的一條路就是承接政府相關的項目。兩方合作是僧侶的輸誠發起的，部分僧侶積極的與帝國進行接觸，強調自身存在

〔註103〕（宋）邵伯溫著，《邵氏聞見錄》，北京：中華書局，1983年，第1頁。
〔註104〕《佛祖統紀》載麻衣祖師的讖言有兩則，其一：「廣順元年，李守正叛河中，太祖親征，往，麻衣道者語趙普曰：『李侍中安得久！城下有三天子氣。』未幾城陷，時世宗與本朝太祖俱侍行。」見《大正藏》第49冊第392頁中。又「周世宗之廢佛像也（世宗自持鑿破鎮州大悲像胸），疽發於胸而殂。時太祖、太宗目見之。嘗訪神僧麻衣和上曰：『今毀佛法，大非社稷之福。』麻衣曰：『豈不聞三武之禍乎！』又問：『天下何時定乎？』曰：『赤氣已兆，辰申間當有真主出興，佛法亦大興矣。』（其後太祖受禪於庚申年正月甲辰，其應在於此也。）《曲洧舊聞》有定光佛的記載：「五代割據，干戈相尋，不勝其苦。有一僧雖佯狂，而言多奇中。嘗謂人曰：『汝等望太平甚切，若要太平，須待定光佛出世始得。』至太祖一天下，皆以為定光佛後身者，蓋用此僧之語也。」見《曲洧舊聞》，北京：中華書局，2002年，第85～86頁。另有若干關於宋太祖讖言的研究見劉長東《宋代佛教政策論稿》之《宋太祖受禪的佛教讖言與宋初政教關係的重建》，成都：巴蜀書社，2005年。當時道教也有類似的舉動，如亞駝神託夢的預言等。

的合法性以及重要性〔註105〕，希望能在政治活動中建立一些影響力。此外他
們還會積極的宣揚皇室的仁德，並認定其地位的取得早在遙遠的過去就有了
明證，這種證據當然是建立在自己的宗教哲學之中，這些行為意在引起皇室成
員的注意。在信徒群體中，這樣的說法有一定的影響，對以儒家文化為歸旨的
人來說，這是一種無傷大雅的論調，他們既不贊同，又不會去反對。

　　大慈恩玄化寺碑銘就記錄了高麗皇室和佛教之間的一個互利的舉動，這
可以看作古典社會中宗教和政權合作的範例：

> 臣聞有天地已來為君聖明者，唯唐堯與虞舜。以其堯至仁而理
> 天下，舜大孝而化域中，故得炳煥古今，光輝史籍。其後或□中夏
> 主，洎諸侯王，凡有位之君，孰不思繼其踵而闡其風，用乎教而理
> 乎國。然而修仁者，仁不至矣；行孝者，孝不全矣！御眾興邦，不
> 能始終其事，例皆中道而廢，得非唐虞之理奧乎難繼，仁孝之道大
> 乎難守歟？法是道而無中輟者，其惟我聖君乎？聖上豹隱之際，竭
> 侍養之心，長有寢門之問。龍飛之後，念劬勞之恩，每積風樹之歎，
> 以為追尊之禮行矣，祔廟之儀備矣！考彼禮典，雖曰已周，在朕孝
> 心，有所未足。飾終追遠，既取仲尼之訓；修善崇真，宜舉迦文之
> 教。思欲營立精舍，資薦亡靈，俾夫淨業益增，道果速證。報二親
> 之慈愛，應諸佛之誓願，不其美乎？

> 皇孝安宗孝懿大王，太祖親子，仁邦本枝，禮樂詩書，尤勤於
> 志；溫良恭儉，併集於身。□真王者之才，秉古人之行。成宗文懿
> 大王之季年也，癸巳冬，因契丹不道，無故興兵，侵擾我封疆，動
> 亂我民庶。鄰兵漸近，我伐用張，成宗大王親領雄師，出摧巨敵。
> 未行之前，先差中樞副使給事中崔肅傳宣曰：「今者鄰敵來侵邦家，
> 有□朕親領眾出拒，彼兵所恐，京都或成離亂，□□君宜將家屬，
> 蹔出南方，就彼安居，以避斯難。」繼候邊方寧靜，則期命駕迴還。
> 遂差內謁者監高元為先排使，賜御槽鞍馬，衣服匹帛，酒食銀器，
> 並在彼田宅奴婢等，差使衛送，直至泗州。聖上侍行，問安尤謹。
> 到彼州已，忽爾搆疹，厥疾弗瘳，以統和十四年丙申七月初七日殂
> 落於彼。日月不居，卜地而葬，乃得地於是州焉。

〔註105〕 Michael J. Walsh, *The Economics of Salvation: Toward a Theory of Exchange in Chinese Buddhism*, Journal of the American Academy of Religion, Jun., 2007, Vol. 75, No. 2 (Jun., 2007), pp. 353-382.

　　成宗大王遽獲班師，更期永逸，乃思歡好，與彼通和。因此軍民更無勞動，未暇迎復，遄聞逝焉。悲季父之將亡，實猶子之所痛。舉哀之儀成矣！輟朝之式施矣！賻贈之禮，頗越常規；哀悼之情，固無暫舍。卻請聖上迴復本宮，尉論益深，後囑頗切。皇姊孝肅仁惠王太后，戴宗大王之愛女，成宗大王之次姊也。裔自王門，族本宗室，儉遵大練，奢誚金蓮。鸞鳳之匹和諧，琴瑟之音婉順。女功婦道，行之有容；四德三從，守之無爽。不遂偕老，先皇考而亡。以淳化四年暮春，倏忽搆疾。成宗大王親幸問疾，旦暮尤專，遣秦國之良醫，屢加救療；送神農之妙藥，每使煎調。復抽御用之珍奇，舍入祇園，而祈祝偓齡不永，禱之無徵，以其年三月十九日，崩於大內之寶華宮。

　　成宗大王悲喪至親，痛傷心膂。既此天年之限，雖獲善終；且我月姊之容，無由再見。穆宗大王時在潛龍，乃差為監護，移殯於三司廳內。仍率諸宮嬪妃及文武兩班，舉哀於金鳳門前，朝晡祭奠，俱是親臨，泣淚漣漣，傷心切切。尋差宰臣等上冊諡曰獻貞王後，復命大卜監邊地而葬。果得吉地於京城艮方，備禮葬焉。陵號曰元陵，其葬禮悉差宰輔及近臣為都監。聖上即位，上冊諡曰皇考為安宗憲景孝懿大王，皇姊為孝肅仁惠王太後。聖上以姊陵在近，不須改移。考陵處遠，行四時之享，有千里之勞。乃命所司，備禮改葬。所期元寢將近王都，當開墓也。仍遣中樞副使推忠佐理功臣大中大夫守尚書吏部侍郎上柱國守安縣開國男食邑三百戶賜紫金魚袋尹徵古迎護靈柩，疊差推忠盡節衛社功臣金紫興祿大夫內史侍郎同內史門下平章事監修國史上柱國清河縣開國伯食邑七百戶崔沈為監護靈柩。洎至上京，嚴備法駕，幸東郊迎奉，權殯於歸法寺。已親率百寮於京城東北約三十里金身山遷定葬地，青烏告吉，白鶴呈祥，披圖合山水之經，占兆契陰陽之理。山陵日定，盡依如初之儀，哀摧而五內分崩，感動而二儀悽慘，以天德元年丁巳四月葬於乾陵。葬禮既畢，廢不急之務，伺農隙之時，乃於近陵靈鷲山創立是寺焉。

　　群岫之間，山勢迴抱，畿甸之外，囂塵莫侵。聖上以造作之務，繁冗之最，儻無成德，難濟其事。乃差推忠佐理同德功臣開府儀同三司檢校太傅守門下侍郎同內史門下平章事判三司事上柱國清河郡

開國侯食邑一千戶崔士威為別監使。宰臣崔士威為人廉平，受性剛直，仁慈外著，梵行內修，聞他之善，若己之有。承命之後，不宿於家，棲息其所，籌畫其宜，經營制置，皆出心計。是以木石不取於他山，工役只徵於遊手，日累月積，四載而成。堂殿崇嚴，宛類乎兜率內院；形勢周帀，無殊乎給孤獨園。別立殿一座，俾安考妣真影，及□出聖容入殿，乃備禮加上徽號，皇考曰英文，皇妣曰順聖。夫子曰：「有始有卒，其惟聖人乎？」則我後之功德，冠絕於古今矣！

　泊表奏功畢，鑾駕親臨，龍顏兌悦，重瞳徧覽，頗協宸衷。列辟同瞻，讚非凡界，凌晨至止，日側忘還。乃下詔曰：「率是寺者，須藉高僧，苟匪其人，奚匡大眾。」遂命三川寺主，王師都僧統法鏡住持，領眾傳法。納田地二千頃，奴婢一百人，牛馬供具等以充常住。寺主王師都僧純，一乘法匠，大教宗師，了悟真乘，窮通佛性，訓導後學，多達玄言。於時四方學徒仰之若日，來者如雲，未至暮年，約聚千眾。聖上復曰：「既茲勝槩，廣集緇徒，須求龍藏之真詮，俾狀蜂臺之盛事。」特差專介，具錄厥由，乘風駕濤，浮深涉廣，遠朝中國，表請藏經。天子覽其奏，嘉其孝，錫漢詔十行以褒之，送釋典一藏以助之。詔曰：「卿克奠大邦，聿承先業，念蘭陔之失養，感風樹以時思。梵剎載崇，誠心內發，恭陳露奏，願獲全文。況純孝之可嘉，且傾輸而是獎，俾還進納，特命頒宣，當體寵恩，所宜祗受。今特賜大藏經一藏並匣帕，全至可領也。雖助善緣，克彰孝感！」繇是殿有像，內外列香燈之供；藏有經，旦暮聞演讀之聲。植福崇善，莫之與京。我聖君孝行功果於是乎彰矣！前所謂法是道而無中報者，其在茲乎？〔註106〕

當皇室的成員去世以後，為了追薦亡靈，他們在舉辦了水陸法會之餘，有時候還會捐資建寺，並法外給出度僧的名額，這是雙贏的局面。這則碑記中反映了此交易之核心理念仍然是「植福崇善」，即對功德這種等價物的贖買和生產。佛教與皇室能夠對等交易的前提，就是他們掌握了功德的生成和轉移過程，並且這種經營是獨家的。雖然道教有時候也會推介他們有關陰騭的理論，但這並不能對等到業力的系統來，最多和佛教後來興起的寄庫觀念相當。當然帝國的

〔註106〕見劉承幹《海東金石苑附錄》，民國十一年嘉業堂刊希古樓金石叢書本。

構成不僅有皇室成員，還有國家的臣工以及億兆生民。因此僧侶有時候會積極的為帝國陣亡的將士舉行法事。這種法會絕大部分經過了政府的贊助，另一些由他們自發舉行，或者應當地士紳的要求舉辦的。法事一般被認為可以使亡靈獲得更好的待遇，不論是在冥界還是在未來世的輪迴中，並且可以為社區免於鬼祟的侵襲提供保障。甚至某些時候僧尼會宣稱皇帝是佛教一位法王的轉世，這種法王具備美好的品德，並能使帝國的版圖不斷擴大，如隋煬帝就被塑造成阿闍世王的化身，宋代太祖和高宗也被認為是定光佛的轉世。他們提供的這些服務迎合了帝王有關江山穩固的設想，因此靠近中央的僧侶有時候會被頒下師號或者委任僧官的職務。他們所在的寺院也會被賜敕大量的土地財物，這是帝國對合作者的褒獎，同時對僧侶的籠絡也有助於將佛教游離的權力收歸到了政府的手中。皇帝會給大型的寺院賜額，並將其扶持為叢林的領袖，比如宋代的五山十刹。有人將這種關係單向的稱為「贊助」（patronage）〔註107〕，贊助是現代的商業概念，其本質是利益的交換，這種活動實質上包含了許多的潛規則邏輯，比如對等、自願等。皇帝所有慷慨的行為既是無償的，又非無償的。他需要佛教能提供服務，但這種服務不一定是對等的。皇帝的行為具有另一種雙重性，即國家的以及個人的，因此僧侶在佛事活動中除了要為國家祈禱，也要為直接的贊助者皇室成員尋求更多福祿的可能。我們已經知道在佛教的理念中，所有福祿的根基都是現前的功德，因而這一贊助活動的回報，還要通過神職人員在福田中的勞作完成，這一點在前面引用的《淨土院捨田記》中有清楚地反映。因此，對皇帝而言，不論是帝國的長治久安還是個人的福祉上的收穫，對等的問題暫且不談，這樣的交易至少兩方都能收穫一定的利益。

宋代士紳文人與僧尼交遊的材料可謂汗牛充棟。皇帝的題辭或者詔令可以讓一個寺院獲得法定身份，這是定額賜敕之外的恩寵，部分寺院可以在合法與非法之間存在。並且被讚賞的寺院有機會迅速的擴大規模，這種效應不獨帝王能夠做到，豪富贊助者花費一定的時間也可以達到這樣的目標。王禹偁所撰的《大宋兗州龍興寺三門記》是體現士大夫態度的最好明證，其文較長引之如下：

> 佛滅度後後末世，一切眾生並陷業障。法有輪枙而不槫，魔有術結而高張。積覆貴之邪，峰乃峻極；浸濫觴之苦，波乃尾閭，是

〔註107〕贊助是指資金、資源或者服務提供者與個人、活動或組織之間的一種商業關係，後者以提供一些可以用作商業利益的權利和聯合作為回報。

諸凡夫，煩惱不斷；是諸世界，虛妄大行。地水火風，攻之於外；食嗔愛慾，寇之於內。大則以金玉滿堂，垂子孫之計；小則以錐刀競利，務衣食之源。末俗於是難移，真如以之不競。幻身有漏，寧知牛乳之方；火宅將焚，熟信鹿車之諭。則有悟電泡之非久，識生死之有緣。以慈悲喜捨為身謀，以因果報應為已任。謂財能賈禍，我則輕之若浮雲；謂福可濟身，我則指之為彼岸者，其惟京兆杜公乎？

公慤願理躬，淳和賦性，出言有信，重於千乘之盟；立事去奢，笑彼三家之僭。自謂處太平之伐，飽歌頌之聲，兵革不聞，伏臘自足。上則知其帝力，熙熙常陟於春臺；下則依彼空門，世世期臻於淨土。始念劬勞未報，風樹纏哀，耕山起曾子之歌，陟岵動詩人之歎。堂雖肯構，蓄五粅以成家；養孰弗能，奉三牲而何益。爰思追薦，是用修崇，出茲潤屋之財，飾彼布金之地。

龍興寺者，東兗招提之甲也。先是，三門建於大中年，兗海沂密等州連帥劉公莒之所立也。位歷數朝，時蹄百祀，風雨所寇，簷敵不完，寺眾羞之，思所整葺，而力未支也。公乃革其舊址，立以新基，易之以金鋪，搆之以重閣。厄徒且亟，藏事靡遑，丁丁伐褒谷之材，陰疎煙葉；落落肇他山之石，翠斷雲根。役夫憧憧，車轍轔轔，繩者墨者，陶人圬人，繼踵接武，其來如雲。因為揆日之期，特起凌霄之勢，乃曰：「夫有其材而無其工，則材將棄矣；有其工而無其首，則工乃惰矣！疇其代我，魁以董之。」乃得藏主大德洪昭尸其事，且戒季子航以左右之。由是無晦暝、無風雨，是制是厥，以圬以墁，舂鍤之影齊來，雲塵束岱；追琢之聲牙動，雷殷南山。板榦畢興，土木交作，惟知日入而息，豈俟定之方中，加以勞來有常，趨督忘倦。匠之哲者，則什言重略以誘之；役之◇者，則嘉醪芳味以悅之，工不敢怠，人豈知疲？星灰始周，功績告備。莫不拔地若湧，掀空欲飛，金碧交光，爍亭午之日；欒櫨牙映，過崇朝之雲。複道排虛，龍蟠天嬌之狀；重檐截漢，鵬運扶搖之風。崢嶸而始謂，鼇擎來從碧海；峭拔而終疑，蜃吐飛出紅塵。其或春雨絲紛，秋雲羅散，夏引清飆而淒楚，冬涵皓雪以溟濛。憑欄放懷，望遠送目，前對孤桐之岫；香靄凝嵐，左連浮磬之川。縈廻靜練，足以作

魯邦之勝槩，為法門之雄觀者歟？事既畢，公乃慶良緣、會大眾。
且以香花落之，故得觀瞻之眾雲趨，讚歎之音雷動。飛聲走譽，自
邇及遐，緣事有成，福德無量。亦何必持長者之蓋，方表修行；捨
畫師之金，始為利益者哉？

議者曰：凡人從緣而生，從緣而死。衣食者，治生之器具也；
功果者，濟死之津梁也。悟之者，若發箭在空，恆虞力盡；迷之者，
若無舟泛海，但見溺為。斯蓋濁惡染其慾情，聲香觸其根性，遂使
捨一毛一仮，或至艱難；奉少香少花，皆有吝嗇。苟非解方便力，
有回向心，則孰能棄小徑於迷途，持直心覺路者耶？公則不然，始
乃儉於其身，勤於其家，孝於父母，信於友朋，然後輒能散之財，
崇無邊之福。有以見其心也不可思議，其德也不可唐捐。經曰名稱
高遠如須彌者，我公有之；又曰堅固不壞如□□□，斯門比之。公
欲紀茲功德，思所銘刊，猥顧非才，俾揚善績，其或敘如來之教法，
則內典詳矣；陳伯禽之土風，則禹貢具矣。是敢書歲時而□□□□
語修建而無媿辭，秉筆成文，尤謝簡栖之作；拂石為劫，永留寶積
之□。時皇宋太平興國七年十三月廿三日記。〔註108〕

士大夫捐資建廟的心緒這篇文章中多有反映，尤以「功果為濟死之津樑」句為
關鍵。並且進一步，他認為一個人貪吝，而不捐資以獲取福報，是因為為濁惡
慾望遮蔽了眼界，一個清楚認識到真相的人，他絕不應該在布施中有猶豫的行
為。總之，不但士大夫這一生的富貴窮通與其所積累的功德有明確的關係，而
且作為一個智慧的人，他也應該更多的建立功德、布施寺僧，為將來或者後輩
人打下堅實的基礎。這裡也談到了寺院的建築風格，作者只是記錄了其地的勝
景，並沒有分析背後深層的原因。事實上不同寺院風格的設計，背後也有自己
的考量。

　　良好寺院環境的受益者首先是僧侶，葛繁在《淨業院結界記》中討論了環
境對解脫的重要作用：

深山大澤，草木之所依附，而魚龍之所泳游，蓋天地既付物以
生，而動植之所安息在是也。若夫毒龍猛獸，妖蛇怪蜃，雜處其中，
則山或童而不得茂，淵或涸而不得深；美玉明珠，含泳於其間，則

〔註108〕　（清）畢沅、阮元撰《中國歷代石刻史料彙編・第三編・兩宋山左金石志》，
　　　　　　第五冊第 106 頁，北京：北京圖書館電子出版社，2006 年。

光明精粹之氣，充溢輝散。然後山淵之物得完其生，而草木之瑞，
龍魚之靈，□□□□□□□□□是，則水懷珠而川媚，石韞玉而山
輝者矣。佛法之在是，世何以異？此如來大慈建立三寶，欲使其法
久住於世，在人以持戒為入道之始，在處以結界為證道之基。建大
伽藍，安立比丘，念十方法界。夫土石瓦礫之所成就，不有妙法禁
結其地，則眾魔外道，得以乘間而肆毒。故重解重結，即穢而淨，
寓其法於四隅，而隱妙相於秘密之中。夫惟法之所照，非特珠之光
明輝散也。界之所立，非特玉之精粹充溢也；而魔黨破潰，非特猛
毒妖怪之奔伏逃竄也。比丘處其間，苟能精進明悟，行道不懈，當
有神物念念護持。然而不能成就聖果者，抑未之見也。秀州海鹽淨
業院，久為僧坊而界相不具，元照律師從眾請以秉持法事。儀範既
圓，屬余為之記，於是書以告諸學者云。元祐元年五月甲子，通直
郎知廣德軍廣德縣事葛繁記。〔註109〕

建立一個眾僧和合的環境，可以抵禦外魔和內毒的侵襲。比丘處在其中能夠精
進不輟，且神物也會護持，從而容易達到解脫的追求。這當然是建寺的最主要
目的，當僧侶免於困苦的煩惱時，他有機會追求更多的目標。葛繁甚至認為良
好的環境是成就的充分條件，這當然有一些誇張的要素。不過建立良好寺院受
益的僅有僧伽群體嗎？很明顯不是，信徒和朝聖者也會從環境中收穫到非凡
的體驗，因而針對性的環境是設計寺院時需要重點考量的條件之一。當一個寺
院積累了原始財富，它會營造出具有針對風格的寺院，並增加建築的數量，以
展示教派神聖的尊嚴。擴大規模對寺院總是有益的，這會增強信徒的信任感，
為布施者增加信心。規模宏大的寺院更有機會與帝國發生關係，政府的保證是
信任感的一個來源。同時，古典的觀念中寺院的形象會被當成政府或者皇家形
象的延續，富麗堂皇這些修飾詞語是預設性的，只有當寺院滿足這種預設的時
候，在人們的印象裡它才能和國家形象重合，否則懷疑將是一種不可避免的情
緒。因此，一個規模較小的寺院，很難吸引到足夠的香火，這不僅與規模相
關，無力營造並擴大規模的寺院，意味着其周圍社區和信徒的力量也是有限
的。並且規模小也代表了它和帝國關係的疏遠，這讓信徒的捐贈活動充滿了不
確定的風險。

〔註109〕浙江省地方志編纂委員會《宋元浙江方志集成》，杭州：杭州出版社，2009 年，
第 6119～6120 頁。

　　寺院的特殊建築風格往往根植於對儒家審美和宗教願望的綜合，除了塔形的結構，主要的大殿都來自於對明堂和宮殿的效仿，因而同一時段的寺院風格具有很大的相似性。佛教的經典對僧伽居住地的描述呈現多樣化的狀態，這可能是傳法的需要，印度雨季的時候僧侶都呆在山洞裏，雨季之外，他們有時候會居住在非常簡陋的地方，如野外的橋下或者墓園，有時候居住地又非常豪奢，如舍衛城的富商給孤獨長者捐贈給佛陀的園林。漢地的寺院，如果經濟條件允許，都有向堂皇富麗發展的傾向。像上文提到的，僧侶通過炫耀性的裝飾來彰顯力量，可以吸引遠近的信徒。更多的信徒就有增加布施的可能，布施又可以擴大寺院規模，兩者相輔相成，形成良性的循環。寺院本身的存在包含了一種競爭性的機制，此機制是在定義、強加和維護理念的基礎上進行的。信徒的規模是有限的，只有勝出者纔可以獲得饒益。優勝的寺院一般有兩種選擇，一種是仿照宮廷的樣式來建造他們的樂土，並聲稱這就是神靈居住的淨土的樣子，但有時候也需要留心僭越的指責，對淨土以及皇權的僭越。這種情況一般在地位較高的寺院中出現，它們本身與國家的形象有關，因而可以認為是皇家園林的民間副本，這一點在王斯福的《帝國的隱喻》中被反復提及〔註110〕。

　　另一種是營造雅致幽僻的風格，一般在名山勝景之中較為常見。這是專門對文人和士大夫有目的調適的結果，他們也接待附近的信徒，也可能享有很高的聲譽，然而他們的初衷指向了文化階層，甚至可以說這是隱逸理想的實踐。因此種風格既迎合禪宗契合自然的審美感，同時又為文化階層製造了歸隱的想像空間，讓他們可以在這種空間中扮演古代的高賢，或者在想像中與自己的偶像交流對話。不論如何顯赫的身份，古代的士人都有一些成為高士的野望。模擬皇家的建築能帶來一種人神合一的體驗，這一點還會在後文中展開討論，這裡主要說明雅致風格對文人的影響。這是他們互動的根據，也是士紳階層捐贈的動力之一。對寺院來說，文字實質上擁有權威和力量，〔註111〕一篇詩歌

〔註110〕　〔英〕王斯福著，趙旭東譯，《帝國的隱喻：中國民間宗教》，南京：江蘇人民出版社，2009年。

〔註111〕　見 *The Economics of Salvation: Toward a Theory of Exchange in Chinese Buddhism*，原文為：This tapped directly into a sociocultural understanding of Buddhist practices that were well established by the Song dynasty in China, namely, that writing could have powerful magical qualities (Kieschnick 2003: 172-176), and indeed that writing held authorit.（這直接迎合了中國宋代時對佛教實踐的社會文化的理解，即文字可以有強大的力量，事實上，文字代表了權威性。）

或者散文能給寺院增加精致的氛圍，尤其是名氣很大的文人的作品。這類文章不拘一定的格式，較長篇幅的如敘述寺院的湖山盛景者，有如追憶寺院肇創功績者，更有寓情於文抒發心頭塊壘者；也有一些寫的較短，如蘇軾的《方丈記》：「年月日，住持傳法沙門惟謹，重建方丈，上祝天子萬壽，永作神主，斂時五福，敷錫庶民。地獄天宮，同為淨土；有性無性，齊成佛道。」〔註112〕蘇軾這首題梁短記，為月華寺添色不少，羅大經曾專門前去瞻望，其在當地文人中的反響可見一斑。

宋代的士人與僧尼交往經常能形成互惠的局面，這可以從不同的角度觀察，此處僅就異僧的預言一項以作簡要的說明。異僧的故事不但可以為他駐錫的寺院帶來神聖的色彩，以增加信徒對告祝靈驗的信心，又能為佞佛的文士提供福禍的開示。有些故事還會刻意的製造出這樣的暗示：優秀的文士在過去世曾經與佛法結緣。這種修辭技巧會有意無意的讓人採信，正是這種緣法造成了他們這一世的通脫靈秀。這既是佛陀力量的展現，也是他們積累的功德所產生的效用。這樣的故事很多，茲舉《春渚紀聞》中《坡谷前身》一則以作徵驗：

> 世傳山谷道人前身為女子，所說不一。近見陳安國省幹云，山谷自有刻石記此事於涪陵江石間。石至春夏為江水所浸，故世未有模傳者。刻石其略言，山谷初與東坡先生同見清老者，清語坡前身為五祖戒和尚，而謂山谷云：「學士前身一女子，我不能詳語。後日學士至涪陵，當自有告者。」山谷意謂涪陵非遷謫不至，聞之亦似憤憤。既坐黨人，再遷涪陵，未幾，夢女子語之云：「某生誦《法華經》而志願復身為男子，得大智慧，為一時名人。今學士，某前身也。學士近年來所患腋氣者，緣某所葬棺朽，為蟻穴居於兩腋之下，故有此苦。今此居後山有某墓，學士能啟之，除去蟻聚，則腋氣可除也。」既覺，果訪得之，已無主矣。因如其言，且為再易棺。修掩

〔註112〕（宋）蘇軾撰，（明）茅維編；孔凡禮點校，《蘇詩文集》第二冊，北京：中華書局，1986年，第399頁。據考此記所言之寺院為月華寺，《東坡詩集》卷三十八載月華寺遭火災，「《鶴林玉露》乙編卷三《東坡書畫》：『坡之北歸，經過韶州月華寺，值其改建法堂，僧丐坡題梁。坡欣然援筆，右梁題歲月，左梁題云（按，即上祝八句）。右梁題字，一夕為盜所竊，左梁字尚存。余嘗見之，墨色如新。』據此，『年月日』云云十五字，乃右梁字。《方丈記》實應作《韶州月華寺題梁》。蘇軾北歸時未至月華寺，應據《詩集》及《曲江縣志》，定題梁作於本年。此條敘述，參《蘇文繫年考略》。」見張志烈、馬德富、周裕鍇主編《蘇軾全集校注》，石家莊：河北人民出版社，2011年。

　　既畢，而腋氣不藥而除。〔註113〕
神異故事不必繩之以個性的真實狀況，而應該參酌考量其蘊含理念的通性真實狀況〔註114〕。這個故事背後的敘述邏輯與君子謀道的文化相左，充滿了功利的色彩。東坡前身為五祖固然能增長其靈性的色彩，山谷前身乃一獻身佛教的弱女子，其中的理路也是同一機杼。她對法寶的獻身才讓誓願得償，並最終成為名氣很大的文人，這是樂受成熟的象徵。應該注意到這個故事的末尾有「蟻聚」的插曲，它的意圖似乎是增加故事的可信度，然而這種纏縛在佛教中可能有更耐人尋味的解釋，客觀上使得清老緘默的高深形象更加充實，這是題外話。

　　業力既可以被理解為一種投資的產品，僧伽在宣說這個理念的時候常常會用到「福田」的比喻，這種具有農業色彩的語言風格具有明確的指向性。我們可以藉此推測，僧侶在設計有關的話術系統時，所假想的目標就是從事農業活動的群體，他們的工作基本上都與種植的活動有關。這不僅能通過福田的比喻來判斷，也與他們採用的術語有關，如種子、成熟等。這一種較為成功地設定，對中小寺院來說尤其重要，寺院社區中的信徒是有限的，通過息息相關的話術，能吸引他們參與到宗教事業中來。福田的說法僅為這一技術化表述的開端，更進一步則宣揚功能性的有神論、異己力量的護佑、神靈最高的裁量權力，這些合起來塑造了平民信徒的宗教觀念，使得他們相信每個人的福禍休咎都最終以神靈的意志為憑。相比較皇室成員以及士大夫這兩個階層，對平民傳法的最好策略是將所有的理念都建立在有神論的基礎上。從古典社會的歷史來看，「無神論不可能成為宗教生活及其信念的支柱，信仰只要越出精英的範圍而在社會層面展開，它就必然要向有神論回歸，而且如果沒有一元神的監視，就必然要向多神崇拜回歸。」〔註115〕佛教的業力說法本來就包含有神論的要素，比如要保證報應的連續性，就必須確保靈魂不滅的可能，否則報應的說法沒有憑據。這是第一點，第二點兌現業力的機制中包含了宏大神靈等級觀念的展開。這些內在的邏輯較為複雜，並不太適合對普羅大眾講解。如果從業

〔註113〕　上海古籍出版社編《宋元筆記小說大觀》，第三冊，上海：上海古籍出版社，2007 年，第 2362 頁。

〔註114〕　個性真實與通性真實援引自陳寅恪的《隋唐制度淵源略論稿》第 44 頁，北京：三聯書店，2015 年版。

〔註115〕　吾淳著《中國社會的宗教傳統：巫術與倫理的對立和共存》，上海：上海三聯書店，2009 年，第 194 頁。

力的論調中僅僅提取出福善懲惡的看法,則會成為便於理解和指導生活的利器。然而此時善惡的根據,不能僅與個體行為的倫理屬性有關,還需要與經濟生活發生關係,即通過慷慨的捐贈行為來實現良好的道德。這種美好的行為一般會被刻碑記錄下來,成為坊間的美談,同時金石所具有的不壞的性質,又可以作為其布施行為的永久見證。當然最主要的是這個碑銘有合同的某些性質,可以作為施主贖買功德的憑據,因而寺廟附近的居民在建廟時表現的很積極。臨海縣廣福寺碑的陰面就見證了這樣的贊助行為:

□□□捨三門一合□□□堂◇□四片□承達捨亮帛四片□□娘捨僧堂門一合□尹祐合家捨二貫文□□□並妻朱大娘合家捨二貫□□□並妻蔣大娘合家捨二貫□□□並妻尹十娘合家二貫□□□並妻項五娘合家捨二貫□□紹並妻潘十七娘合家捨二貫□□□並妻彭七娘合家捨二貫五百□彥暉並妻胡一娘合家捨二貫文□文諒並妻劉三十九娘捨二貫文□助公並妻張口娘捨錢二貫文杜滿□並妻潘十娘捨錢二貫文□□兒並妻胡三娘捨錢二貫文何仁□並妻郭四娘捨錢二貫文□文簡並妻妻□娘捨二貫文□文爽並妻許十娘捨二貫文方承禮並闔家捨錢二貫文□□□並合家等捨錢二貫文□□□並臺家捨一貫五百文釘□□□並合家捨一貫五百文□□□□□□□□捨一貫一百文竹□□裕並合家捨錢一貫二百文□□□□□□徐□彩並妻□三娘捨一貫文□承稔並母親□四娘捨錢一貫文金承□並妻呂十八娘捨錢一貫文□允思並妻郭十七娘捨一貫文□□□並妻劉六娘捨錢一貫文陳文實並妻杜十二娘捨錢一貫文周□郃並妻洪七娘捨錢一貫文朱承滿並妻毛二娘捨錢一貫文朱承德並妻林三娘捨錢一貫文葉承允並妻朱大娘捨錢一貫文繆七娘為自身捨錢一貫文□文惠並妻郭十九娘捨一貫文□僧占並妻方十娘捨一貫文杜小元並□親張□娘捨一貫文黃承福並妻金六娘捨一貫文洪承逸並合家等捨錢一貫文蔣承滿並妻妻八娘捨錢一貫文蔣承旺並妻郭八娘捨錢一貫文□文雅並妻陳十娘捨錢一貫陳文□並妻朱十一娘捨錢一貫文玄弟子陸十四娘捨錢一貫文女弟子蔣大娘捨錢一貫文黃文昃並妻潘七娘捨七百文釘妻仁鐸並妻陳大娘捨錢七百文婁仁照仁貴仁幹共捨錢六百文□□□□□小疏頭首弟子□承□等並【下闕】承□郭承智朱仁紹妻仁照張思貴陳【下闕】又□等各募施主具名下項呂四娘【下闕】文晈□彥忠□彥昌□彥石

妻仁罕妻【下闕】江廷逸江廷襲□□奇□酉兒林進妻【下闕】潘承
拱江文惠江文貴江文德羅旺兒【下闕】洪仁安林鳳兒劉文寶朱仁貴
陳□哥【下闕】德徐立詹陳周承蘊□□兒【下闕】姚三娘陳六娘何
念八娘陳八娘杜怜兒【下闕】文俊□文□郭贈兒□□娘郭已兒【下
闕】已上各捨錢五百文林仁【下闕】郭號宋仁襲周承贊□仁罕周公
【下闕】駱文襲胡八娘已上各捨錢四百文周仁【下闕】王添兒呂伴
叔蔣承福劉文德求【下闕】妻仁惠妻仁襲妻仁贊洪伴僧蔣【下闕】
兒杜六兒洪僧壽袁僧鈴蔣【下闕】潘延贊□文皓林文惠劉文昱張【下
闕】周承祿姚忽兒林文榮金就【下闕】已上各捨錢三百文【下闕】
妻文遂妻彥安洪仁爽朱□兒洪周兒【下闕】林承□□文興黃□智羅
伯□洪文訓【下闕】胡□得蔣呆蔣延□陳仁福袁□兒【下闕】屬大
娘□□林□□張仁貴林伴叔【下闕】贊蔣承□陳連哥王保【下闕】
姜大娘永憲已上各捨錢二百文。〔註 116〕

雖然此碑殘脫已甚，但大體上還可以見到其中的關鍵信息。記錄施主姓名及捨
錢數量的碑文有重大的意義，因為作為投資者資助建立的道場中，如法的實踐
所產生的功德，會源源不斷的向這些人湧來。這種生產和消費行為突然有了神
聖的氣息，既肯定了良好的名聲，使他們自別於普通的大眾，而成為善人的一
員，同時也為未來做了良好的儲備。這樣整個邏輯鏈條變成了只要凡能夠慷慨
的為三寶作貢獻者即能夠收穫樂受，並且這種行為就是倫理上的善行，且善行
作為憑據就是在為福田播種。這一簡化的論調和有神論的結合能形成強有力
的說服體系，這種體系在宋代的表現又可分為兩種互為表裏的情況。

　　通過文人的筆記故事、附佛外道的寶卷、講唱藝人的變文本等形式宣揚福
善懲惡，來加深普通人的認知。雖然這些文本具有異質性，但從理念上來看，
他們又是同構的，反復的宣說類似的材料，能潛移默化的改變民眾的選擇，即
形成眾口鑠金同聲相應的效果。這些文本材料大都通過偶像崇拜，以及善惡報
應的故事來增強感染力，有時候也會雜糅巫術的因素，並表現出合乎倫理規範
的圓滿結局，創作者悅眾洵人的立場非常明顯。如果人道的補償不能圓滿，則
會有執行賞罰的人格化的神靈出現，它們的手段充滿不可思議的非凡之力。總
之，離奇的情節中必須藏有福善懲惡的說教，這是重點，如：

〔註 116〕　（清）黃瑞撰《中國歷代石刻史料彙編·第三編：兩宋·臺州金石錄》，第 22
　　　　　冊第 193 頁。

周凌司勳之子婦，病腿間瘡，曉夕痛癢不可勝，唯以杖子撻之乃少解。經累年，百藥勿效，聞有司吏夜主事冥司，招而問之，吏曰：「當往叩之。」見周司勳子冥間，問其婦疾，曰：「此婦不敬舅姑，好決罰女使，此其報也。」吏明日語其子，致懇其父，父曰：「婦已有死所矣，當在南京。」又曰：「吾所任掠剩大夫也，亦以平生刻薄，好斂民財，以奉縣官，故任此職。凡人財有定分，或其經營，或其種植，稱多其數，我即往取，世人不知也。職任非善處，亦安能救婦也。」後其子不復南來。會其外祖知南京，力取之醫治，懇辭不獲，至南京，三日而卒。〔註117〕

這則故事幾乎包含了一般民間傳說的全部要素，要求人降低對財產的貪吝，就意味著要放棄部分財產，只是並沒有明言如何處理羨財。實質上，對羨財的處理，我們的文化中有一套完整的邏輯，宋徐鉉《稽神錄》卷三「僧珉楚」條可以作為解釋的材料：

廣陵法雲寺僧珉楚嘗與中山賈人章某者親熟。章死，珉楚為設齋誦經數月。忽遇章於市中，楚未食，章即延入食店，為置胡餅。既食，楚問：「君已死，那得在此？」章曰：「然。吾以小罪未得辭脫。今死為揚州掠剩兒。」復問：「何謂掠剩？」曰：「凡市人賣販，利息皆有常數。過數得之為掠（《太平廣記》引作「餘」）剩，吾得而掠有之。今人間如吾輩甚多。」因指路人男女曰：「某人某人皆是也。」頃之，有一僧過於前，又曰：「此僧亦是也。」因召至，與語良久，僧亦不見楚也。頃之，相與南行。遇一婦人賣花，章曰：「此婦人之花，亦鬼所買。花亦鬼用之。人間無所用也。」章即出數錢買之以贈楚，曰：「凡見此花而笑者，皆鬼也。」即告辭而去。其花紅色，可愛而甚重。楚亦昏然而歸。路人見花，頗有笑者。至寺北門，自念：「我與鬼同遊，復持鬼物，不可。」即將花擲滅水中（《太平廣記》引作「即擲花溝中，滅水有聲」）。既歸，有同院人覺其面色甚異，以為中惡，競持湯藥以救之，良久乃復。且言其故。因相與復視其花，乃一死人手也。楚亦無恙。〔註118〕

〔註117〕 吳曾琪集《舊小說·丁集三》，選自王鞏《隨手雜錄》，上海：上海書店出版社，1985 年，第 95 頁。
〔註118〕 《文淵閣四庫全書》第 1037 冊第 213 頁。

即額外的財產如果不能妥當的處理，會被專司之神帶走。而對額外財富當時的人也有明確的概念，語見《玄怪錄》之「掠剩使」條，其言韋元方外兄裴璞，元和五年已卒，長慶初元方在途中遇到了璞，璞言己為掠剩使：

> 裴曰：「吾為陰官，職轄武士，故武飾耳。」元方曰：「何官？」「隴右三川掠剩使耳。」曰：「何為典耶？」曰：「吾職司人剩財而掠之。」韋曰：「何謂剩財？」裴曰：「人之轉貨求丐也，命當得□，忽遇物之稀稀，或主人深顧，所得乃逾數外之財，即謂之剩，故掠之焉。」曰：「安知其剩而掠之？」璞曰：「生人一飲一啄，無非前定，況財寶乎？陰司所籍，其獲有限，獲而踰籍，陰吏狀來，乃掠之也。」韋曰：「所謂掠者，奪之於囊耶，竊之於懷耶？」裴曰：「非也。當數而得，一一有成，數外之財，為吾所運，或令虛耗，或潔橫事，或買賣不及常價，殊不關身爾。始吾之生也，嘗謂商勤得財，農勤得穀，士勤得祿，只歎其不勤而不得也。夫覆舟之商，旱歲之農，屢空之士，豈不勤乎？而今乃知勤者德之基，學者善之本。德之為善，乃理身之道耳，亦未足以邀財而求祿也。子之逢吾，亦是前定，合得白金二斤，過此遺子，又當復掠，故不厚矣。子之是行也，岐甚厚而邠甚薄，於涇殊無所得，諸鎮平平爾。人生有命，時不參差，以道靜觀，無復違撓，勉之哉！璞以公事，頃入城中，陰冥數限，不可逾越。」〔註119〕

這裏有一個概念的陷阱，羨財的判別辦法實質上凡人是不能完全掌握的，因此富足生活中的每一分錢財都有被判定為羨餘的可能。一方面這些多餘的錢財可能會招致鬼神的劫掠，另一方面如果處理得當，那麼額外錢財也可以變成良好業報的開端，那就是將其布施給貧困以及出家的人。這其中佛教的觀念就起到了很大的調適作用，可以紓解人對羨財的焦慮。如吳支謙譯《佛說孛經抄》言人行「不善者多，或有不平，……貧富貴賤，賢愚不均。至有盲聾瘖瘂跛蹇隆殘，百病皆由宿命行惡所致；其受百福，人所樂者，則是故世行善使然」〔註120〕。吳康僧會譯《六度集經》卷八《阿離念彌經》云：「行高得其高，行下得其下；貧富貴賤，延壽夭逝，皆由宿命。」〔註121〕唐釋道世《法苑珠林》卷

〔註119〕（唐）牛僧孺《玄怪錄》，北京：中華書局 1982 年，第 96～97 頁。
〔註120〕《大正藏》第 17 冊第 735 頁下。
〔註121〕《大正藏》第 3 冊第 50 頁中。

五六云：「夫貧富貴賤，並因往業；得失有無，皆由昔行。」〔註122〕宋居士王日休《龍舒增廣淨土文》卷一：「人生所以有貧富，有貴賤，……其禍福種種不同，雖曰天命，天豈私於人哉！蓋以人前生所為不同，故今生受報亦不同，而天特主之耳。」〔註123〕通過靈驗故事並佐以經論來加強某種理念的說服能力，是古典文化中最常見的模式，功德說的推廣也採用了這樣的方法。

如果說故事的說教還顯得有些隱約其詞的話，那麼附佛外道所創構的民間寶卷中的話語就直白太多了。以宋代羅教的《正信除疑無修證自在寶卷》為例，它是羅教中最成熟的兩種寶卷之一，共分二十五品，先不論其各品的具體內容，僅以其品目的名稱來說，就能知道其傳法的方式有多簡單粗暴：「諸惡趣受苦熬大劫無量品第一，嘆人生不常遠品第二，往生淨品第三，尚眾類得正法歸家品第四，無極化現度眾生品第五化賢勸眾生品第六，飲酒退道殺生品第七，蓋古人錯答一字品第八，執相修行落頑空品第九，虛空架住大千界品第十，捨身發願度人品第十一，先天大道本性品第十二，布施品第十三，快樂西方人間難比品第十四，報恩品第十五，本無嬰兒見娘品第十六，本無一物性在前品第十七，拜日月邪法品第十八，彌勒教邪氣品第十九，西方淨土人人有迷人不知往西求品第二十，不執有無心空品第二十一，不當重意品第二十二，行雜法疑病品第二十三，安心品第二十四，明心了潔品第二十五。」〔註124〕這些附佛民間教派的受眾基本上都是文化低下的階層，故而以他們為潛在讀者的寶卷廣泛採用了粗言俚語，且所選理念也往往簡單，這樣的形式和內容綜合起來有很強的說服力。宋以後的佛教有一種向民間宗教滑落的傾向，這是隨着中國社會中制度型宗教向組織型宗教更張的大趨勢進行的，附佛外道的湧現就可以看作是其發展的苗頭。他們持有的理念往往被學術僧侶批評，但在中下層僧侶中卻很有市場，因而在傳法的時候宣傳的也是類似的概念。比如這部寶卷中的布施品，幾乎全部都在談論捐獻僧侶所能帶來的神異果報，這一說法對寺院經濟的重要性已不必再論。古人對此現象也有所批評，宋人張師正在《括

〔註122〕周叔迦、蘇晉仁校注《法苑珠林校注》，北京：中華書局，2003年，第4冊第1696頁。

〔註123〕《大正藏》第47冊第256頁中。

〔註124〕鄭志明著《無生老母信仰溯源》，臺北：文史哲出版社，1985年，第37頁。王源靜在此經的釋名義中言道：「此經二十四品，品品含藏無邊妙義，行行獨露最上一乘。」實則其經文俚俗直白，言語也雜沓混亂，其中意思雖然前後糾纏，但只要觸目即可了知無遺，在這種書寫情況下，其設想的目標群體自不待多言。

異誌》僧行悅條下論道：「佛之徒以因果禍福恣行誘脅，持元元死生之柄，自王公而下，趨向者十八九。悅又能假詭異之跡，俾夫庸若者破帑傾篋而甘心焉。嗚呼，人之好怪也甚。」〔註125〕

四、善德經濟的世俗功利性

　　以文本形式來向信徒灌輸功德理念只是表面化的工作，佛教經濟的全面提振有待於加強教團的功利性面向，這是一種更加有效而且隱祕的方式。討論僧尼的經濟生活，本質上就是在談論佛教的功利性，正如前文反復提及的這是一種充滿風險的嘗試。從微觀上看，其功利性體現在較多方面，如僧尼的個人習慣、寺院的構築風格等。與宣法這種直接的方式不同，功利性因素對信徒的影響是較為隱蔽的，是通過潛移默化作用於意識層面的，因此也就更難以察覺。蘇聯著名宗教史學者約·阿·克雷維列夫認為：「佛教的那種偶像崇拜的拜物教本質，在中國表現尤為明顯。佛教神廟在這裏比在任何地方都更多地充斥了神像，這些神像被抱以拜物教式的崇拜。」〔註126〕神像的創造和裝飾要耗費許多財物，這是寺院開支的大端。臨安縣淨土寺碑記中載道：

> （淨土寺）歲久堙圮，棟梁弗支，住院僧其瑩與其徒德全、惠普者，痛其頹沒，相與合謀而作新之。惟惠普者□□精進勇銳，錙求銖斂，鳩工聚材，彌歷寒暑。經始於元祐四年己巳之正月，而告成於紹聖元年甲戌九月二十二日之庚申。噫！亦已勤矣。夫臨安壤地狹隘，生齒夥繁，而佛寺相望，其徒之多無慮千數。故土木之費，齋供之給，取之土人，力有不贍，而檀施尤難得。若其弊而增，飾闕而葺補者，已艱其力矣。又況於基構寶殿，延袤門閣，費且若干。非其有不惰之勤，不退之勇，毅然以莊嚴佛土為已洪願者，其能終此利緣勝果邪？嘗聞世尊說，若能補故寺，是謂二梵之福。惠普師能此，其於補故寺之功不啻十百矣！予甚嘉之，故因其請，記落成之歲月，而喜為之書。若夫佛之所以攝受者，實相非實相，善法非善法，與夫人之所以歸依者，布施非布施，福德非福德，此乃如來之真語。所以詔後世者故，予皆略而不著。〔註127〕

〔註125〕《宋元筆記小說大觀》第一冊，第704頁。

〔註126〕〔蘇〕約·阿·克雷維列夫著，樂峰等譯，《宗教史》下卷，北京：中國社會科學出版社，第344頁。

〔註127〕（清）阮元撰《中國歷代石刻史料彙編·第三編：兩宋》，第45冊第338頁。

這篇碑銘記載了僧侶孜孜矻矻的建寺之功，前面敘述部分講述了創業維艱的歷程，後面議論的落腳點在「生二梵之福」上，即宣揚了善行生福的原則，號召信徒能夠升起慷慨之心，實踐布施的利樂之行。建寺齋僧是比較常見的信仰活動，有一些時候僧尼會以塑像貼金的名義向信徒募捐。他們宣稱富麗堂皇的建築和偶像能給施主帶來善業，這些善業將來兌現的果報可能是子孫繁盛，或者是富貴綿延，這些話對在家信徒總是有吸引力。造像生福的理論是由經論宣說的，這一點不存在異化或者扭曲的問題，它的來源最早可以追溯到部派佛教時期，宋代法賢譯出《金光王童子經》後其流行達到了高點〔註128〕。因而，這是正法正念，同時佛教尋求更高層次物質表現的選擇，也有經濟方面的考量。一個裝潢豪華的寺院，供奉的神像又有金玉的鑲嵌，這會提供給信徒一種更加可以信賴的心理體驗。因而，這樣豪奢的消費行為也會提升信眾捐獻的慾望，除了許下的願望更可能實現之外，信徒希望自己參與這種宗教勝景的建構，以便自己能夠隨着教派不朽，且神聖的榮光也會澤被到身體上。

　　寺院的結構是經典中所塑造的神界的一個範本，也就是佛教所說的淨土在娑婆世界的投影。宗教徒希望自己能夠在地上建立神國，生活在神國之中能夠為修行帶來更好的條件，並以此為跳板進入更高層次的世界。此縮微世界被創造出來宣揚了宗教的實在性，同時也為更多信徒的往生提供了條件，它具有某種烏托邦的特質。如果信徒參與了其在這個世界投影的創建，那麼按照巫術中某種相似和接觸的邏輯，他就獲得了往生的優先權利。格爾茨表達了類似的看法：「The notion that religion tunes human action to an envisaged cosmic order and projects images of cosmic order onto the plane of human experience is hardly

---

〔註128〕《金光王童子經》又名《佛說金光王童子經》，於端拱二年譯出，主要記述了佛在迦毗羅衛城，對金光王童子說造作佛像的功德問題。佛陀在這部經中言道：「金光的前生是一個田業人（種田人），因造毗婆尸佛像以作供養的功德，而於命終之後往生「天界」，又降生人間，常處王位，得大自在。由此引申開去，佛說，如果其他人也能像金光童子那樣造像供養的話，必獲福報。」並且進一步明確道：「又復有人，或以玻胝迦寶或末尼寶，或金或銀，或鑌或銅，乃至木石或象牙等，鑄寫、雕鏤作佛形像，或有舍利或無舍利，或長或短，或大或小，乃至香泥印作佛像，且致如是造像果報。」以「妙香水」沐浴佛像的功德，也是如此。造像和浴佛是佛陀滅度後很久才出現的現象，故而這部經可能出現在小乘的後起，造這部經的人也意識到了這個問題，因此在文末又言道：「我於滅度後，若男若女等，用眾寶造像，妙香水沐浴。又以適悅華，志心而供養。於後生生中，感得瑞嚴報。」見陳士強著《大藏經總目提要·經藏》，上海：上海古籍出版社，2007年，第619～620頁。

novel. But it is hardly investigaed either, so that we have very little idea of how, in empirical terms, this particular miracle is accomplished.」〔註 129〕（宗教將人類的行動調適到一個設想的宇宙秩序，並將宇宙秩序的形象投射到人類經驗的層面，這並不是新鮮的想法。但它也幾乎沒有被認真檢討過，所以我們對這個特殊的奇跡如是如何完成的，從經驗上看，幾乎沒有什麼概念。）即宗教信仰會對信徒的世界觀重塑，並將其蘊含之宇宙秩序投射到他們觀念的方方面面，一個人認可了一種信仰傳統，那就是認可了一套話語體系的過去和現在，並且加入了其所代表的存有和超越。這個過程到底如何發生，現在並不清楚，但是參與信仰的重建無疑是一種重要的體驗渠道。伊利亞德聲稱宗教人所體驗的時空具備非凡的雙重性，他們「渴望活在神聖空間與神聖時間的經驗中」，且「在諸神臨在下，與他們共同生活」，在伊氏眼中這一方式的實現是通過對神聖曆法的回溯完成的〔註 130〕。佛教對信徒宣揚完整的信仰觀念，這是一套複雜而龐大的體系，當面對具體問題的時候，教派中某些特定的理念會被反復強調，並不是說這些理念不是信仰的要素，只是它本來的權重可能並沒有那麼高而已。如在面臨教派發展困難，經濟短缺的時候，僧侶會巧妙運用普通人對神性渴望的潛在心理，完成了對其消費觀念的塑造，即教派過去和現在的所有理論中，鼓勵布施乃至消費的想法會被拈舉出來，特別的被施加在信徒的想法中。當然許多僧尼其實並沒有意識到其中的關竅，他們覺得自己在踐行度人救世的信念，因為布施確實被認定為可以消除貪吝，幫助人構建良好的美德，並且最終因為勝緣而往生。因而教團經濟的振興只是一個邊緣的收益，當反復強調布施的重要性時，信徒可能會誤解為捐獻是信仰實踐的全部，這已經不是諦論了，反而變成了一種有功利色彩的觀念。實質上這種功利性的引導是全體神職人員的力量導致的，個人在其中扮演的角色並不重要。

當贊助行為發生以後，僧侶會採用文獻將其記錄下來，並對施主表示讚譽。這種行為構成了交易的一個環節，記錄的文獻也就有了部分「合同」的屬性。它在幫助贊助者宣揚良好名聲的同時，也向他們承諾了足額的功德回報。同時也表明了施主對物質的部分沒有處決的權力，所有的回報都會在將來以

〔註 129〕　Geertz, Clifford. *Religion as a Cultural System*. College Columbia University, 1966. p.90.

〔註 130〕　（羅）米爾恰・伊利亞德（Mircea Eliade），楊素鵝譯《聖與俗──宗教的本質》，臺北：桂冠圖書股份有限公司，2001 年，第 136～137 頁。所謂神聖時間的時段，即節慶的時間；凡俗時間，即日常生活中無宗教意義活動的期間。

某種方式兌現。按照施主的身份背景，這些文本自然的被分成了不同層次，如對皇帝的疏記，不但要說明敕賜的內容，同時也必須祈求國家的長治久安，並且允諾皇室富貴的綿延不絕。如：「奠玉紫壇，虔修於大報；布金紺宇，祇仰於能仁。用集妙因，特嚴法供。皇帝陛下與天均覆，惟日並明。運神化以無方，置幅員之安處。甫臨至景，專講上儀。就吉位以薦誠，需渙恩而澤下。有來清侶，敷誦秘文。式賴殊緣，宜紫熙事。伏願五辰協序，百福凝祥。永隆久大之基，益固延宏之算。」〔註131〕有些時候功德疏並不產生在贊助行為之後，而是之前。僧侶向皇帝呈上的讚頌之詞，經常可以得到賞賜，而其所以能做出這樣的許諾，根基當然在功德的兌現能力上。面向富裕的贊助者，其措辭又是一種新的景象，宋人魏泰的《東軒筆錄》中有一條記載：

> 光祿卿羹申，佞而好進，老為省判，趨附不已。王荊公為相，每生日，朝士獻詩誦，僧道獻功德疏，以為壽，與皂走卒皆籠雀鵠，就宅放之，謂之放生。申既不嫻於詩，又不能誦經，於是以大籠貯雀，詣客次，擸笏開籠，且祝曰：「願相公一百二十歲。」時有邊塞之主帥妻病，而虞候割股以獻者，天下駭笑。或對曰：「虞候為縣割股，大卿與丞相放生。」〔註132〕

除「僧道獻功德疏」的記載之外，這條筆記中還有關於放生的討論。不僅僧侶以功德疏為人請福，許多士人也採用這樣的文體，作為聯絡感情的工具，因關係不大此處不再贅言。

　　此外有一點，漢傳寺院中的偶像並不僅出自佛教，基本上附近的居民需要哪種安慰，他們便會樹立對應的神靈，而很少關心這些神靈的真正來源，這是一種典型的功利宗教觀。湯用彤曾對這種現象有所評價：「……須注意其（天臺）與民間流行之神靈崇拜之關係，神靈崇拜古稱『祠祀』，為解決家庭苦難，有『司命』、『皂神』；為解決地方之困難，有『里社』、『城隍』。」「真言宗或密宗者，重祈禱以得利益之教也，故特主禮拜供養。所供養者為神甚多，以大日如來為中心，而聚千百佛菩薩，紛然雜陳。用種種之方法以得利益，小之可以安齋消毒治病祈雨，而最後的目的在成佛。」〔註133〕即功能神

〔註131〕《全宋文》，第290頁。

〔註132〕（宋）魏泰《東軒筆錄》，見《歷代筆記選粹》上冊，上海：華東師範大學，1998年，第267頁。

〔註133〕湯用彤著《隋唐佛教史稿》，北京：中華書局，2016年，第214、194頁。

從唐代就開始加入了寺院的偶像體系，佛教菩薩本來具備聞聲救苦、稱名除罪的偉力，加上這些特定的功能神，為寺院的多元化服務提供了可能。宗教之終極目的在引人由凡俗而入聖域，對不同神靈的祈禱就是與此神靈之發展歷史的交流，這是一種具體中蘊含抽象要素的行為。多元化的神靈譜系可以最大程度的為凡人提供冥契體驗的可能，從個體的角度來看，能在很大程度上降低了信仰的成本。寺院的迎合行為，以經濟學的觀點來看可以被解釋成一種攬客的行為，提供多元化的服務是為了鼓勵信徒的神聖消費。同時功能主義的趨向也暗示了交換的概念，只有有用的個體才能享受到對等的服務，無用的神靈將得不到香火，這既是對神靈的懲罰，同時也暗示了無用的信徒不具有超拔的可能性。儒佛道三教以及民間信仰之間存在著激烈的競爭，提供更全面服務的教派似乎更容易從其中勝出，道教也有對外部神靈歸化的行為，故而不必深究。

　　多元化崇拜現象在寺院的出現，意味著一種表面化、外部化的成分在增加，同時更本質且精粹的內容正在被教團放棄。信徒匆匆來去，很少關心關於解脫的教義，他們上香禱告，純粹是因為被凡俗的瑣事困擾，而不是為了獲得涅槃的機會。我們認為僧侶和信徒的這些行為中都透露出了程式化的因素，且其僅僅為教派功利化世俗化的一個表徵而已。還有一些類似的苗頭在宋代的教團中迅速發展，比如過度的儀式化，除了水陸道場這些必須的儀軌之外，平時的起住坐臥也被新的教條所規限。韋伯曾經指出：「僧侶來自無學識的階層，特別是農民和小市民。此種情形首先是導致僧侶生活本身愈來愈走向徹底的形式主義」，且「這與中國的形式主義的性格相應和」。〔註134〕這種形式化對信徒的生活具有較大的影響，它通過瑣碎的充滿象徵意義的行為，使皈依者本自具有的經濟和日常習慣改易，這種改易經常伴隨著額外的成本。比如布施時發生的行為，就會被儀式化為神聖行為的分支，進行神聖行為時一個人會變的順從而且機械，有時候他作為人的質性會消失。捐獻大額的財產或者寺田，寺院一般會舉行法會，即使僅僅將錢財投入到功德箱，也完成了一次從凡俗到神聖的超脫。因為功德箱在佛陀的眼皮底下，神聖目光的注視表徵了行為被認可、被拔高的可能。這種高度個人的冥契體驗能帶來滿足感，甚至更進一步說可能會有成癮的風險。信徒的瑣碎行為被塑造成為意義豐富的舉動。正如前文

〔註134〕〔德〕馬克斯・韋伯著，康樂、簡惠美譯《印度的宗教：印度教和佛教》II，臺北：源流出版事業公司，1996年，第435頁。

所言，富有象徵意義的舉動會使人變的機械，機械有時候是虔誠的代稱，即注重儀式的教派往往要人摒棄懷疑和理性。此時皈依就意味著將自己的生命交由連續而機械的重複動作填充，他會因為覺得自己的舉動充滿神性，從而能在單調的生命中發現新意。這些意義往往是屬靈的，屬靈的需要增加的同時，屬物的需求就會下降。他可能會變得更加順從，更加慷慨。宋代佛教的儀式有許多種，比如水陸道場、放焰口、打佛七、大醮等，此外還有各種懺儀〔註135〕，鎌田茂雄指出：佛教「禮儀隨著教團的發展而發展」，且已「失去本來目的，轉為以祈禱為主。在佛教的禮儀發展史上唐代佛教禮儀達到了頂峰，同時也可以說已經向墮落邁出了第一步」。〔註136〕本來儀式乃宗教中處於第二位的因素，它只是為了配合教義，或者為了踐行教主的理念而產生的實踐，因此它本質上是表面的，不能被認為是究竟的內容。到了宋代，佛教的儀式化已經有了喧賓奪主的現象，尤以禪宗為明顯，除了常規的儀式之外，傳法手段也有了戲劇化的苗頭，斬貓、尋火、頂鞋、棒喝不一而足。他們認為這種類似扮演的行為，能夠幫助後來者迅速的掌握神祕的難以捉摸的教義。也許一個門徒將自我完全投入到這種焦慮對話中的時候，他會有和對話原創者合一的體驗，這可能就是很難被追蹤的開悟的感覺。但這種扮演並不是時常起作用，偶爾的時候徒弟擁有更好資質的情況下，它才被認為是成功的，也就是開悟者的歷史會被重新塑造。故而大量的實踐中這種儀式化行為實質上是無效的，只能讓門徒學到一些表面化的內容。過度的儀式化，隨着群體規模的擴大，會導致群體內多樣性的增加及共識的減少，因為群體的行為不由共同的信念指導，反而代之以多元化以及衝突的規範，其結果必然導致多樣化的行為，甚至越軌。這也可以從宋代禪宗分支數量和傳法方式上窺見，多樣化雖有其正面的效果，負面的部分卻更加致命，因為這一思路發展到終極，有可能會合法化一切越軌行為。換句話說，世俗化也就變成了那種並非不能接受的局面。

〔註135〕 這些儀式不僅塑造信徒的生活方式，同時還是一種具備經濟與政治雙重意義的手段，大型的水陸法會往往由政府出面組織，神職人員只是作為承辦方，這就存在和其它教派之間的競爭，如果某一教派不能提供全面的服務，他們在帝國的地位會有被削弱的風險。甚至為了和道教競爭，宋代的僧侶還曾經宣稱他們有祈雨的手段。對個人用戶來說，寺院能夠承擔的儀式多以懺儀為主，懺儀的發生與業力的說法有緊密的關係，這是僧尼經濟生活的一環，其意義自不待多言。

〔註136〕 〔日〕鎌田茂雄著，鄭彭年譯《簡明中國佛教史》，上海：上海譯文出版社，1986年，第196、197頁。

第三節　宋代文獻中的佛教信徒群體考察

我們已經討論了宋僧對功德概念的推介，以及不同群體的認識狀況，藉此兩方面，可形成了對宋代寺院經濟體系一般形態的認識。一個穩定市場不僅要考慮賣方提供的交易價值，同時也應該評估這些產品對買方的吸引程度，即買方市場規模的狀況。前文已經涉及不同經濟身份的人對功德交易系統的看法，他們所持之理念直接影響到了布施行為，不過這一風險的論述容易讓人產生決定論的刻板印象。雖然此交易系統可能在皈依者的心中佔有很高的權重，然而一個教派對信徒的吸引還需要考量更多的要素，異化的理論不可能一直保持吸引的力量。也就說一個人可能是被贖罪券吸引到教派中來的，而後續穩定虔誠的信仰活動卻不可能僅僅由其支持，教派必須提供較高的獨佔的信仰回報，纔可以對教徒形成持續的吸引。擁有一個基數龐大，並且較為穩定的信徒團體是教派經濟繁榮的關鍵，考量宗教對信徒永續性的吸引是目前論述體系完善的客觀要求。神聖經濟學的市場理論根基由美國人斯達克、芬克《信仰的法則》所奠定，[註137] 此二君主要討論了信徒對教派提供的宗教報酬的追逐，以及由此而引發的教派盛衰、思想發展以及宗門的分合等情況。另外劉長東之《試探臨濟義玄傳法手段之意義》解釋了異僧對教派傳法的貢獻，並指出宋僧在增加宗教報償方面所作的努力，得出這樣的結論：「臨濟宗僧以普化佐贊與棒喝接引為傳法手段，乃因在南宗世俗化之總趨勢所致宗教報酬降低的情況下，為承衰救弊，而藉此二傳法手段所含神聖性要素，強化臨濟宗之神聖性，以使其宗之凡聖關係均衡、張力程度適中，從而重獲豐厚之宗教報酬。」。[註138] 屆此二作之間，筆者欲略陳愚見，論斷其它要素對信徒市場的影響，上承功德說以為論述體系之完帙。

一、宗教報償與信徒規模之關係

《信仰的法則》所涉及的環境是西方之宗教系統，可以預料以此理論來分析東方宗教肯定會受到削足適履批評。他們會通過強調本土教派的特殊性，來抵制「文化沙文主義」，也許還會進一步認為這是後殖民話語的殘留。這些批

〔註137〕〔美〕羅德尼・斯達克、羅傑兒・芬克著，楊鳳崗譯《信仰的法則——解釋宗教之人的方面》，北京：中國人民大學出版社，2003 年。

〔註138〕劉長東《試探臨濟義玄傳法手段之意義——以異僧佐贊與棒喝接引為例》載《國學》，2017（01）：154～185.

評的視角大都集中在宗教思想的領域，而這裡將討論信仰報酬以及忠誠度的問題是實證的。教義只是影響要素中的一个小方面，更重要的要素來自宗教經濟學和宗教社會學方面，從人的趨利本能來看，援引這類偏向實證的研究結論以證中國古典之現象是合適的。斯達克他們的核心論點是宗教團體之宗教報償取決於其與周圍社會間關係的張力（Tension）程度，張力程度越高，信徒的委身就越深廣，由於這種歸屬代價也更昂貴，因而教團規模會比較有限，其承諾的回報（信徒的期望）也就相應的高於低張力的教派〔註139〕。許多教派的領袖對這一現象有比較清晰的判斷，並將其應用於指導宗教的實踐活動。教團領袖按照經驗法則來調整張力的大小以獲得相應的結果，當張力小時信徒的數量會呈現擴大的趨勢，而張力大時信徒的規模會縮小，但是委身程度會增強。經歷了唐末五代的動蕩，宋初的佛教力量比較屌弱，主流的宗派如禪、淨以及天臺，大體上都採用了低張力品位以擴大信徒數量的策略，這對積弊已久的宗派來說是一種較好的選擇，可以較快地恢復元氣並增強競爭力。宋代主流佛教團體張力一直處於水平較低的狀態，這裡提及的低是一個相對的值，並不意味着渙散或者混亂，而是參考前代精英佛教時期的情形所得出的比較。降低張力是當時的總趨勢，但並不意味著沒有相反的狀況出現，有時候也會有一些翻覆的情形，張力高低呈現振盪的變化方式。翻覆的情形主要出現在教派戒律過於鬆弛導致的人員冗濫時期，此時上調張力的水平會使得皈依的代價變高，從而篩選掉一部分游離的個體。高張力出現後又會影響教團的規模，一些僧侶領袖會通過簡化儀式、放鬆戒律等手段，來吸納委身程度較低的信眾，這兩種情形經常相輔相成。「佛教各宗派為爭信眾，多適時調整其與社會之張力程度。就南禪宗而言，其教義、修行實踐、教團生活皆承張力程度高之義學、律學、密宗、北禪宗等之衰，而以降低張力程度為主，即以弱化聖性、強化凡性為主要趨勢。迨此趨勢至其極，則該宗派所主所行等與世俗情感、生活、規範等混同，而失去其應有之神聖性；乃至觸犯、逾越世俗規範而為社會所不容，或自

〔註139〕〔美〕羅德尼・斯達克、羅傑爾・芬克《信仰的法則：解釋宗教之人的方面》云所謂「張力（tension）是指一個宗教群體和『外部』世界之間的區別、分離和對抗程度」。「用在宗教委身上，深廣是指宗教對個體影響的廣度和深度。」「用在宗教委身上，昂貴是指歸屬於一個宗教群體要付出的物質的、社會的、心理的代價。」原書中對回報的說明並不清晰，只談道「在宗教組織中，成員的代價和回報價值之間有對應關係（a reciprocal relationship）。」見第178、180、181頁。

陷義理之矛盾困境。」〔註140〕這一過程就是典型的「世俗化」。〔註141〕現以宋代的佛教宗派的情況為例，討論張力的高低如何影響教團的經濟狀況。

《祖堂集》載慧寂云：「我若說禪宗旨，身邊覓一人相伴亦無，說什摩五百七百？我若東說西說，則競頭向前採拾。」〔註142〕《續傳燈錄》載黃龍死心悟新禪師被問及山中有多少眾時，答道「四百人，盡是精峭衲子。」〔註143〕從其中可以看出禪師對自己徒眾的多寡較為在意，因徒眾數量會影響到其生活的品質。這可能不是與供養無關的問題，更多的是需要處理俗務，擔柴送水之類。否則會陷入「近山無柴燒，近水無水吃」的境地〔註144〕。亦有更進一步以徒眾數量來參與宗派爭勝的例子，如《明覺禪師語錄》載明覺禪「師在舒州海會時」，「因看胥通判問：『山中多少眾？』師云：『一百來僧』。胥云：『既是海會，為甚只有百僧？』師云：『人貧智短，』」〔註145〕明覺禪師認為爭取信徒的過程中存在角逐和博弈的機制，且關係到宗派的興盛程度，因而言自己人貧智短，難於爭取大量徒眾。既然教派的領袖已經意識到徒眾多寡的重要性，並且互相之間存在了競爭的心理，那麼適時調節策略以爭取更多的皈依者，自然而然就是傳教策略中的一個環節。這些皈依者可能本來是道教信徒、儒家學者乃至無神論者，當然也可能來自佛教的不同宗派，事實上來自後者的可能性較低。當時僧團領袖所採用的策略嚴重同質化，故而改宗並不能給人更好的回報。最好的情形是佛教信徒基數的擴大，即有其它教派或者無神論者湧入，這種背景信息是不在考量範圍之內的。

按羅德尼的看法，人們改教或者歸宗一個重要的原因是被「特別的新教義所吸引」，他們認識到了「一個教義比另一個教義在神學上優越」，〔註146〕同時又能最大限度的保持本有的社會資源，這些資源包括人際網絡、個人習慣

〔註140〕劉長東《試探臨濟義玄傳法手段之意義——以異僧佐贊與棒喝接引為例》載《國學》，2017（01）：154～185.

〔註141〕現代宗教理念中，世俗化是一種不可逆轉的現象，它的根源一般被描述為無神論思想的加強，這種教派對世俗的綏靖行為，與本文提及的因為經濟的要素而產生的洶眾現象略有區別。

〔註142〕《祖堂集·仰山和尚》，下冊頁803，北京：中華書局，2007年。

〔註143〕（明）居頂輯《續傳燈錄》，《大正藏》本，第51冊第618頁。

〔註144〕（宋）普濟撰、蘇淵雷點校《五燈會元》，北京：中華書局，1984年，中冊頁798～799。

〔註145〕《大正藏》冊47頁678頁中。

〔註146〕《信仰的法則》，第143、144頁。

等。這兩個方面分別表述了個體的期望與成本，經濟活動的本質是追求更高的回報，同時又保持較低的成本，神聖經濟體系自然也不例外。拋開教義暫且不談，單就歸信門檻來說，要降低皈依或者轉宗的成本，最好的方法就是保持他們原有的生活和宗教習慣。因為「如果一個宗教組織所堅持的規範和價值跟周圍文化的規範和價值不同，那麼他就是越軌的。」這是高張力的表現，而「一個宗教群體跟周圍的張力越高，歸屬它要付的代價就越昂貴。」要達到降低成本又提高吸引力的目的，一個恰當的選擇是通過教義對周圍社會施加影響，從而達到世俗生活「神聖化」（sacralized）的目的。「神聖化意指在宗教和世俗制度（institution）之間沒有什麼區別，生活的主要方面，從家庭到政治，都充滿宗教符號、言詞和禮儀。」〔註147〕質言之，卓有遠見的宗教領袖會通過賦予平凡生活以神聖意義的方法來傳播自己的教派，這樣的舉措能將皈依的代價降到最低。新晉的教徒不必改易其既有的習慣，即可獲得神聖的體驗，並最終享受教團承諾的回報，具體到佛教來說就是功德的集聚，這是一種充滿誘惑性的許諾。如果每個人都具有充分的理性，可以對自己的行為作出選擇，那麼選擇這種皈依無疑是最合乎邏輯的。我國社會的普遍宗教強度不大，這是由儒家的精神內核所決定的，「此種主智主義打從心理就蔑視宗教」，在這樣的文化氛圍下，民眾的宗教能力並不高，大部分不具有靈恩，因此很難維持「特別的宗教心情」。〔註148〕這樣又回到了原來的理路，將平凡的生活儀式化神聖化，正可以對治這樣屬靈情緒的缺乏，而以禪宗為代表的宋代佛教正是這樣進行的。

二、宋代文獻中所見佛教提振神聖經濟的策略研究

從推崇「直心是道場」的主張開始〔註149〕，僧侶領袖就嘗試著將教團與世俗間的張力進一步降低。這一趨勢到了禪僧手中達到了極端，他們主張頓悟成佛，即可以不經由文本的學習，而直接開發自己內心以獲得完滿的狀態。此

〔註147〕《信仰的法則》，第 239、245 頁。「神聖化被普遍錯誤的當作普遍虔敬的社會現象」，這掩蓋了此現象的本質，它對周圍制度施加影響也許不是為了培養濃厚的宗教氛圍，而恰恰相反，是要將宗教的力量延伸到制度的層面，從而形成一股新的強制力系統。

〔註148〕〔德〕馬克斯·韋伯著，康樂、簡惠美譯《中國的宗教；宗教與世界》，桂林：廣西師範大學出版社，2004 年，第 208 頁。在韋伯看來，「主智主義之所以容忍職業宗教人的存在，是因為關係到官方的威望——為了使民眾馴服，這種威望是不可或缺的。」

〔註149〕《壇經校釋》頁 27，北京：中華書局 1983 年。

傾向降低了佛教理論的學習成本。禪宗進一步把文本的解釋權力下放到了普通的僧尼手中，滋生了蔑視文本的風氣，這一取向將宗派從填典中解脫了出來。鑒於古代平民識字率非常低的情況，這種不用學習文本而可以直接自足的修行方法，能在最大程度上吸引了文化較低的人進入到了教團，乃至教派的權力階層。如果說《淨名經》的論點還有一些經院氣息的話，那麼「平常心是道」〔註150〕，「此心即佛心」等論調〔註151〕，就完全顯出了他們神聖化世俗生活的目的，同時也表現出簡化佛教舊有哲學面向的苗頭。這種洵俗的作法提高了信徒在佛教體系中的地位，也即三寶中僧的權重變的更多，有時候僧侶的開示甚至會凌駕在了教義之上。如果僧寶對實相的解釋符合三法印，那麼就不存在凌駕的問題。如果他僅僅是隨順的說法，那麼因為解釋權力的轉移，佛教的根本法就有被削弱的風險。怎麼理解呢？佛教徒宣稱所有的經都是由教主即佛陀本人宣說，同時只有出家的僧寶才可以開壇講法，每個立志要成為佛陀追隨者的人都必須經過經典的洗禮方才能成為合格者。然而平常心和此心的論斷，是眾生佛性發展的高級形態。如果每個人的本性中都具有了成佛的可能，那麼只要發揮個人性情，就可以完成和佛陀一樣的壯舉。這是不完整的推論，成佛的可能其實並不意味着成佛的許諾，眾生只有經過洗禮開發智慧才能有所成就。況且眾生佛性並不是原始佛教的說法，甚至部派時期這個看法也未得到推廣。將成佛的可能發揮到佛性的成熟，則每個人只要遵從己心就有創造經論的可能，更遑論講法的資格問題了，此舉有將信徒地位提高到佛陀層次的風險。這一創造權、解釋權的讓渡最終成了一種身份的讓渡。

　　人性與佛性的等同使得僧團中勢力較大的個體，具體來說，也就是禪宗領袖的卡里斯馬被迅速放大，祖師的威權也就藉此建立。他們的身份和佛陀相合，成了佛祖在娑婆世界的副本，這是典型的「神聖化」過程。這樣做有不好的地方，但是好處也有，至少兩個方面：一則信徒的入教門檻基本消失，最大程度降低了皈依的成本，每個人不需要學習經論，而只要順從內心就可以成為佛子；二則教團領袖的威權加強，這是隨著他們的神性加強，而引發的必然結果，更強的威權和神性也就意味著更多的盲從者。因而信徒群體會擴大，儘管他們的委身程度可能降低，這相關的兩重要素令佛教經濟受益曲線的陡峭程度不同。當市場擴大到一定程度後其收益的增加速度才會低於委身降低帶來

〔註150〕《祖堂集》，下冊頁610。
〔註151〕《景德傳燈錄》卷二八，《大正藏》冊51頁440上。

的收益減少，起初的時候，市場擴大佔據了收益增長的最高的權重。宋代的僧侶可能沒有關於此的明確的認識，但他們的實踐中卻處處透露出相應的舉措。下面結合具體事例以作說明，先從禪宗簡化佛教理論的部分談起。《雲門匡真禪師廣錄》：

> 佛教云：「眾生日用而不知。」儒書亦云：「日用而不知。不知箇什麼？」秀才云：「不知大道。」師云：「酌然不知。」〔註152〕

魏府老洞華嚴有類似語：「佛法在儞日用處，在儞行住坐臥處，喫茶喫飯處，語言相問處，所作所為處。」〔註153〕大慧宗杲禪師亦嘗教人：

> 說處行處已不錯，但少噴地一下而已。若有進無退，日用二六時中、應緣處，不間斷，則噴地一下亦不難。然第一不得存心在噴地一下處。若有此心，則被此心障卻路頭矣。但於日用應緣處不昧，則日月浸久，自然打成一片。何者為應緣處？喜時怒時，判斷公事時，與賓客相酬酢時，與妻子聚會時，心思善惡時，觸境遇緣時，皆是噴地一發時節。千萬記取！千萬記取！世間情念起時，不必用力排遣。前日已曾上聞，但只舉——僧問趙州：「狗子還有佛性也無？」州云：「無。」——才舉起這一字，世間情念自怗怗地矣。多言復多語，由來返相誤。千說萬說，只是這些子道理。驀然於「無」字上絕卻性命，這些道理亦是眼中花。〔註154〕

禪宗通過越來越簡化的形式，來追尋越來越深刻的形上體驗。也許平靜的心靈可以帶來對終極的感受，但這並不是問題的關鍵，開始沒有人關心長久以來佛教要實現的修行目標，這一目標被世俗化的追求所削弱乃至取消。為了彰顯方便法門的價值，他們甚至批評以往靠持戒、忍辱、精進等手段進行的修持方式，認為這是不懂變通的教條主義作祟，通過在任何情況下尋求心靈的安寧一樣能達到最高的效果，且可以不受拘束。這種精簡的方便踐行的修持可以爭取到一部分被雜務困擾的在家居士的青睞，並被吸納為教團的外圍成員。

　　事實上，禪宗僧侶的部分理念可能預設了一個潛在的對象——士大夫文人的階層，因其中刻意迎合的跡象較為明顯，故有此推測。將經濟狀況較好的

〔註152〕《景德傳燈錄》卷九，《大正藏》冊51頁263上。

〔註153〕（宋）釋曉瑩《雲臥紀譚》卷下「老華嚴出世」條，《卍續藏經》冊148頁28。

〔註154〕（宋）大慧宗杲著，明堯、明潔校注《大慧尺牘校注》，蘭州：金城出版社，2017年，第132～133頁。

士紳吸引到寺院對於教團的發展十分有利，同時對士紳來說，成為信徒或者某人的法嗣，也能夠受到饒益。知識階層對玄而又玄的法門最可能有會心的領悟，這種領悟彰顯了其過人一等的智力狀態，能夠為他們帶來自勝的感覺。對寺僧來說，士夫布施的能力很強，可以更有效的支持教團發展，以便惠及更多蒼生。因此僧團領袖在否定了以往苦行的修持方法時，迅速安立了頓教成佛的便宜之路，這鼓勵了後來者，同時也為居士佛教的弘揚奠定了基礎。非專業的神職人員很難保證參佛理禪的生活習慣，而頓悟卻能使這些追隨者得到「更大的自由和更多的輕鬆」，同時他們還能尋覓到「一種與中下根人不同的、出自內心自覺地超越之道。」〔註155〕士夫階層的地位處於社會層次的中段，禪宗對其上根利種稟賦的認可，表徵了他們在解脫時的優先性。相應的對鈍根的否定，這時就具有經濟和思想上的雙重批判意義，中下根可能指經濟地位、文化水平不高的平民階層，這是社會因素所造就的。即僧侶建立的寺院系統，就成了一個社會等級中處於較高品味的沙龍，當一個人社會地位不理想的時候，他可以通過參與這種沙龍來彌補缺憾，並和階層不同的人建立聯繫。上文提及的對鈍根的否定看似包含了一種悖論，即將一部分信徒拒之門外了，實際的情況要複雜一些，禪宗傳法採用了差異化的方式，也就是能閱讀文字的人所得到的教義，與完全不能識文斷字者有很大的不同。這些批判信息僅僅指向了上根者自信的培養，因此雖則頓教的法門本身就包含了對漸教法門否定，後者採取勞心勞力的方式顯然是由於他們更缺少才情的支持，種姓更高者能夠更快速地領悟教誨，同時在終極解脫的道路上具有更高優先級。這種降低張力賦予凡俗神性的行為，比表面看上去更有深刻的影響。

三、過度世俗化的弊端

宋代佛教的世俗化風潮，所帶來的影響除了入教門檻降低、信徒數量增加等之外，也引起了信徒素質整體降低的問題，包括在籍人員戒律的弛壞，宗教知識的下調等。僧團成員素質的降低是委身程度下降的必然結果，因「既聖化世俗之生活」的同時，也就「復消解宗教之聖性，」〔註156〕則宗教知識學習的必要性會下降。換言之，聖化的世俗生活具備了諦性，那麼宗教知識的價值

〔註155〕葛兆光《中國禪思想史——從 6 世紀到 9 世紀》，北京：北京大學出版社，1995 年，第 278 頁。

〔註156〕劉長東《試探臨濟義玄傳法手段之意義——以異僧佐贊與棒喝接引為例》載《國學》，2017（01）：154～185.

就大大消解了，因為本質上這二者之間是等同的，也就造成了僧侶對聖典離棄的風氣。隨着教義改變而來的是戒律的弛壞，這兩者之間具有聯動性。萬物都含有諦性，煩惱即般若、菩提，那麼負面的行為中是否也含有解脫的因素呢？並且內心自足的理念最終發展成了對心意慾望的推崇，這時候心分別善惡的功能就隱退了。且違反戒律的事情可能會被解釋為一種形式主義的表演，僧侶會要求信徒注重自我的內在，而非分別其是否是合宜。甚至癲狂破戒有時候會被看成是神僧的表現，可以用來輔佐教團的宣化。按照宗教學的普遍看法踐行速成法門一般需要持守更嚴苛的戒律，以彌補在教理上欠缺的狀況，這種互補構成了一種深刻的平衡，有其充足的說服力和久遠的歷史。宋代禪宗的情形卻與此相反，他們採取了一種更便宜的持戒方法：無相戒體，從效用來看，無相戒這種多元化的解釋，對部分僧侶來說有時候和沒有戒律基本相同，畢竟他們可以有許多遁詞來為自己解脫。教義既神聖化了世俗生活，則任何行為都具有可供開掘的意義，那麼謗佛毀僧從某種程度來說也是合宜的，只要他們能夠尋找到正確的心理調適路徑。戒律本來是用以框限人心靈的，如果外在行為的神聖性過高，那麼心的倫理判別能力就會陷入混沌的狀態。禪宗對戒律的解放，剝奪了內心對行為屬性的辨別權力。當時有一種潛行的戒律觀念，其核心乃「以有心奉持而無心拘執」，〔註157〕即以心靈省查功能的缺位來為持戒不嚴的情形做辯護。這種思想發展到極致就是既無心則無人、無事可以戒之，現在看來這當然是不合宜的，可此看法在當時卻有不小的影響。其進一步聖化了凡俗生活，人可以不用了解教義，甚至完全不知道佛教的戒律和儀軌，但同時宣佈自己是信徒。如此則既能不受宗教的束縛以恣其嗜欲，而同時享受佛教許諾的紅利，比如賺取功德為將來世更好的生活奠定基礎。這種想法不僅佛教徒有，道教徒也有，《管錐編》舉方丈山有不樂昇天之諸仙，他們通過服食半劑丹藥，既可得到神仙的法術，又能居留人間，即「蓋擺脫凡人之患苦，卻恣適凡人之嗜慾，腰纏而跨鶴，有竹不俗復有肉不瘦者。」〔註158〕這種解戒的方法並不是個案，而是形成了一股不小的風氣。贊寧在編訂《宋高僧傳》的時候，並沒有對持戒不嚴的僧侶摒落，相當於在官方意識形態中採取了默許和容忍的態度。新王朝編訂文本具有導向性的作用，能夠為本朝的政策制定等提供一定的參考，因而這種持戒混亂的情況一直沒有太大的改觀。當然官方文件中收集此

〔註157〕（宋）祖琇編《隆興編年通論》，《新纂卍續藏》第 75 冊，第 183 頁上欄。
〔註158〕《管錐編》，第 986 頁。

類事蹟，其背後的原因可能略複雜一些，比如大多數不持戒的僧侶都是異僧，他們舉止瘋癲行為怪異的同時，又具有神通偉力，宣傳他們的事蹟，能夠給教團帶來信徒。在客觀上，這種蔑棄戒律的信念廣為流行，其負面的導向作用不容小視。

宗教張力內蘊的機制，即張力大小與委身程度乃至教團興衰的關係，在前文中已經多有討論。移其道理於此則可知宋代以禪宗為代表的佛教，在教義、修行實踐和教團生活上有過度世俗化的行為。一方面此導向可以令部分信根不純者入教，迅速的擴大教團的規模；另一方面僧侶行為失範很容易引起失控的局面，進而導致教派的宗教報酬降低。此時委身降低帶來的收益下調成為影響僧侶經濟的主要因素，即「蓋凡性高而聖性低者即張力程度低者，其信徒之規模大而虔誠度低；凡性低而聖性高者即張力程度高者，其信徒之規模小而虔誠度高。處二者之極端者，其宗教報酬皆低於凡聖關係平衡即張力程度居中者。」〔註159〕張力處於極低品位時，所有皈依者的捐贈慾望降低，並且優質信徒會逐漸流失，從而導致教團的衰落。僧侶領袖雖然希望能有更多的信眾參與到佛教中來，但卻不希望這樣的情形出現，因此宋代佛教張力在總體下降的同時，他們也會適時的回調其品位水平。

因教義、戒律等內容與教團的信譽程度相關，所以頻繁地改易顯然不是增強張力最好的選擇，那麼他們採用了哪些方法呢？回答這個問題之前，先討論宋人對低張力教團的態度，以證本段所立之過度世俗化而引起宗教報酬降低的論點。宋羅願云「有浮屠氏之說，乃更以一死生為務。其道要使人決擇以發明其固有，則死之與生，惟其所遇，而無益損乎其真。是以蕩然肆志，無忧愓乎胸中」〔註160〕又宋羅適《重修妙勝院記》云「嗚呼！天下為僧者，多勞人以逸己，蠹我正法。……余嘗怪世之學禪者，自藥山不許人看經之後，妄生疑情。……反以口耳所聞，縱橫辯捷，自謂見性，棄經破律，蕩無所守譬如操舟之人，不信柂楫，流浪江海，安能到彼岸耶？又聞之，藥山嘗自看經。或有問者，藥山云：『遮眼此善，忘其指者也。如來云以筏喻者，法尚應捨，而況非法？』吾知藥山真看經者也。」〔註161〕宋黃震《大禹寺記》亦云：

〔註159〕劉長東《試探臨濟義玄傳法手段之意義——以異僧佐贊與棒喝接引為例》載《國學》，2017（01）：154～185.
〔註160〕（宋）羅願《新安志》卷八《敘仙釋》，《宋元方志叢刊》冊8頁7723。
〔註161〕（宋）張津等《乾道四明圖經》卷十，《宋元方志叢刊》冊5頁4950。

　　越二十年，余官中都，越人前歸安令黃君岳卿俄以寺主僧惟則之工役始末來曰：「寺之昔弊者今新矣。」余問昔何以弊，今何以新，岳卿曰：「弊之者禪也。寺始於梁大同十一年，時未有所謂禪也，雖或肪以禪之萌蘖來，梁未納也。且禪自稱教外別傳，是於佛書無證，其果為佛與否莫知也。頃自禪日盛，而其徒嘗攘此寺以居之。禪，蕩無檢律，佛，其祖也，佛且為其所呵，於寺何有？於禹之穴又何有？其寺之日以弊者勢也。……戒禪學者勿復預。〔註162〕

從這三人的評價中，我們明顯可以看到時人對南禪僧侶世俗化的極端鄙視，亦可以推知羅、黃等士夫信眾的流失狀況。這些人本來是布施的主要群體，如果他們大量的改宗改教或者流失，對禪宗寺院經濟的影響將會十分嚴重。戒律弛蕩只是僧侶世俗化的一個表現，對宗派來說僧侶「貴族化」才是最致命的。〔註163〕提到這一表現，杜繼文引惠洪《冷齋夜話》卷十「石涯僧」條云其「南還海岱，逢佛印禪師元公出山，重荷者百夫，擁輿者十許夫，巷陌聚觀，喧吠雞犬」。〔註164〕宋代僧侶鋪張奢華的記載並不罕見，《宗門武庫》載修顒事亦與此相若，顒華嚴為富弼請住「招提」，「顒臨境，鄭（富弼）迓之」時，「司馬溫公適至」，遂聯袂出迎，「候於郵亭。久之，忽見數十擔過，溫公問誰行李，荷擔者應曰：『新招提和尚行李。』溫公遂索馬歸。鄭公曰：『要見華嚴，何故先歸？』溫公曰：『某已見他了。』竟先歸」。〔註165〕司馬溫公對修顒的不滿自不必多言。又《東坡志林》：「稷下之盛，胎驪山之禍；太學三萬人，噓枯吹生，亦兆黨錮之冤。今吾聞本、秀二僧，皆以口耳區區奔走王公，洶洶都邑，安得而不敗？殆非浮屠氏之福也。」〔註166〕土屋太祐指僧侶的此種行徑導致他們「失去士大夫支持」〔註167〕。除了上引兩例中表露的隱晦反感情緒之外，宋人多有直言不諱批評僧侶非法、破戒的言論，如陳淳言：「凡為僧者，住無礙屋，吃無礙飯，著無礙衣，使無礙錢，因是不復知稼穡艱難，而至於驕縱。雖已出家，為方外之徒，不肯安分，修方外之行，卻與俗人結冤於貪嗔癡愛之

〔註162〕（宋）黃震《黃氏日抄》卷八六，文淵閣《四庫全書》冊708頁896。
〔註163〕杜繼文《中國禪宗通史》頁383。
〔註164〕張伯偉編校《稀見本宋人詩話四種》，南京：江蘇古籍出版社，2002年，第90頁。
〔註165〕《大正藏》冊47頁945中。
〔註166〕（宋）蘇軾《東坡志林》頁39，北京：中華書局1981年。
〔註167〕〔日〕土屋太祐《北宋禪宗思想及其淵源》，成都：巴蜀書社2008年，頁143～144。

場，爭人我者。甚大如五禪大剎，為郡頭目，皆出頭好鬧，至猾黠者圖之，握錢穀大權在手，聚奸凶大眾在院，遂作無邊罪苦，侵虐貧民，陵抗士夫。……環城諸寺尤為豪橫，多買土居尊官，為庇護舉院界限，皆託名為土居尊管墳林，倚靠聲倚，酷毒村民。有拾界內一枝薪者，則以為斫墳林而吊打之，有牛馬羊豕食界內一葉草者，則以為踐墳庭而奪沒之。村民受苦，無敢誰何。諸寺類皆招集無圖浮屠人充行者，結束作士人衣冠，兇悍如大兵氣勢，專以打人示威，名曰爪牙，外護其出入，踐屢公庭，尤甚於民間健訟之夫。」〔註168〕僧侶享有非分的物質生活，是對佛教長久以來宣揚的教義的直接挑戰。這種許諾和現實牴牾導致的信譽崩塌，會使有較高道德要求的信徒完全無法從教派得到屬靈的慰藉，對宗教能力強的個體來說脫教就成了唯一合理的選擇。同時，紀律性和預防性功能是教派為社會提供的基礎功能之一，僧侶理應作為禮儀和自律的表率，來為教徒提供適應約束、控制的榜樣，如果這一基本功能喪失，那麼不僅會為信徒帶來價值觀念紊亂的後果，社會層面的支持也會隨之下降。畢竟從功能性的觀點來看，宗教並不是一直必需的。

四、善德經濟的振興：宗教神性的加強

為了緩解懷疑的情緒，改善信徒流失的狀況，宋代的僧團領袖採用了一些手段加強宗教的神性。他們對宗教神性的意義有較清楚的認識，以《佛祖統紀》所評斷東坡事為例：

> 佛滅度後，閻浮提眾生剛狠自用，莫肯信入，故諸聖賢皆隱不現，獨以設像遺言提引未悟，而峨眉、五臺、廬山、天臺，猶出光景變異，使人了然見之。軾家藏十八羅漢像，每設茶供，則化為白乳，或凝為花，桃李芍藥，僅可指名。或云：羅漢慈悲深重，急於接物，故多見神變。倘其然乎？今以授子由，使以時修敬。〔註169〕

所謂光影變異之類，即用以「提引未悟」，這是明確的判斷。從總體上來看，強化神性的手段中，很少有關於恢復教義或者收緊戒律的內容，因此二要素往往為派別之根基，其所帶來的信徒數量收益仍然存在。雖然這時候數量「不再成為衡量宗教報酬之唯一指標」，故而適時的在此基礎上引人「信眾虔誠度或悟境為考量報酬」之又一標準。如《叢林盛事》卷上載某老宿云「後生家行腳

<hr>

〔註168〕《北溪大全集》卷四七《上傅寺丞論民間利病六條》，轉引自王曾瑜《宋朝階級結構》，石家莊：河北教育出版社，1996年，第143頁。

〔註169〕《大正藏》冊49頁418上欄中欄。

例帶耳不帶眼」，「今育王一千來眾，長老日逐接陪不暇，豈有工夫著實與汝輩發機」；道融亦云「行腳見人，固宜帶眼莫帶耳」，「不可以院子大小、眾之多寡，趁讚過時」。〔註170〕能加強宗派神性並動信起眾的手段仍然較多，計有「非理性、非社會規範性言行」、以及「超自然性之神通、靈驗感通」，〔註171〕前二為佛教所獨有，後兩者則為一般宗教常見之手法。此處擬就「靈驗感通」部分再作補充說明，並在這些要素之外另立一說以成其全體。前文已經提及由於降低宗教張力而帶來的信徒數量的收益趨於平緩，出現了因冗濫而引起的種種問題，為改善這一狀況僧團採取了一系列的措施。並通過考察寺院的建築結構和佈局策略，說明其在營造時所設定的神聖化目標，並證其提高宗教張力和吸引信眾方面的巨大作用。

靈驗感通是強化宗教神性的慣用策略，一般的操作手法是塑造異僧或者神僧的形象，以及宣傳靈驗記、神異記等內容。靈驗記包含了聖物、神怪的感通，其預設的宣傳對象增加到了一般信眾的層次，即可以由一般信徒的冥契體驗為藍本來塑造通驗的故事。異僧形象的建立需要一個團體或者社區的助力，歷代《高僧傳》都有意識開闢專門的章節來宣揚異僧的事跡，僧團對異僧佐贊宣化事業的重要性已經有了較清楚的認知。這些文本記載的異僧大概可以分為「三類」：「具備超自然能力」「異常體貌」「有精神性疾病」，〔註172〕具備這三種特質的宗教人員為何會成為大眾崇拜的對象呢？這三種特質既可以作為描述異僧的要素，同時也可以用來形容古代的遊蕩者或無家可歸的乞丐，因而有時候這兩類人群會被等同，並被類比式的稱作「異人」。中國古代存在一種對「異人」關注的傳統，此傳統的根源乃是一種畏懼心理作祟。舉止異常的陌生人會被認定為遊蕩不安定的因素，本質上他們屬於社區的外來者，武雅士在

〔註170〕《卍續藏經》冊148頁59～60。
〔註171〕劉教授所提的「非理性、非社會規範性言行」，特指禪宗僧侶在接引後進時「對聖性反應者傳達佛理禪機」的方法，此法內涵「聖性運用之動機」，意在強化樹立其宗派神性並進而建立威權。具體如活句、圓相、看話禪、棒喝等，要之，凡能「以其術解構語言、思維、理性、世俗規範等」都可視為其類，這些行為可通過「所含神聖性要素引部分凡性反應者入禪修之門」，從而具備了「凡性運用之動機」，故能為傳教之法門。總之，「兼具凡聖二性與社會文化性因素」之手段，雖或有「宗派屬性」及「凡性與真、假聖性」，而在效用上皆能引人入禪門，因此，其具備宗教經濟，尤其是在擴大信徒群體上的功能是客觀存在的。
〔註172〕劉長東《試探臨濟義玄傳法手段之意義——以異僧佐贊與棒喝接引為例》，載《國學》，2017（01）：154～185。

他的《神、鬼和祖先》中指出：「鬼相當於人間的流氓、乞丐和其它具有危險性的陌生人。」〔註173〕陌生鬼不同於祖宗鬼，它經常處於飄零而沒有依靠的狀態，生存狀態的惡劣決定了它遭受着凍餒以及飢餓的侵襲，因此它也就沒有家鬼善良的屬性，反而充滿了祟人的風險。魂靈在古人的觀念中存在明顯的等差地位，逝去的親屬成為祖先的一部分，在祭壇上佔有一席之地，在那裡它們會繼續履行作為上位者的權利和義務。村莊的熟人則由超自然官僚機構的代表帶往陰間，接受審判和懲罰；而陌生人則進入墳墓，成為一種非道德和非人格力量的來源〔註174〕。村落中對陌生鬼的祭祀含有賄賂的意味，希望它能在享用祭禮之後快速的遠離，以便社區恢復到穩定的狀態。這樣的情緒後來被移植到了異人的身上，他們也被類比為充滿危險的遊蕩者。因此交感巫術中的相似律會在人的頭腦中發作：異人被假設或幻想出也有祟人的功能。這就使得此群體有「具備超自然能力」的可能，亦即異人或者異僧具備超自然能力是相似律的結果，這一預設無意中迎合了他們對自己超能力的標榜，進而形成了較強的說服能力。他們同樣也就有了破壞穩定性的功能，這時候對這一群體的崇拜是一種討好，同時也包含了免於被祟的願望。這是異僧容易在民間引起崇拜之原因的一種可能解釋。

歷代僧傳的去取標準以及部分僧侶領袖的談話表明僧團對異僧在傳法方面的功能有較清楚地認識，因此他們會刻意的製造出異常的僧侶，以作為輔教傳法的用途。宋人創造異僧的方式是多樣化的，從對其出生不凡的描述，到入

〔註173〕武雅士《神、鬼和祖先》，《思與言》，第 3 期第 35 卷，北京：開明出版社 1997 年，第 277～279 頁。

〔註174〕中國人的這一看法有其更久遠的根據，韋伯指出其可能來自於上古時集體祭祀儀式的印象，這些祭祀與原始宗教的觀念有關。原始宗教「普遍具有一種公眾的特徵。祭天和祭祀祖先的儀式，以及對其他神靈崇拜都是由官員和民間領袖住持的，為國家和社區的所有的人祈福；其宏大的理想便是藉助上天和神明的保佑，模仿天國秩序建立一個地上王國。作為國家、社區和社會團體的成員，比如家庭和家族的一分子，每個人順利成章的是這種宗教天然的信徒。無論個人意願如何，他都被假定可以從宗教儀式中受益，比如社區的祈雨儀式，或許每個人是迫於群體的壓力才參加祖先崇拜活動的。……宗教價值嵌入傳統的道德秩序，宗教與個人生存密不可分，自然就成為社會群體存續不可或缺的一部分。」(《中國社會中的宗教，第 113～114 頁》)方之佛教，水陸法會以及追薦亡靈的法事活動，也具有這樣的強制效果，因而它需要社區的所有個體買單。每個人免於被遊蕩的孤魂野鬼傷害，這一前提被附加在了法事效果上，因此布施不在單純的由個人的意願左右，而變成了一種社會秩序。

道所具備的殊勝因緣、傳法的神通變現等，都作為其轉凡成聖的資糧。具體來說，其策略就是模糊神異事件與真實事件的界限，從而為凡俗生活注入增飾的意義。如「（居訥）生而英特，讀書過目成誦」，「（真淨）生而傑異」，「（慶閑）母夢胡僧授以明珠，吞之而娠。及生，白光照室。」〔註175〕據李熙考察這些內容大都是作傳者所加入的元素，即惠洪在「書寫操作中有意無意的涉筆點染、踵事增華等敘事技巧，隱喻、轉喻等修辭策略」都會對故事產生影響〔註176〕。有關出身的神蹟書寫往往是為了應和後續修道的因緣，這種預敘的方法在歷史書寫中很常見。若止於這個層次的修飾加工，那基本上還算是宗教徒傳記的一般形態。為使僧侶的形象異化或者說聖化，還有待於出家修行狀態的點染。這就需要神通異力的加持，為何神通異力更能吸引信徒呢？常規的解釋是它能彌補人的不足，從而滿足對自我多知多能的幻想。這種心理祈求可能是一種無意識的需要，是人類先祖時期面臨自然的偉力時產生的，因而人類較難以察覺完形這種心理的需求。更進一步來講佛教藏經中有關於神通的描述，這就承認了超自然人類存在的可能。佛教關於神通的分類，有時候是六種，有時候五種，這據說是從印度教繼承而來。不論六種抑或五種的分類方法，它們的指向性都很具體，基本上每一個神通都表達了某官能發達的情況，即超出了常人界限的狀態，如神足、天耳、天眼等。早期具備神通的人並不像古典神話中的英雄能具備無限的偉力，他們雖然優於常人，但同時也表現出來了一定的有限性。

到了宋代，佛教靈驗記以及僧傳中塑造的神異僧侶，他們的能力卻常常表現出無限的狀態。一些官能之外的超常本領被開發出來，這可能是與本土神話合流的結果。預言成了必須的要素之一，他們經常能預知事情的進展，有時候這些事牽涉很深，甚至與王朝興衰有關。比如《補續高僧傳》所載麻衣僧的事蹟：

> 麻衣和尚者，不知何許人也。當五季之際，方服而衣麻，往來澤潞關陝間。妙達易道，發河圖之祕，以授華山處士陳摶。摶得之始著訣，以傳种放，放傳李溉，溉傳許堅，堅傳范諤昌，昌傳劉牧，始為鉤隱圖以述之，實本於師也。稱者謂：「師發易妙於二千年之後，

〔註175〕（宋）惠洪《禪林僧寶傳》，《卍續藏經》第137冊，第542、532、539頁。
〔註176〕李熙著《僧史與聖傳——〈禪林僧寶傳〉的歷史書寫》，北京：中國社會科學出版社，2014年，第228頁。

殆天授耳。」錢若水未第時，訪摶於山中。見老僧擁衲附火，若水
揖之，僧開目而已。坐久，摶問何如，曰：「無仙骨。」若水退。摶
戒之曰：「三日後可復來。」如期而往。摶曰：「始吾見子，神觀清
粹，謂可以學仙，故請決於老僧，老僧言子無仙骨，但可作貴公卿，
急流勇退耳。」問向僧何人。摶曰：「吾師麻衣道者也。」太祖仕周
時，嘗訪師。問曰：「今上毀佛法，大非社稷靈長之福。」師曰：「三
武所以無令終也。」又問天下何時定。師曰：「赤氣已兆，辰申間，
當有真主出，佛法亦大興。」及受禪，果應所言。開寶四年，親征
太原，道縣潞州，遇師之院，躬禱於佛曰：「此行，以吊伐為事，誓
不濫殺一人。」蓋不忘龍潛時師所囑也。〔註177〕

麻衣僧預判了太祖得天下的情形，無形中使得其篡權的行為有了命定的色彩，
這當然是佛教為了配合大一統王朝的行建所進行的輸誠。預言能夠應和王朝
正統性建設的需要，可以看作佛教整體層面的經營策略，他們能夠提供更加定
製化的服務，以便配合政府對暴力等行為的合法化，這其中異僧只作為媒介和
工具。除了大事之外，異僧也善於前知個人的福禍休咎，上文麻衣僧對錢若水
的評判可作楷模，宋代有大量的筆記記載了這件事，其在士大夫之中有很廣泛
的影響。且看文瑩《湘山野錄》中的例子：

錢文僖公若水少時謁陳摶求相骨法，陳戒曰：「過半月請子卻
來。」錢如期而往，至則邀入山齋，地爐中，一老僧擁壞衲暝目附
火於爐旁，錢揖之，其僧開目微應，無遇待之禮，錢頗慊之。三人
者嘿坐持久，陳發語問曰：「如何？」僧擺頭曰：「無此等骨。」既
而錢公先起，陳戒之曰：「子三兩日卻來。」錢曰：「唯。」後如期謁

〔註177〕《續藏經》第一輯第二編乙第七套第二冊第 171 頁右。麻衣僧預言趙宋王朝
興盛的記載較多，除此之外，還有兩則。「廣順元年，李守正叛河中，太祖親
征，往麻衣道者語趙普曰：『李侍中安得久！城下有三天子氣。』未幾城陷，
時世宗與本朝太祖侍行。」這則記載中他兩次為趙宋王朝正名，《邵氏見聞
錄》中有更詳細的版本：「河南節度使李守正叛，周高祖為樞密使討之。有麻
衣道者，謂趙普曰：『城下有三天子氣，守正安得久？』未幾，城破。先是，
守正子婦符彥卿女也，相者謂貴不可言。守正曰：『有婦如此，吾可知矣。』
叛意乃決。城破，舉家自焚。符氏坐堂上不動，兵入，叱之曰：『吾父與郭公
有舊，汝輩不可以無禮見加！』或白公，命柴世宗納之，後為皇后。三天子
氣者，周高祖、柴世宗、本朝藝祖同在軍中也。麻衣道者其異人乎？」（宋）
邵伯溫撰，李劍雄、劉德權點校《邵氏見聞錄》第 68～69 頁，北京：中華書
局，1983 年。

之。摶曰：「吾始見子神觀精粹，謂子可學神仙，有升舉之分，然見之未精，不敢奉許，特招此僧決之。渠言子無仙骨，但可作貴公卿爾。」錢問曰：「其僧者何人？」曰：「麻衣道者。」〔註178〕

《邵氏見聞錄》中另有一相似文本，〔註179〕麻衣僧已成宋初佛教構建的指涉符號，他的異力是佛教向世俗權力機構輸誠的橋樑。以預言的形式解決趙宋得國不正的麻煩，前面已經多有論及。而僧侶預言個人富貴顯達的事蹟，除了能配合他們獲得名聲之外，還有一種向上推舉的力量。在古人眼中，命中註定的富貴，其價值要高於經由個人奮鬥所得到者，因為這表明了他在不可知世界中也享有更高地位的可能。宋人關於麻衣僧故事的記載很多且多有變異。如王垄的《默記》：

> 呂文穆蒙正少時，嘗與張文定齊賢、王章惠隨、錢宣靖若水、劉龍圖燁同學賦於洛人郭延卿。延卿，洛中鄉先生。一日，同渡水謁道士王抱一求相，有僧應門曰：「師出矣。」眾問僧：「何為師道士？」僧曰：「學術數於道士三十年矣。」眾因泛問之，僧曰：「吾師切戒：術未精切，慎毋為人言。君等必欲知，明日復來叩師可也。」明日，遂見之。文穆對席，張、王次之，錢又次之，劉居下座。坐定，道士撫掌太息。眾問所以，道士曰：「吾嘗東至於海，西至流沙，南窮嶺嶠，北抵大漠，四走天下，求所謂貴人，以驗吾術，了不可得，豈意今日貴人盡在座中！」眾驚喜。徐曰：「呂君得解及第，無人可奉壓，不過十年作宰相，十二年出判河南府，自是出將入相三十年，富貴壽考終始。張君後三十年作相，亦皆富貴壽考終始。錢君可作執政，然無百日之久。劉君有執政之名，而無執政之實。」語遍及諸弟子，而遺其師。郭君忿然，以為謬妄，曰：「坐中有許多宰相乎？」道士色不動，徐曰：「初不受饋，必欲聞之，請得徐告。後十二年，呂君出判河南府，是時君可取解。次年，雖登科，然慎不可作京官。」延卿益怒，眾不自安，乃散去。久之，詔下，文穆果

〔註178〕（宋）文瑩《湘山野錄》，北京：中華書局，1984年，第47～48頁。

〔註179〕《邵氏見聞錄》，第70頁：「錢若水為舉子時，見陳希夷於華山。希夷曰：『明日當再來。』若水如期往，見有一老僧與希夷擁地爐坐。僧熟視若水，久之不語，以火箸畫灰作『做不得』三字，徐曰：『急流中勇退人也。』若水辭去，希夷不復留。後若水登科為樞密副使，年才四十致政。希夷初謂若水有仙風道骨，意未決，命老僧者觀之。僧云做不得，故不復留。然急流中勇退，去神仙不遠矣。老僧，麻衣道者也，希夷素所尊禮云。」

魁多士，而延卿不預。明年，文穆廷試第一。是所謂「得解及第，無人可壓」矣。後十年作相，十二年，有留鑰之命，悉如所言。延卿連蹇場屋，至是預鄉薦。鹿鳴燕日，文穆命道士與席。賓散，獨留二人者入內閣，盡歡如平生。文穆矜嘆，賦詩曰：「昔作儒生謁貢闈，今為丞相出黃扉。兩朝鶯鶯醉中別，萬里煙霄達了歸。羽客漸垂新鶴髮，故人猶著舊麻衣。洛陽漫說多才子，從昔遭逢似我稀。」道士索紙札似若復章者，乃書偈曰：「重日重月，榮華必別。笙歌前導，偃師看雪。」文穆心知其異，敬收之。其後，錢貳樞府，未百日罷；張、王先後登庸；劉守蒲中，朝廷議除執政，命未及下而卒；延卿以文穆極力推輓登第，未久改秩，後卒。無一差者。獨贈文穆之偈，乃致仕薨於西京，以重陽日喪過偃師。是日，大寒微霰，笙歌乃敕葬鹵簿鼓吹也。〔註180〕

王珪的記錄中牽涉進的顯貴達到了四名，文本層疊的跡象很明顯。南宋韓淲的《澗泉日記》中也有類似的記載〔註181〕，韓著中新增了王曾和張詠且細節也更加飽滿，甚至後來《宋史》中也採信了這類說法。這些不同層次的記載形成了互文本系統，構建了佛教具備對世俗富貴恩賜能力的看法。具體來說，錢若水這類位極人臣的群體，他們的顯達一方面是由往昔的功業所決定，同時只有當異僧的預言發生以後，這些飄渺的財富纔有了根據。事實上幾乎所有的預言文本背後，都藏着這樣的邏輯，當一個具備偉力的人親口說出一件事的時候，這件事發生的根據就變的更加確鑿了。佛教加強了神異能力的同時，似乎也構建了自己封敕的功能，即預言神異的根本即在於此。至此，教團由一個功德贖買系統的推介者，進展為果報響應的兌現者，他們在形上領域的能力因此而得到了進一步的拓展。

　　無限性除了預言的能力之外，還表現在晦跡與顯聖的變換之中。與描述神異僧侶相配合的是記錄一個普通僧侶從晦跡到顯聖的過程。如《禪林僧寶傳》

〔註180〕　《歷代筆記小說大觀・宋元筆記小說》，上海：上海古籍出版社，2007 年，第 4557～4558 頁。

〔註181〕　（宋）韓淲著，鄭世剛點校《澗泉日記》，上海：上海古籍出版社，1993 年，第 43 頁。其原文為：「王公曾、張公詠、錢公若水微時，謁華山陳希夷求相，欲以學仙者。希夷謂王、張曰：『爾輩非仙才，王當為宰輔。』顧張，取紙筆遺之，張曰：『悟矣，推吾入闈中耶。』又謂錢曰：『余不足以知子，當見白閣道者。』錢遂造之，道者曰：『君急流中勇退人也。』其後王果拜相，張位至八座，歷試中外，以才顯。錢為樞臣。」

所載的自嚴，他是「雲門嫡孫」，曾被太宗皇帝「詔至闕下」，而得到了習定的機會。他後來渡江時發現有蛟龍作祟，「每為行人害」，便「為說偈誡之，而蛟輒去。」後來「過黃楊峽，渴欲飲，會溪涸」，他就「以杖摘之，而水得。父老來聚觀。合爪以為神。」當自嚴「去武平南黃石」的時候，「嚴多蛇虎」，他便號令蛇虎，「四遠聞之大驚。爭敬事之。民以雨暘男女禱者。隨其欲應念而獲。家畫其像。飲食必祭。」〔註182〕文本中關於他入定而得神通的記載，可能暗示了與密宗的關係，進一步說，也就闡明了佛教修行能夠提供神通的論點，這對吸引信徒作用不容小覷。強調一個橫空出世的神異僧固然能夠帶來收益，但與通過修持而得神通者的事蹟相比，恐怕後者的價值更大。因為它不但展現了神通的機能，並且明確了這樣的偉力可以通過佛教法門的修持而得到，指向性很明確。另有一類晦跡僧，如自寶禪師：

> 瑞州洞山自寶禪師，盧州人。嗣五祖戒禪師，清源（青原）下九世。為人嚴謹，嘗在五祖為庫司。戒病，令侍者往庫中取生薑煎藥，寶叱之。侍者白戒，戒令取錢回買，寶方取薑與之。後筠州洞山缺住持，郡守以書託戒所舉智者主之。戒曰：「賣生薑漢住得。」遂出世住洞山。後移歸宗寺。一日出門，見喝道者來，師問：「甚麼官？」從曰：「縣尉，令避路。」寶側立道左避之，馬忽見跪而不行。寶曰：「畜生却識人。」尉知是寶，再拜而去。後遷雲居。一夜，山神肩輿遶寺行，寶曰：「擡你爺娘，擡上方丈去。」寶初行腳時，嘗宿旅邸，為娼女所窘。遂讓榻與之睡，寶夜危坐至旦。娼女索宿錢，寶與之，出門將火自燒其褥而去。娼女以實告母，遂請師置齋求懺，謂真佛子也。嘗作達磨讚，最播叢林。瑯琊覺和尚知之。今載正法眼藏中。〔註183〕

自寶平日並無過人之處，且道德似乎不太高明，與娼妓有不清不楚的關係。當然這種破戒的行為，其背後的邏輯可能是他已經開悟了智慧，因此對戒與不戒不再升起分別的念頭，也就是無相戒體的作用。雖然敘述中隱藏了一些蛛絲馬跡，總體來說自寶還是一個普通僧侶，這樣一個人某天突然靈光乍現，不但可以讓畜生俯首，也能號令山神。文本到結束的時候頁沒有揭示這種異變背後的原因，也就是隱約將其歸類為天授的類型，其神性經由顯聖來展示，這是一種

〔註182〕（宋）惠洪《禪林僧寶傳》，《卍續藏經》第 137 冊，第 476、477 頁。
〔註183〕《新纂卍續藏》第 64 冊第 454 頁上欄到中欄。

常見的異僧類型。又以本如為例：

> 法師本如，四明句章人，受業本郡國寧。初依法智……祥符四
> 年，慈雲遷靈山，親往法智會下，求可為繼，法智曰：「當於眾中自
> 擇之。」慈雲閱視至師，即云：「斯人可也。」師至承天，大振法道，
> 歷三十年，眾常五六百。《法華》、《涅槃》《光明》、《觀無量壽》、《觀
> 音別行玄》、《止觀》、《金錍》、《觀心論》等，皆講說六七過。嘗集
> 百僧修法華長懺一年，瑞驗屢見。慶曆二年七月，駙馬李遵勗為請
> 於朝，賜神照法師、紫方袍，及賜智者教文四千五百卷，以資講說。
> 嘗於寺西南隅，見一虎睡，以杖擊之曰：「此非汝睡處。」虎俛首而
> 去，（今白蓮寺前虎溪亭。）後於虎臥處結屋為菴，歸間其中。先是，
> 有五通神居於此，師每禪坐，必連床昇行空中，師未嘗問。一日，
> 五神請曰：「師既踞吾居，乞於北向山岡建祠塑像，已備泥在山矣。」
> 師往視岡上，有新泥一垛，以之塑像，無所餘。……皇祐三年五月
> 十八日微疾，即升座說法，與眾訣別。其夕，法堂、藏閣、方丈棟
> 梁皆折，鍾鼓擊之無聲，江上漁人見雲端有僧西向而去。詰旦，右
> 脇安庠而逝。時天氣盛熱，異香非常。明年三月，塔全身於寺北，
> 門人啟鑰，視尊容如生，爪髮俱長，有大蓮華產於塔前。壽七十，
> 臘五十三。嗣法處咸等甚眾。師嘗於天臺邑中為眾施戒，方秉羯磨，
> 忽有光明自智者塔、國清寺、赤城山，交射於法座之上。又因供千
> 佛，飯一千貧人，置華於席下，佛座華應不萎而反萎，貧人座華應
> 萎而反不萎，舉眾為之歎異。〔註184〕

本如的神異似與其修學經論有關，然對於聯繫的討論仍然是隱約其辭，從而塑
造了確定性與任意性的兩種狀態，這極大擴展了文本的內蘊。這種敘事方式的
指涉性比較單一，看似專門為異僧作傳，實則表達了全體僧侶具備超人能力的
可能。只要參與了佛教的修習，對經意有所了知，那麼一個信徒在寺院的任何
角落遇到的普通僧侶，都有可能具備超常的能力。此推介方式暗合了高士隱逸
的傳統，這正是晦跡的意義。同時他們遊戲人間點化有緣人的設想，也就進入
了討論的空間，這是顯化的意義。信徒可以從這個晦顯的切換之中得到拯救的
機會，因此全體廟宇都有了救贖的可能，佛教的總體神性就在信徒對這種可能
性的期待中加強了。

〔註184〕　《大正藏》第49冊214頁上欄到中欄。

　　常見的神通僧侶與靈驗記中高人的形象是相合的，其故事也有一定的成式，不過這種不變性中也包括有一些敘事和文本的技巧。以《禪林僧寶傳》中的宗本為例：

> 圓照禪師，諱宗本，出於管氏，常州無錫人也。性質直，少緣飾，貌豐碩，言無枝葉。年十九，師事蘇州承天永安道昇，方道價重，叢林歸之者如雲。本弊衣垢面，操井臼，典炊爨，以供給之……又十年，剃髮受具，服勤三年，乃辭昇。遊方徧參，初至池州景德，謁義懷禪師。言下契悟，眾未有知者。……既至瑞光，集眾擊鼓，鼓輒墮，圓轉震響，眾驚却。有僧出呼曰：「此和尚法雷，震地之祥也。」俄失僧所在，自是法席日盛，眾至五百人。……詔演法於寺之門，萬眾拜瞻，法會殊勝，以為彌勒從天而降人間也。翌日召對延和殿，有司使習儀而後引，既對山呼罷，登殿賜坐，即就坐盤足跏趺。侍衛驚相顧，本自若也。賜茶至，舉盞長吸，又蕩撼之……其住瑞光，民有屠牛者，牛逸赴本，跪若自訴，遂買而畜之。其住淨慈，歲大旱，湖井皆竭，寺之西隅，有甘泉自湧，得金鰻魚，因浚為井，投魚其間，寺眾千餘人，汲以不竭。民張氏有女子死，夢其母曰：「我以罪為蛇。」既覺得蛇於棺下，持以詣本，乃為說法，復置故處，俄有黑蟬，翔棺上，而蛇失所在。母祝曰：「若我女，當入籠中，當持汝再詣淨慈。」如其祝，本復為說法，是夕夢女曰：「二報已解脫矣」，其顯化異類，又如此。本平居恂恂，未嘗以辯博為事，至其說法，則雖盛名隆勢，無所少假……〔註185〕

宗本對神通的驅用表現出了隨機性和節省性，講法、鳴鼓、度罪等都是僧侶生活的日常場景，且他的能力也沒有來源可供考察。這就為讀者開闢了多重空間，同時也表現出了他相機能動的無限性，隨機應用沒有關聯的偉力，證明他可資取用的能力是多樣化的，唯有這樣，纔可以予取予求。這種無限能力的塑造，意在將其化變為佛陀或者本土的仙神形象的延續，也就表現了僧侶具備神靈救苦超拔的本領。寺院因此能夠提供個人救贖的全體服務，這種觀點纔是神異僧本質的描述。此外，這些僧侶往往也具有較好的文學修養，傳記中因此多有他們自做的佛偈和詩歌，有關他們知識人身份的添飾，同樣是為了應和全能者塑造的需要。古人因為受教育機會的稀缺，而經常會對讀書人產生畏懼崇拜

〔註185〕《卍新纂續藏經》，冊 79 頁 521 中欄。

的心理，將神僧塑造成能通達文字者，正是出於這樣的考慮。

除了具備神通偉力的異僧之外，還有一類佯狂的僧侶，也能增加教派的神異能力，他們也可以算作神僧的分支，畢竟基本上所有的異僧都有神通。異僧區別於神僧在其不修邊幅的外表，以及不循常規的舉動上。他們這個群體的理念來源，相對也比較明確，應該是結合了普通人對遊戲風塵的高士的設想，以及對陌生者的畏懼。當然許多異僧並不是真的狂悖，而是希望通過佯狂來獲得高名，並進而幫助教團傳法。這種動機在佛教歷史上並不罕見，如北朝亡名謂其弟子衛元嵩曰「汝欲名聲，若不佯狂，不可得也」；「嵩心然之，遂佯狂漫走，人逐成群」〔註186〕。唐貫休詩擬輕薄子之口吻曰「不顛不狂，其名不彰」〔註187〕。這沽名的行為可能並不出於對私利的追求，反倒是宗教虔敬的一種表現，藉個人之異常行為以起信動眾進而達到宣揚教義的目的。佯狂之行為亦較為相似，很少有獨特性，如瘋癲、胡言亂語、舉手畫空、飲啖無所擇等，黃敬家指出佯狂高僧往往忽愚忽智，超出常情常態；突破戒律拘禁，飲酒喫肉，言默不定，發言必中；喜怒無常，神通化現。〔註188〕如《禪林僧寶傳》中的谷泉：

> 禪師名谷泉，泉南人也。少聰敏，性耐垢汙，大言不遜，流俗憎之。去為沙門，撥置戒律，任心而行，眼蓋衲子，所至叢林，輒刪去，泉不以介意。造汾陽，謁昭禪師。……山有湫毒龍所蟄，墮葉觸波必雷雨連日，過者不敢喘。……時秋暑……於是泉解衣躍入，霹靂隨至，腥風吹雨，林木振搖，慈明蹲草中，意泉死矣。須臾晴霽，忽引頸出波間，後登衡嶽之頂靈峯寺，住懶瓚巖，又移住芭蕉。……住保真庵，蓋衡湘至險絕處，夜地坐祝融峯下，有大蟒盤繞之，泉解衣帶，縛其腰，中夜不見，明日杖策，徧山尋之，衣帶纏枯松上，蓋松妖也。又自後洞，負一石像，至南臺，像無慮數百斤，眾僧驚駭，莫知其來，後洞僧亦莫知其去，遂相傳為飛來羅漢。嘗過衡山縣，見屠者斫肉，立其旁作可憐態，指其肉又指其口，屠問曰：「汝啞耶。」即肯首，屠憐之，割巨臠置鉢中。泉喜出望外，發謝而去，一市大笑，而泉自若。以杖荷大酒瓢，往來山中，人問

〔註186〕《續高僧傳・衛元嵩傳》，《大正藏》冊50頁657下。
〔註187〕（唐）貫休《禪月集》卷一《輕薄篇二首》其一，葉四右，《四部叢刊》本。
〔註188〕黃敬家《贊寧宋高僧傳的敘事研究》，臺北：臺灣學生書局，2008年，第226頁。

瓢中何物，曰大道漿也。……嘉祐中，男子冷清妖言誅，泉坐清曾
經由庵中，決杖配彬州牢城，盛暑負土經通衢，弛擔說偈曰：「今朝
六月六，谷泉被氣壅，不是上天堂，便是入地獄。」言訖微笑，泊
然如蟬蛻，闍維舍利不可勝數，郴人塔之，至今祠焉。〔註189〕

谷泉不遵守清規戒律，狂放自任，卻具有異常的能力，這不能不說是叢林風氣
的一種表現。佯狂的行止或者為真實狀態的記錄，而此則故事中另有其它要
素，如天人感應、木精樹怪及讖言昇仙之類，其為增強宗教之神異性，而用虛
構方法的本質就顯得一覽無餘了。另外宋人章炳文編的《搜神秘覽》中關於麻
衣道者的記載也很類似：

麻衣道者，不知其姓名，誰氏之子、鄉里州縣。常以麻辮為衣，
蓬髮，面積垢穢，然顏如童稚，雙瞳凝碧。多在定州、真定、保塞，
人識之積久，未嘗啟口，惟緘默而已。見酒即喜抃，亦不至耽濫。人
問其甲子修短，及卜前因未來，皆書畫於紙。其言為接引世俗，明瞭
本性，大抵戒人歸於為善杜惡，已而乖睽分錯，不可探索。人有言及
邪穢戲之者，即以水灑沃，指目而去。好為禽鳥形狀，溢滿巾幅，復
加毀裂，能自傳其形容鑄如也。常有贊頌，得其一曰：「這見有情忘
我，諸佛大恩增長，地獄時時轉多，不忍見，不忍見。三轉淨行，不
及愚夫五欲樂，不忍見，不忍見。亦不知其果何歸哉。」〔註190〕

名為道者，循其行跡言語來看，當為緇衣之徒。他異常行為的目的，文本中明
確提到「接引世俗」四字，且從他自己做的讚頌來看，也屬於輔教的文類。這
種專門以狂悖的姿態，並輔以神通顯現來傳播佛教，對提高宗教神性的幫助很
大。

　　虛構神異故事是加強神聖要素的最主要手段，此外還有一些較為次級的
策略，也對塑造異僧的形象有所幫助。這些策略大都以禪宗的非理性原則為
根基，比如掌摑、棒喝、乃至公案系統。這種非理性的行動可以看作是異僧
形象的延續，在傳法過程中，禪師有脫離自己本色的傾向，他們所扮演的角
色這個時候與佛陀合一了。一個人如何扮演神聖者的角色，只有脫離人本來
的範疇纔有可能完成這種工作，因而他們採用的各種動作、表情等，都可以
看成是為加強神異性所添的外飾。楊曾文認為這類行為「是為了警示學人迅

〔註189〕（宋）惠洪《禪林僧寶傳》，《卍續藏經》第 137 冊，第 503 頁。
〔註190〕周勛初主編《宋人軼事彙編》，上海，上海古籍出版社，2015 年，第 305 頁。

速從傳統的世俗的思維模式中擺脫出來」,「南宗禪師傳授禪法不只是藉助語言文字從正面開示,越到後世的禪師對這種傳統方法越不重視,而更強調通過手勢動作,乃至厲聲吆喝和用木棒打,用腳踏踹等方式來向弟子或參禪者暗示玄妙莫測的禪機,啟示他們自己從中領悟修行的方法和解脫之道」。〔註191〕周裕鍇則認為其「旨意乃在打破參學者對語言的迷信和幻想」,「試圖以一種極端的手段來警醒參學者的迷誤,打斷參學者正常的理路言詮,使之進入非理性非邏輯的混沌狀態,從而破除文字執,在一瞬間以超出常情的直覺體驗直接悟道」。作為「一種特殊的動作語」,它還「具有暗示象徵的功能」。〔註192〕脫離了佛教的本色來看,這些行為也可以被視為一種原始宗教的孑遺,或者對認識此問題貢獻一新的視角。無論棒喝、掌摑亦或者是類似「胡言亂語」的禪宗對話,其中似乎都有一種歇斯底里的巫術氛圍存在,這一氛圍的構建是由施教的主體,也就是動作的發出者完成的,其行為模式有巫術中儺舞的色彩。主客之間的「勢」也就是行為張力,由迅速的毆打以及徹底的沉默來建立。這一交互環境中除了由規訓和懲罰所確立的等級制度之外,還存在一個隱秘的過程,那就是將主體的形象迅速的臉譜化。如《聯燈會要》之澧州洛浦元安禪師條:「(元安)師云:『山僧今日大戰無功。』僧作虎聲,師便打,僧隨棒便倒。師云:『棒打不死漢,有什麼限?』僧拂袖出去。師云:『獵狗不向牀下死。』」〔註193〕《乾道四明圖經》卷十一黃龜年《天童山交禪師塔銘》載「(普交)尋師訪道,幾遍天下,逮造泐潭(文准),泐潭知其為法器,見入門即訶之,擬問則杖之使去。師不敢復進。一日忽呼之曰:『我有古人公案,要與商量,何不自室中來?』師擬進,泐潭喝之,師豁然有省,呵呵大笑。泐潭下繩牀,執師手曰:『汝會佛法耶?』師以手托開,亦喝之。泐潭呵呵大笑而坐」。〔註194〕這裡的主體往往性情豹變而近於世俗目中的癲狂,這種瘋癲而異常的行為往往與人類早期信仰的共性有關,異常行為在原始宗教階段會被認為與巫師的身份有關,這種現象在文化人類學的田野調查中被多次觀測到。部落中「有奇特的外表」的個體,經常會「被歸為巫師」,而「統統都是強烈的社會情感的對象」,「這些情感基本上都是巫師的反常特

〔註191〕《唐五代禪宗史》頁 392。

〔註192〕周裕鍇《禪宗語言》頁 59、227、234、61、62,杭州:浙江人民出版社,1999年。

〔註193〕《卍續藏》,第 79 冊第 199 頁。

〔註194〕《宋元方志叢刊》冊 5 頁 4970。

徵激喚起來的」。〔註195〕少數民族如彝族畢摩的「發神經，胡言亂語」等特
徵，會被認為是通神的前兆。〔註196〕這種異常行為並不僅發生在他們通神的
時期，成為巫師後這類人也會保持此種習慣，尤其在做法事的時候瘋癲傾向
表現的就更加明顯了。帶有儺戲色彩的棒喝、掌摑，以及非理性的言語系統，
都不得不讓人想到對遠古巫師的模仿。人類對巫師這一瘋癲影響的久遠記
憶，會被禪宗和尚作為交互系統中的主體身份，也就異常的言語和動作所喚
醒，〔註197〕從而加深對其神秘形象的認識，因此宗派的神聖要素得以強化。
這一過程具有隱秘性的特點，其中的牽涉的文化因素又很多，因此尚未見有
前輩學者指出禪宗事跡中蘊含有巫術要素。

　　神異僧侶存在的主要原因是為了輔助傳法，即提高佛教在信徒，尤其是經
濟、社會地位較低的信徒中的影響力。而專意推廣教派的影響力，乃至不同分
支之間爭勝，都可以看作教團的功利性行為。討論功利性，對宗教而言其實就
是在討論是世俗化加深的程度。當然從勝義的角度來看，更多人被吸納到教派
中來，也就意味着更多被拯救的機會出現，這對弘傳佛法是有利的。不過世俗
化是社會層面的問題，有其自身的邏輯和機制，也不必過份諱言。

五、寺院環境的洵俗化趨勢

　　增強祖師的神異性能提高教團的張力，並增加信徒捐獻的慾望，是通過調
適他們信仰心理的品味來完成的。這是提振寺院經濟的方法之一，此外，宋代
僧團還採取了一系列的措施以為配合，即複合型的策略。其中比較務實的方
法，既有講經、施藥、賑災，以及這裡要討論的迎合型寺院環境的構建。前文
已經討論了良好寺院環境，對僧侶解脫的重要作用，即所謂「使其法久住於
世，……在處以結界為證道之基。建大伽藍，安立比丘，念十方法界。夫土石
瓦礫之所成就，不有妙法禁結其地，則眾魔外道，得以乘間而肆毒。故重解重

〔註195〕〔法〕馬塞爾·莫斯《巫術的一般理論》，《巫術的一般理論　獻祭的性質與
　　　　　功能》合刊本頁 36～37、42。

〔註196〕佚名《昭覺縣竹核鄉畢摩蘇尼調查》，《四川省涼山彝族社會調查資料選輯》
　　　　　頁 383，成都：四川省社會科學院出版社 1987 年。杜玉亭《雲南小涼山彝族
　　　　　的奴隸制度》，《雲南小涼山彝族社會歷史調查》頁 22，昆明：雲南人民出版
　　　　　社 1984 年。楊學政《小涼山彝族宗教》，張福《彝族撒尼潑支系宗教述略》，
　　　　　《雲南少數民族社會歷史調查資料彙編（五）》頁 301、310，昆明：雲南人
　　　　　民出版社 1991 年。

〔註197〕除了棒喝、掌摑之外，還有一些記錄在公案中的奇特行為，如頂鞋、斬貓等。

結，即穢而淨，寓其法於四隅，而隱妙相於秘密之中。」〔註198〕強調了其護道安眾的作用，乃至抵禦外魔的侵襲。不過房屋都有這樣的功能，很難作為說明其方位走向和形式結構的根據。佛教寺院的興建要符合其本有宇宙的觀念，並處處彰顯關於解脫的追求。此外，其與本土文化相輔相生，必然有濡染於儒家審美的可能，因此，寺院的設計和興建需要考慮到對不同文化的包容能力。同時，前來朝聖的信徒的體驗也是必須考量的因素，當這一權重變得很高的時候，寺院的環境便表現出有針對性的迎合的範本。這些綜合的考量會體現在方位、格局、房屋以及塑像上，有些地方需要多樣性來展示包容，而另外一些地方則要嚴格的按照教派的理念營造。宋人營造寺院的設想可以從麗水縣普照寺碑記中略窺端倪：

> 瑜郡城之東北隅一百二十里有精藍曰普照焉，即巨唐會昌六年檀越戎公緒祝太平剏建。底為植福之所，始牓曰福田。至皇宋垂衣之化，祥符元年敕為今額。肇自住持五房，尸掌三綱，主寺自遐及邇，匪怠無荒，職非幹蠱，代有英賢。先德釋道勤於咸通十年，糾檀越公緒造鐘臺一所。光啟二年有信剏水浮屠一座。釋全祐於宋端拱二年率籲眾緣革故鼎新，建寶殿一所，聖像七軀。祥符二年，釋全超募緣樹三門一座，造塑二聖。天禧五年，釋喜簾傾說淨之資，創浴室一座。釋子忠居詧於天聖四年，召庶緣興庫院一所。居詧於慶□三年躅衣鉢之外，革故造彌陀寶殿泊塑佛像七身。其間凡構僧舍，前後僅二百楹，悉已完具。於是大廈既作，百堵皆成，繡甍藻梲鴛瓦文榱飾若翬勢如翼。峨峨梵宇，峻拔寒空；璨璨金容，光舒清夜。其唯勝若噫！諸先德高躅雖往，奇迹依然，德音藹乎一時，盛績薰乎千古。俾居者視履，考祥景行，奚能過矣！茲寺也，宅遠林坰款居美壞門流一澗溪聲而今古無渝檻對千山翠色，以寒溫不變，物儀淳樸，岡歸混成，清寐虛閑，渺淵凝寂。游者蛻解羽翰，處者紋成印懷。然茲芻所舍本墅家間樹下迺有風雨之暴，故設棟宇之待，亦非華麗宏壯。其居今既宗佛法，厥宇得不宏麗哉！俾其庶物咸附，洞死生、證常樂，利之博矣！夫捨家人，悟妙圓覺，為大伽藍，庸智籠於法，植福契於心，不召而速，不言而信。若如是，厥處宏麗

〔註198〕浙江省地方志編纂委員會《宋元浙江方志集成》，杭州：杭州出版社，2009年，第6119～6120頁。

之宇，廸世何損焉？奚僭焉？苟不然者，可宜㤪化。寺有徒弟曰蘊思上人，眾之喉舌，寺之紀綱，睹於寶殿糙漆萎墭，瓦板墳隳；普賢迦葉，隱壁菩薩，謂代浸遠，彩塑亦摧。遂於英信，再葺良緣，可謂薦巢招提，重光像運，吾道詎委地哉？復諗諸耆德雖圖能事，尚闕紀文，後昆既紊，其誠先覺，亦傾其緒。予辱承厚命，妄摭任詞，聊以補於將來，免湮乎厥猷而已矣！時聖宋至和二年太歲乙未十一月望日記。〔註 199〕

文中提到了「底為植福之所，始牓曰福田」之語，呼應了我們在前文的判斷。這是就信徒和僧侶兩方面說的，後文中反復描繪了寺院修建的過程的艱辛，以及竣工後的勝景，最終又導歸到了「植福契於心」的判斷。寺院本身是僧侶求法的場所，這是其最重要的屬性。當一個僧侶在寺院裏如法的求索，按照經濟的觀點來看，他因為嗜慾尚難以完全消除難免會合社會發生互動，互動必然包含了物質的交換。故而他如法耕耘所產生的功德有時候會作為成本被交換出去。為了使這種「植福」的交換更多的發生，僧侶進行了一系列的工作，當然也包括場所功能的開掘。具體來說作為道場，在這一認識條件下，必須要具備兩種因素，首先它要有穩定的吸引力，能夠使信徒到來；其次它必須充滿神聖的氛圍，當轉讓的交易發生的時候，這種氛圍是其可靠性的良好保障。

在決定寺院建築形式的時候，僧侶會充分考慮了對香客的吸引問題，以便其可以滿足不同文化水平的信徒的要求。有些情況下，對個人來說寺院首先不是作為一種宗教機構出現的，而是「為民眾的普遍福祉而存在的」社會機構。這種看法建立在強烈的功利主義傳統之上。佛教的寺院和庵堂「為出家人提供相對與世隔絕的環境」，他們「懷著靈魂得救的希望，全神貫注於研修經典教義」，同時在這些高墻之內，「每一個寺院和庵堂都代表著一個區別於世俗社會組織的小的神聖秩序，這個神聖秩序被認定為為是美好的，能夠修正所有物質世界的不完美，並旨在拯救人們脫離無盡的苦海。」〔註 200〕為了使這種神聖

〔註 199〕（清）李遇孫撰《中國歷代石刻史料彙編第三編·兩宋·栝蒼金石志》，第 12～19 頁。

〔註 200〕楊慶堃著、范麗珠譯《中國社會中的宗教：宗教的現代社會功能及其歷史因素之研究》，上海：上海人民出版社，2006 年，第 29 頁。同頁還提到：「寺院和庵堂提供了一塊日常生活中的淨土，在這里人們可以向宗教奉獻其虔誠，展現生活中的神聖秩序的具體圖景，從而成為拯救人們脫離現世生活苦海的模式。寺院和庵堂也因此成為訓練和剃度出家人，以及對俗人提供宗教服務的地方。故而，寺院和庵堂被當成整合中國人宗教生活的中心。」對楊

秩序能在世俗社會實現，同時又保持其與外界的交流能力，僧侶在營造寺院時會進行精心的設計。這一精心設計展示在對凡俗空間的借用上，並將這種借用升華為神聖的用途，即通過對凡俗空間的加工來營造出特別的氛圍，以便滿足信徒屬靈需求。寺院營產很多時候都不能滿足這種設計的開銷，布施就成了寺院興建的主要手段〔註201〕。具體來說，布施建廟按照來源主要可以分為「政府、皇室、官貴、庶民」等幾類〔註202〕，贊助僅僅為徵用凡俗空間提供了可能，困難的部分在於依傍山水形勝所進行的設計。選擇合適的地點是要解決的第一個問題，其要求除了秀麗風光之外，最好還要有人文活動的痕跡。山水形勝的標準並不統一，不同的環境在風水上都能找出合宜的解釋。一般需要遵循的原則有藏風聚氣、環水靠山，或者說「環若列屏，林泉清碧」「宅幽而勢阻，地廓而形藏」。《默記》載：

> 靖康元年夏五月，慈受大士普照禪師懷深，住大相國寺慧林禪院之六年，力祈還山，優詔不許，命大丞相喻旨，所以留師者，靡不盡也。師確不可奪，拂袖出都，徧走江浙。……最後得洞庭包山廢院，欣然駐錫，卷襪為終焉計。茲院自六朝之初為勝地，梁天監中始再崇葺，唐高宗賜名顯慶，為大叢林，庇千僧，陸龜蒙、皮日休所賦包山精舍是也。政和中，權豪用事，撤以修其墳，寺瓦木滌地俱盡。淵聖皇帝詔復其名，而舊寺僧法聰為師以請。既至山，平江府令其弟了初主院事，然頹基斷址，四顧荒寒，而富者獻財，巧者獻技，壯者獻力。不數月，殿堂門室，鍾經與樓皆具。師平日未嘗求施，兵燼之後，尤不煩人，而施者自遠而至，惟恐弗受。於是禪居靚深，巋然出雲煙之上矣！夫洞庭別名震澤，又曰松江，又曰笠澤，又曰具區，道家謂一水五名，上稟咸池五車之氣。而包山即林屋洞天，下有洞穴，水潛行地中，無往不達，號為神仙。天後便閟洞中產白芝，紫泉廼仙饌天醴，環以七十二峰，而明月之灣，縹

慶堃認為寺院是獨立的神聖秩序的看法，近年來不少學者表示了反對，他們認為楊氏在提及寺院的兩個層面的時候是孤立的，這種描述裏神聖與世俗之間沒有交通的渠道。為了表達寺院整合的功能，有人認為它所代表的空間是整合性的，亦可備為一說。

〔註201〕參張弓《漢唐佛寺文化史》，北京：中國社會科學出版社，1997年，第181頁。

〔註202〕段玉明《相國寺——在唐宋帝國的神聖與凡俗之間》，成都：巴蜀書社，2004年，第28頁。

紗之峰，毛公之壇，尤為塵外淨境。傳稱黃帝訪道所幸，而夏禹治
水藏素書於此，至吳王闔閭得之，以問孔子。蓋仙聖所宅，得名數
千年遠矣！地分東西兩山院，在西山之巔，巨浸回環，四絕無地，
天水相際，一碧萬頃。風濤豪洶，旁接滄溟，下則魚龍之所窟宅，
上則虎豹之所伏藏。藤蘿膠葛，橘柚蔽虧，深林森木，橫生倒植，
納天風海日於窮崖。絕壑之間，所謂煙雲生於步武，陰晴變於几席。
猿鳥悲嘯，晝夜清寂，而水作限斷，遠與世隔，蓋江海之外，無際
之山，孤聳於不測之淵，無逾此者。東南號山之富，此又東南百水
所鍾之地也。竊嘗論古昔學道之士，必游走四方，以極天下壯觀。
登高望遠，廣其耳目，使萬境森然，納於胸中，然後見聞深博，道
學明備。釋氏之教亦然，自出家祝髮，則一衲一食，水浮陸走，匡
薄風霜，以求師問法，務見一切世間艱難險阻，情偽利害，然後心
境廓然，知無一當留者，故於道為近。思斯院之成，人與地稱，山
川改色，來者瞻敬殊。不知師所見，豈在於此？視天宮、化城，金
色世界，釋帝龍天之居，與夫光明藏海，毗盧法界，皆吾一性之內，
非遠非近，無去無來。〔註203〕

這裡描述了禪院所在的山川環境以及人文活動的痕跡，意在將寺院所在空間
凸顯出來，也就是它本身的質料因為自然和人文兩種要素的加持，而不再和凡
俗的空間連續，因此其轉變為宗教活動的地域也就有了根據，即這是一塊在質
性上外凸的空間。深山的叢林一般規模不會太大，較大型的寺院基本上都建立
在城鎮的附近，只有人煙密集的地方才能提供足夠的香火。同時又不能離山林
過遠，否則燃料的供給將會變得很困難，這與印象中深山古寺的情形略有出
入。區位的選擇並不純粹以山川的構成作為前提，更關鍵的是考量寺院能否持
續存在的問題。質言之，是否能夠提供足夠的營施能力作為供給，這也就決定
了深山幽僻的地方只能存在一些規模較小的庵堂。

　　人文方面的要求比較複雜，這既與寺院空間的神聖化有關，也與當地歷史
文化的習慣相聯繫。伊利亞德認為所有的宗教人都「渴望只活動於聖化了的世
界中，亦即神聖空間中。」〔註204〕當這一條件不完滿的時候，他們會想方設

〔註203〕　（宋）范成大纂、汪泰亨增訂《（紹定）吳郡志50卷》卷第三十四。
〔註204〕　〔羅〕伊利亞德著、楊素娥譯《聖與俗——宗教的本質》，臺北：桂冠出版公
　　　　　司，2000年，第112頁。

法的創造人間的神國以替代許諾的空間。人類因為其有限性而不具備點化的
偉力，因此聖化空間只能經由對信徒觀念的改良而發生，聖化地域最直接的辦
法就是賦予其與眾不同的意義，讓它自別於靠近它的連續空間。古人也確實是
如此做的，洪邁曾記錄了興國縣大乘寺的情形：

> 贛州興國縣大乘寺，朱梁時所建。歲久頹折，惟有古殿存。其
> 後僧徒稍隨力營立，邑宰曾君又取其西北隅屋數間為義學。慶元三
> 年十月十四日夜，火作，盡焚師生所據之廬，烟焰蔽天。主簿官舍
> 在傍，遠望者謂必為煨燼之區，且及縣治矣。寺後豫章大木，枝幹
> 拂簷，與藏殿相連，下接義學，皆無纖毫燎損，固以為異。又石佛
> 一軀，亦二百年前故跡，形相端嚴，精神溢出，巧於鏤木。塑畫者
> 睹之敬嘆，皆自以為不可及，亦在齋舍之側。附近既為飛埃，佛坐
> 之頂，僅留數椽，而左右前後悉無煤污，觀者贊仰焉。主簿余鏞勸
> 主僧正宗重修法堂，易其扁榜曰「無量壽石佛殿」，大書金字，表
> 而出之。或謂佛示現神通，欲大其居而正其位，故出火以警之。縣
> 自有學校，不應別又建學，蓋與潭、衡、南康書院之制，固可謂贅
> 也。〔註205〕

陸游在這裏以一場火災為契機，表現出了興國寺作為聖地的特殊性，大火絲毫
沒有損傷佛殿，而其周圍建築全都化為焦灰。這種與眾不同的特徵，讓寺院空
間具備了特別意義。具體來說聖化空間的方法可以分為兩途：一種是挖掘空間
原有的意義；另一種是創造新的意義。挖掘空間原有的意義整合了凡俗與神
聖，即地方的歷史和人文的勝跡都成為一種可資獲取的基質，對他們的挖掘加
工即可以建立特徵。因為一地曾發生的宗教、人文等痕跡會被迅速的符號化，
從而在信徒心目中建立意義，這種意義往往是屬靈的。有些時候這些符號甚至
一躍而成為當下的憑證，而預言發生在遙遠的過去。比如開封的相國寺，據宋
人魏泰的《東軒筆錄》載「乃魏公子無忌之宅」，而「今地屬信陵坊」，其「寺
前有公子亭」。〔註206〕玄奘在《大唐西域記》中記載的那爛陀寺的選址與大相
國寺同一機杼，僅是舊居者從魏無忌變成了那爛陀龍：「此伽藍南庵沒羅林中
有池，其龍名那爛陀，傍建伽藍，因取為稱。從其實義，是如來在苦修菩薩行，

〔註205〕　（宋）洪邁《夷堅支志 100 卷・己卷》，《全宋筆記・第九編第六冊》，鄭州：
大象出版社，2018 年。
〔註206〕　（宋）魏泰撰《東軒筆錄》，見《歷代筆記小說大觀・東軒筆錄》卷，上海：
上海古籍出版社，2012 年，第 71 頁。

為大國王，建都此地，悲愍眾生，好樂周給，時美其德，號施無厭。由是伽藍因以為稱……佛涅槃後未久，此國先王鑠迦羅阿迭多，敬重一乘，遵崇三寶，式占福地，建此伽藍。初興功也，穿傷龍身。時有善占尼乾外道，見而記曰：『斯勝地也，逮立伽藍，當必昌盛，為五印度之軌則，逾千載而彌隆。後進學人易以成業，然多歐血，傷龍故也。』」〔註207〕攀附聖流的行為是賦予意義的過程，這出於一個含混的邏輯推理：具有相同歷史的個體則其現在和將來也能具有相同的屬性或者命運。那麼相國寺，既繼承了信陵君的故地，則應該也可以擁有其興盛時的情景，即立伽藍之後會有相似的表現。同時作為聖異的龍或者信陵君，他們雖然消亡了，但遺留下來的靈性卻不會消散，這也是昌盛的根據之一。另外宣稱他們曾在這裏進行過活動，就等於宣稱這裡鐘靈毓秀、人傑地靈，否則一個貧瘠悽苦的地方很難想像會有際會風雲的人物駐錫。古人的觀念中高尚的人或者物有改變環境的能力，此種觀念經常會在宋人興建寺觀時發生作用，如《杭州臨安縣淨土院新建釋迦殿記》言：

> 臨安吳之臨水縣也，晉武始更名焉。梁開平中改為安國，而今則因川晉名。臨安之盛，肇於晉永和中許遠游發之。始自桐廬，移入西山，登巖茹芝，有終焉之志，故嘗遺王羲之書云。自山陰南至臨安，多有金堂玉室，仙人芝草。左元放之徒，漢末諸得道者，皆在焉。由是臨安山水之名爆聞於時，卓卓與羅浮、天臺埒矣。唐之末世，實生具美，為武肅王至。其氣象先見於牛斗間，則其地勢之雄奇可知矣。武肅既貴，乃名其城為安國，衣錦軍。而錢氏兼有吳越，四世相授，歷唐、晉、漢、周，襲王爵者幾百年，不亦盛哉！逮真人勃興，四表臣妾，錢氏知天命之會，達人事之變，鑒諸國之桀驁，兵連禍結，卒墟其宗廟。於是東兵卷甲，納境効順，吳越之民，賴以不見屠戮之傷，而室家相保完安至今者，此錢氏之遺德也。方錢氏之貴也，奉佛尤篤，其塗□棟宇，極丹漆之華；雕飾龍像，窮金木之珍。臨安又其故里也，崇建梵宇比它邑為尤多。凡一山之勝，一水之麗，必建立浮屠宮。故百里之境，而佛剎幾百數。其間最盛者，南宗徑山是也。分□□氏之一支，為如來之別子，流教演道，是為法雄。其餘則鱗張翼舒，相夸紺園，星羅碁布，咸號精舍。以

〔註207〕（唐）玄奘述、辯機書，季羨林等校注《大唐西域記校注》，北京：中華書局，1985 年，第 747 頁。

故家家務乎薰脩，人人習乎歌唄，亦可以為樂土矣。〔註208〕
前有仙人芝草、漢代諸真，後又鍾靈毓秀的錢氏一門，其地上應牛斗，下臨湖山勝景，則立浮屠之宮必成人間樂土。經過這種綜合式的意義賦予，空間與純粹的凡俗山水就區別了開來，因此寺院未營建之前就已經獲得了歷史和人文的價值。

　　為空間創造新義的手段比較單一，基本上都是通過訴諸靈驗記來展開的，這種方法看似簡單，卻能收到很好的效果。除了宗教上吸引信徒的用處外，它還具有邀約政府介入的意義。在一個屢次顯聖的地方建立寺院，更能給政府施加壓力以獲得賜額的優寵。這是建廟僧和地方官員合作的結果，祥瑞的記錄會被迅速送往中央政府，從而更快的獲得官方的手續和認可，對地方官來說，呈報祥瑞和建立寺院都是安民理政的功績。顯聖的方法有很多類型，佛教常用的比如佛陀或聖徒的影像化顯，或者夢兆啟示的伏藏，讖言的應驗等，有了輿論的準備之後，建寺者需要發下宏願，並尋求與政府或者富人的合作機會，他們能夠提供物質的幫助。寺院告成之後，當時的預兆也會應驗下來，新的祥瑞作為宣告它產生的標誌，同時也彰顯政府的仁慈。一個神聖空間的構建既包括了人天的合作，又包括了僧侶和政府的聯合。因此生成的寺院既具有世俗權力的烙印，同時勝跡又讓它從連續空間中掙脫出來。總之，一個地段被選定為寺址，就宣告了此地均質空間的結束，這個被新造的空間擁有了完全不同的意義。按照伊利亞德的看法，宗教人「總是追求著把自己的居住地置於世界的中心」，他們認為這個被用來居住的世界「一定就是被建造的」，因此其「絕不會在均質性的混沌和世俗空間的相對性中產生」，讓一段空間自別於連續就意味著「一個固定點——或者世界中心的發現」，這個時候對它「的具體化就等於對世界的創造」。〔註209〕除了前期的聖化之外，寺院建成之後還可以繼續進行這

〔註208〕　（清）阮元撰《中國歷代石刻史料彙編・第三編：兩宋》，第45冊第338頁。
〔註209〕　《聖與俗——宗教的本質》，第2頁。伊氏在同書第三頁進一步揭示：「一個神聖空間的揭示使得到一個基點成為可能，因此也使得在均質性的混沌中得到方向成為可能，使構建一個世界和在真正意義上生活在這個世界成為可能。與之相反，世俗性的經驗保持了空間的這種均質性因此也保持了空間的相對性，這時絕不可能有真正的方向性，因為此時那個基點不在享有獨一無二的本體論的地位，它的出現或消失取決於時間的需要。確切的說，不可能再有什麼世界，有的只是被打碎宇宙的碎片，一個由無數的也許是中性的地點所構成的一團混沌，人們生活在這些點上，並被一種存在的義務所統御、驅使而組成一種工業化社會。」

項工作。一個管用的方法就是使其成為勝地的延續，這是通過對佛像等崇拜物的加持得到的。寺院中的佛像或者聖物，可以看作神靈的一種存在形態，這可以從信徒對其回應的期待行為中窺見，要具備聞聲救苦的偉力，則必須是神靈的一個副本。崇拜物必須具有神力的部分真實性，並通過這種真實與形上的存在勾連，從而帶契整個寺院發生素質的提升。如何保證這種真實性的力量就成為了關鍵的要素。有時候僧侶會選擇從佛教的勝地帶回佛像，以希望能夠沾染靈光。如萊陽縣趣果寺的作法：

> 文中子曰：「佛，聖人也；其教，西方之教也。」以其然者，謂能設方便，究苦空之理。作善者昇之天堂，受樂無極；為惡者囚諸地獄，所□不盡。故使□者懦而兇者歸乎善矣！是以知佛之神聖不可象盡也已。

> 始稱一佛，復證果者七，名曰祖焉。自茲以降，枝葉扶疏，厥名繁夥，等於河沙，以至□名號者阿彌陀萬計億數。然則數千年後，飛塵不足齊其多矣。且佛生長於西方，設其教，教其俗，猶謂克艱。矧流諸中夏，綿邈億萬里，含齒之倫，家家信奉，人人尊拜，若已師焉。苟曰不神，奚數千年間使續容彩像，密處重屋？厥徒詵詵，手爐燔香，旦暮拜祝。目不識蠶而被純綿之密麗，手不執耕而飫膏梁之珍美。墉陛彩篆，土木文繡，煥赫厥居，熾擬王室，盛而弗泯者哉！亦常有傑出流輩，通明教旨者，擁徒百數，儼然肅□□據禪坐，寅暢厥義，使懵者知而昏者明。寂滅超陷之理，悟而開焉。圍繞瞻禮，謂之出世。

> 噫！廣我聖人之道，明我聖人之旨，章縫衣冠，聲振海□者，其徒不及二三，亾誠無他焉。止所謂蠶然後衣，耕然後食。又什一之賦，在其中矣。完厥室廬，止可以蔽乎風雨，烏足與彩篆文繡之熾，髣髴而談也！

> 嗚呼！佛之教，始於漢明，濬於梁武，迨乎我朝受禪周祚，皇澤帝化，日月所照，靡不被及。北有五臺清涼之境，西有峨嵋駕象之所，南有泗濱生聖之藩，中迺都城集福之地。佛廟之勝，無土無之，皆金碧滉漾，紺瓦鱗次，列剎相望。樓閣臺殿，高下參差，門戶千萬。每歲會皇上誕辰，落髮稱大比丘者不減千數，天下業經試可籍名奏御者，又不知幾千焉，故知百民五僧，不為誣矣！方今之

盛，頗近蕭梁。以天下之廣，緇田之眾，豈無能樹教飾像，發輝前佛之心者哉？

今和上俗姓吳，法號方教，東牟黃山人也。幼惡塵累，知佛之可以歸依也。始年十二，南來昌陽，禮寺僧志虔師焉。十九剃頭，二十受具足戒，披大如來衣，日化四方，廣增善利。一日捨己錢三十萬，遣徒南抵餘杭，購白檀模大聖真像。入境之日，擊鼓吹螺，緇俗溷混，驅扶笑引，合雜道路。至止之初，和上復勅其徒曰：「真像既覩，祕宇未備，可共化緣。」信眾樂從，命工鳩植，成側殿於院之巽隅，面乃金方便乎？旦夕之禮。已而丹梁虹伸，雕甍鳥企，既壯且麗，以落厥功。於戲！能樹西聖人之教章。西聖人之道，若天之高、地之廣、日之明，俾無窮盡，非和上則誰與振邑子也！〔註210〕

大勝真像的樹立為建廟最後的環節，類似於古典巫術中的釁禮，而釁禮最主要的功能還是在於「自神其器」，以及驅逐遊蕩的鬼怪。〔註211〕為空間新創意義的手法大都比較老套，其根源都能追溯到原始宗教的階段，這是佛教本來反對的行為，因而其與本土巫術相合也有其必然性。

規劃營建的方案並填補建築的過程叫作場地化〔註212〕。這包括兩個階段，一個是對邊界的標註，這在前文神聖化場地的部分已經交待。另一個是房屋的建造，後者有時候會被稱為「凝固」。〔註213〕宋代寺院的建造過程可以從一些石刻文獻中察見端倪，如臨海縣東鄉廣福寺的《東瑞院記》：

【闕】出東南隅不遠百里，鄉曰於公，里名纂化，資瑞院在焉。面离背坎，主阜按溪霞【闕】於清世是宜蘭若，實號羅摩。唐元和六年歲次辛卯，沙門重濟矢謀大壯，僅庇風雨【闕】景德改元甲辰

〔註210〕　（清）周悅讓等纂《中國歷代石刻史料彙編·第三編：兩宋》，第 3 冊第 17 頁。

〔註211〕　張俊儒《釁與釁禮》，《道學研究》，2021（2）：63～73。

〔註212〕　Chris Barker, *Cultural Studies: Theory and Practice*, p.388.場地，文化研究將其定義為「意義生產在空間中的有界顯示。」那麼場地化就是「要求將開敞的意義空間賦予明確的邊界。」（見《相國寺——在唐宋帝國的神聖與世俗之間》，第 48 頁。）

〔註213〕　Manuel De Landa, *A Thousand Years of Nonlinear History*, Swerve Editions: New York, 2000.凝固並不是空間的固化，它「只是暫時的、相對的，其內共存互動的多重因素無時無刻不試圖打破此狀態」，以便「形成新的格局。」亦即，寺院的建築在修繕完成之後，還需要不斷地翻新擴建，以使與其羈縻的空間不停地被同化。（見《相國寺——在唐宋帝國的神聖與世俗之間》，第 48 頁。）

歲，其徒繼者乃營大廈為先崇釋尊殿焉。大中祥符九年，塑像設【闕】
庫鍾臺。甲戌，造浴室。乙亥，立懺堂。戊子，造僧堂三門，地藏、
羅漢各宅位矣。始元【闕】立舍七十間，用財百餘萬。尸者靡常，
年月浸闊，有徒子良奉興文鹽嗣而居【闕】受菩薩戒者郭文霸，同
出己財，仍勵鄉黨，宣力畢葺。汲汲於是，無間寒暑，備【闕】盲
也，聲金奏警迷蟄也。樵兒牧童，猶革視聽，況愷悌君子乎？一旦
落成，稽首【闕】以示來者。予曰：「汝曹施則施矣，勤則勤矣，所
志何哉？」對曰：「霸也。」愚懵小民，嘗【闕】詳，焉知所趣？但
慶為太平之民，發於衷誠所志者三：一偃風化戴【闕文】從佛囑也；
三奉家訓、嗣父道也。雖居塵濁，常讀大乘，仍期安養，作終歸【闕】
拜仁聆善導，予應曰：夫人者處三才之中，協五行之秀，異飛走、
遠夷狄【闕】知矣。毋惑所志不可弭忘。噫！天池印容，梵鑑詳業，
秋毫必狀□用不知【闕】節贊明備之運者，果如郭氏之用心，亦足
通物漸聖賢之化，何患餘慶弗【闕】〔註214〕

建築的先後順序象徵了佛教理想宇宙的生成過程，立下崇釋殿即宣告了一個
神聖界域的定位：信徒合力開始建造了一個地上神國。在這裏每一個人都會獲
得拯救的機會，尤其是建設的參與者，不但擁有優先的往生權力，並且後世這
裏所有如法的耕耘所獲的功德，他都將受到沾溉。刻意設計建築的排列及次序
目的只有一個，那就是讓拜訪的信徒感受到神聖的氛圍，以便吸引更多的人參
與到宗教事物中來。中國的典型寺院一般是南北走向的，興建之初可能會被標
記為正方形或者矩形，但隨着規模的擴大成為矩形結構是不可抗拒的。山門之
外有拾級而上的階梯，緊接著便會看到門廊中的守護神，他是一個勇武有力而
且有故事的神靈。進入山門之後「從南至北每隔一定距離就佈置一座殿堂」，
一般依次為「佛殿、講堂、方丈室」等，這些建築「前低後高，主次分明」，
中心為佛殿，「其它廊坊及一些樓閣、側殿紛紛圍繞其佈局」。〔註215〕五代及
宋初的寺院被禪宗思想影響，一般「不立佛殿，唯樹法堂」，〔註216〕當時禪宗
僧侶大都不禮佛，如「文遠侍者在佛殿禮拜次，師見以柱杖打一下，曰：『作

〔註214〕（清）黃瑞撰《中國歷代石刻史料彙編・第三編：兩宋・臺州金石錄》，第22
　　　　冊第193頁。
〔註215〕王海霞著《浙江禪宗寺院環境研究》，杭州：浙江工商大學出版社，2017年，
　　　　第91頁。
〔註216〕《宋高僧傳》上冊，第217頁。

甚麼？』者曰：『禮佛。』師曰：『用禮作甚麼？』者曰：『禮佛也是好事。』師曰：『好事不如無。』」〔註217〕這種法堂制度並未持續太久，佛殿就重新被恢復了。「下竺靈山教寺，……重修殿宇」，〔註218〕最遲在南宋佛殿又成為了寺院的中心。「其規模形製也日益宏偉壯麗」，〔註219〕如南宋所建崇先顯孝禪院「佛殿、雲堂，無不必備」。〔註220〕佛殿的規模一般較大，要比其它建築高出許多，宋代的徑山寺佛殿載為「長廊樓觀外接三門，門臨雙徑，駕五鳳樓九間」，〔註221〕天童寺佛殿則「為閣七間，高三層」。〔註222〕其它環繞的建築限於篇幅此處不再細表。若對宋代寺院佈局的詳細資料有興趣，可以參考南宋時來華日僧對江南禪寺所作的實測圖錄：《五山十剎圖》，此圖在日本輾轉抄寫形成了諸多不同的版本，如《大宋諸山圖》《大唐五山諸堂圖》《大宋名藍圖》等，其中天童寺的建築平面佈局記載比較完善，在附錄二中可資閱覽。

　　一個拜訪寺院的信徒至少具備了兩重身份：朝觀者和觀光客。因此在設計寺院的時候，設計者必須兼顧神聖感和旅遊的體驗，他們確實也是這樣做的。從攀登階梯的時候就開始了，寺院就呈現出神祕和美好的雙重特徵。向上陡峭的路一直到達山門，預示了接受佛教洗禮並獲得拯救的過程，這是一條孤獨而困難的道路。寺院採用了大氣磅礴的古典建築風格，以大殿為核心湊攏在一起，大殿的房脊是最高的地方，延伸的幾個角落也有高啄的簷牙，殿門的上方一般有楷書的題字。這種風光經常讓人想起皇城大殿的格局，事實上僧侶有意無意中確實模仿世俗權力中心的架構，讓普通人感覺到神聖除了神鬼顯聖之外，皇權也是一種非常有效的手段。此外有用來放生的栽種有蓮花的池水，有巍峨的塑像，木質的廊宇中雕刻了許多宗教題材的紋飾。進香的人會燃起青煙，佛堂中也經常會有梵唄傳來。這一切形成了一種表現的空間，這種空間既是想像中現實的投影，同時也是對教主訓誨的踐行。它在本質上試圖復現淨土世界，也就是宗教徒希望能在這一方娑婆世界中創造出一個極樂世界，從而讓所有服膺教義的人得到沾溉。因此塑造這些場景的目的是喚起觀眾的情感反

〔註217〕　《五燈會元》，第 206 頁。
〔註218〕　（宋）強至《咸淳臨安志・卷八十・寺觀六・下竺靈山教寺記》，《文津閣四庫全書》第一六六冊，北京：商務印書館，2005 年，第 746 頁。
〔註219〕　《浙江禪宗寺院環境研究》，第 92 頁。
〔註220〕　《松隱集・卷三十・崇先顯孝禪院記》，《嘉業堂叢書》本。
〔註221〕　馬廷鸞《碧梧玩芳集》，第 31 頁。
〔註222〕　馬廷鸞《碧梧玩芳集》，第 27 頁。

映，The viewer is also made aware of representational space, space as directly lived
（觀賞者也意識到這種表現性的空間，即為直接生活的空間）〔註223〕。觀眾
沿著朝聖之路，經過廟堂在峰林中往來，會遇到佛塔、祠堂，也會遇到寺田和
林園，他們既觀察到為解脫而作的努力，同時又看到活着的人為生存的掙扎，
以及去世者被條理的安放場景，他們的精神會經過洗禮，並最終認識到寺院是
一個拯救的機構，在塵世中提供了唯一解脫的可能。《中國社會中的宗教》對
此有更深刻的認識：「佛教以獨立的組織性寺院形式存在，更以放棄世俗生活
為信仰基礎。寺院制度代表著建立理想世界的努力，寺院是擁有權威、規範、
給養和社會生活的獨立體系。在普通人看來，皈依佛門的人雖然放棄了世俗生
活、離開了社會，但畢竟是擺脫了兵役和徭役的各種負擔。而就理想狀態而言，
整個世界的最終救贖是指寺院制度發展到容納所有的人類，完全取代世俗生
活包括政府。」〔註224〕宋雲門山僧守忠的碑銘記載了他發願興建廟宇以及蒇
功之後賓客輻輳的盛狀：

> 鎮海軍雲門山太雲寺王僧守忠，本貫沂州沂水縣顏溫保劉田社
> 胡家莊，俗姓霍。自大中祥符六祀夏四月初，父母聽許出家。遂□
> 斯地，聆惠一上人，禮行清廉，性宗嚴潔，山門東志，□頂安禪，
> 經業精研，性情勤肅。守忠方禮為師，頭陁苦行，跣足數年，歷盡
> 艱辛，曾無疲倦。至天禧五年，幸遇真宗皇帝聖恩，特降普度□頭
> 為僧，當年便授具戒。既蒙披剃，大發願心，□□□□，化導諸方。
> 葺修院宇，興建□堂，雕鐫成畫栱雲楣，特蓋房廊；刻鏤出飛仙鳳
> 翼，亭臺闘起，洞戶相鮮，裝嚴數座金容，修塑一堂羅漢。丹青煥
> 赫，粉繪圓朗，欄檻開四季之花，庭際植千年之竹。一城官吏，閑
> 乘鼓吹而遊；滿郡檀那，時逞威儀而至。輪蹄輻輳，士女◇闐，聚
> 會登臨，競齋香供。斗羅幡蓋，寶帳花幢，蠟炬香燈，異花珍菓。
> 三元點照，六時焚修。鑿山為門，計度約七八千功；穿石作井，費
> 用盡百十万金。出自十方，爰因眾力，此皆裏誠有信，以實立功，
> 更無緣飾之詞，宜書時以自紀謝。……或齋主供養諸佛、菩薩、羅
> 漢，龍華三會結緣，願多生受衣受食人天快樂。或會眾供養諸佛□

〔註223〕Michael J. Walsh, *Sacred Economies: Buddhist Monasticism and Territoriality in Medieval China*, P.36.
〔註224〕《中國社會中的宗教》，第123頁。

> 　　□□漢，或施衣施食施別財寶，多生足衣足食，龍華三會結緣。或
> 施燈或施香，為將來護眼明智惠。或施供米，或施供麥，或施別財
> 寶、疋帛，齋僧一萬三百有餘，□酬願□僧報佛恩、報法恩、報國
> 主恩、報施口恩，願天下太平、風雨順時，一切人安。〔註225〕

當信徒被繁盛的寺院景象吸引而至的時候，他沐浴在一種文化的氛圍中，他可能會被精誠的偉力所感動，亦或者乾脆設想這是聖靈意志的體現。總之，他的宗教能力會得到提升，因而做出委身或者捐獻的行為也是可以想見的。被寺院包裹容納的人會被宗教的氛圍所同化，救贖的理想變成了尋求解脫的實踐，他們很容易成為佛教的信徒。

　　這種解脫的機會並不僅面向知識能力低下的白丁，同時也面向具有較高修養的士大夫階層。佞佛的士大夫經歷空間洗禮會被寺院營造的幽靜的氛圍所打動，對佛教好感缺缺的人有時候也會表現出對這份幽靜環境的神往，這在道學大彰的宋代表現的尤為明顯。出塵脫俗的環境能讓思慮旺盛的人暫時擺脫塵世的困擾，這一功能的達成需要「蘭若」作為文化符號的意義配合。佛教不斷的告誡人們的基本教條是世界的無常，也就是所有的奮鬥和努力都是稍縱即逝的。因此當一個有文化的士大夫置身在靜謐的寺院環境中時，會被自然而然的喚起平靜和超拔的觀念，這種息機狀態能提供一種精神的享受。名人士夫對寺院的造訪是一種雙贏的局面，他們獲得了精神的愉悅的同時，會寫下讚頌的詩篇，僧侶藉此加以宣傳能提高寺院的名聲，從而吸引更多的遊客。如陸游的《題寺壁》：「庵居渾似罷參僧，除卻癡憨百不能。意倦有時憑曲幾，興來隨處曳枯藤。雲山直去寧須伴，蘚磴高攀不計層。聞道鼃鳴天欲雨，松門小住看雲興。」〔註226〕

第四節　結論

　　宋代佛教的世俗化刺激了寺院經濟的發展，同時經濟的進一步發展又加深了其世俗化的進程。此二者互相砥礪影響導致神聖經濟體系及寺院形態發生了一系列深刻的變化，這些變化背後的主要因素是作為生產者的神職人員群體，也就是僧侶。他們為了解決五代滅佛引起的宗教凋敝問題，採用了組合

〔註225〕　（清）段松苓撰《中國歷代石刻史料彙編‧第三編：兩宋》，第7～12頁。
〔註226〕　陸游著，錢仲聯校注《劍南詩稿校注》，杭州：浙江教育出版社，2011年，
　　　　　第431頁。

措施來提振寺院，這些策略的核心是對業力說的改造和開發。僧團從業力系統中抽象出了具有商品屬性的「功德」，並將其作為一種可以交換的商品。它由慷慨的布施行為產生，並能夠作為支付未來世好運的憑證，這一理念支撐了宋代大規模的營施活動。為了擴大這一觀念在宋代世俗社會中的影響，僧侶採取了許多措施，比如以讖言的形式來加強政府的合法性、宣傳善德內容的靈驗記、強化教團的功利性面向等。以功德為中心營造的寺院經濟體系，要進一步顯現效用，就必須擴大信徒群體的規模。宋代的僧團領袖主要通過不斷調節世俗與教團之間的張力品位來吸引更多的信眾，當張力品位高時，信眾的規模可能萎縮，然其委身程度增高，營施的能力也增強。反之，當張力品位低時，信徒群體擴大委身程度降低，營施能力也隨之變低。這兩個相反相成的因素處在一個合適的狀態時，僧侶經濟會得到較快速的提升。此外，宋僧還採取了一些配套的措施，諸如修繕寺院時提供更多的神聖體驗、宣傳異僧的事跡等。總之，宋代的僧侶經濟進一步發展，使得寺院與世俗社會的聯繫變得更緊密，這既保證了佛教在後來一段時間的發展，同時又使得其喪失了精英宗教的特質。因而，這種神聖經濟的勃興，既造就了教團的繁榮，同時也為後來的沒落埋下了根基，是一把十足的雙刃劍。

第二章　宋代寺院制度和權力分配方式的變化：對世俗的象喻與模仿

　　僧侶和他所在的機構都不是獨立的實體，而是整個社會關係網的一部分，在任何朝代都是如此，宋代當然也不例外。這兩者都有超越性的特質，實際的運作卻是在物質層面，物質活動產生了生產行為和消費空間。生產和消費的行為會跨越寺院的高墙，從而與更廣闊的現實發生交互，新的意義便由此產生。討論僧侶的社會關係，以及由此派生的地位和影響力問題，對反映他們的整體風貌或是一種有益的嘗試。這些因素受到地域以及時代特質的影響，因此不斷有相應於其時的宗教議題出現。當然在做這種衡量的同時也必須考慮僧尼個人的人格特質帶來的影響。具體到宋代來說，宗教議題包含了禪淨合流、十方改甲乙，暨由此而產生的佛教世俗化的加深等。欲充分認識促成這些變化的社會根源，從個體僧侶的具體分析推廣到全體的歸納總結，可能是一種較為穩妥的方法。有一種看法認為僧侶並不是嚴格意義上的個人，而是整個群體的社會代言人，這個群體試圖按照佛法的指引來生活，因此研究每一個僧侶就意味著研究一批僧侶。這對我們的討論具有指導性的意義，具體來說需要考察的內容包括他們的社會關係的構成、身份成立的方法、教團的構成策略等。這種方法可能會受到非議，在所有表示「僧侶」身份的詞語中，幾乎找不到一個來描述他勞動者身份的詞彙，研究者為了洵俗，總是有意無意的將目光聚集在他們身份中超越的層面上。作為佛法的社會代理人，他們被假定為完美復刻了創始人的品德，這是一種冒險的想法，當然也是不確鑿的，它完美掩蓋了教派發展可能遇到的真正問題。因此研究僧侶的勞動身份，並將寺院機構作為社會關係網

的一部分予以解釋十分必要。這種必要性不但體現在宗教問題上，也關係到了社會的歷史構成。畢竟僧伽的社會意義遠遠超過了他們表面的身份，是廣闊社會現實的一部分。為達成研究之目的，本章計劃分三個方面開展：宋代寺院的構成、師徒關係以及權力的貫徹，這三方面有互相關聯之處，既作為認識宋代僧侶群體特質的一個窗口，同時又為寺院神聖空間的生成提供可能的研究基礎。

第一節　宋代的寺院制度：帝國結構的隱喻

　　佛教寺院與古代朝廷之間的關係可分為兩個層次討論，一方面寺院一直在極力推動其內蘊價值的普遍化，以便形成自治的可能，並因此獲得特殊的經濟、政治和社會的地位，其手段主要是僧侶的傳法。另一方面，帝國的政府要求境內的所有臣民都必須服從其絕對的權威，並且嚴格控制儒家之外的意識形態，這兩者之間的緊張關係因此不可避免。雖然寺院曾努力維護自己的獨立地位，並抵抗政權的束縛，但在與帝國長久的博弈中始終處於下風。到了宋代，其特殊權力喪失了大半，僅保留了稅收、征兵以及勞役的有限豁免，這些保留權力大都與寺院的經濟有關。而喪失掉的部分比如僧侶身份的賜予、自由旅行以及傳教等，則與教派的文化以及自治能力相關。面對這樣的困境，僧侶採取了一系列的手段來鞏固他們在帝國中的地位。其中較為關鍵的一項就是整合寺院的力量，這是通過調整寺院的組織架構來實現的。如此做的好處是多方面的，如降低非法教派發生的風險、增加博弈的籌碼以及提高寺院的運作效率，尤其是後者，對宋代寺院經濟的提振有至關重要的影響。當然代價並不是沒有，疊床架屋的機構進一步增加了教派尤其是禪宗的形式化，這與其創立的初衷是違背的。早期的祖師希望能尋找到一種自由的解脫之路，到了宋代一般認為禪的黃金時期已經結束。這個時候教派進入了被保守主義統轄的階段，他們反復的編纂前人的語錄，細化冥想的程序，改革寺院的架構，這一切可以被看作是成熟期的整理，同樣也可以被當成創造力枯竭後的掙扎，表現出一種智力和精神上的短缺，亦即教義的貧乏。既有此正反兩方面之作用，則分析說明其架構之變遷情況，明了其中根源就顯得殊為必要。

一、文獻中所見寺院組織方式的變化

　　宋代寺院組織方式的變化經常被研究者提及的有兩種：甲乙改十方及革

律為禪。這是由政府主導的大方向的變動，反映出宗派力量的消長變化。有關
這類管理體制的宏觀改變和宗派屬性的變化，已經有許多學者作了較充分的
研究。宋初採用甲乙制組織方式的寺院佔了整體的大半，到了仁宗時期甲乙與
十方的對比仍然很懸殊，余靖在《韶州南華寺慈濟大師壽塔銘》中言及：「天
下伽藍，以夏臘繼承，自相統率者，蓋萬數焉。（由）郡縣之令，選於州鄉以
領其徒者，且千數。」〔註1〕甲乙制的本質是師徒授受的子孫廟形式，雖然它
代表了一定的獨立性，但對於寺廟來說卻有很多弊端。宋人李覯在《太平興國
禪院十方住持記》中批評道：「末俗多敝，護其法者有非其人，或以往時叢林
私於院之子弟，閉門治產，誦經求利，堂虛不登，食以自飽，則一方之民失所
信向矣。」〔註2〕甲乙是家族式的，古典的家長制很容易被引進來，而可能導
致上層僧侶的專制與腐化，有形成嚴格等級制的風險。同時寺院內部存在許多
分支，他們互相之間的對抗會對僧團的權威性和神聖性構成極大威脅，長此以
往會形成一種法嗣關係為基礎的封建家庭制的形式。因此，這種改制的迫切性
不但來自國家，也來自教團的內部。面對「通人高士疾之茲舊，而未克以澄清」
的狀況，北宋政府下詔「凡禪居為子弟前旅有者，與終其身，後當擇人以主之。
意將補罅漏，鋤榛蕪，使宗門愈高大。則建昌軍太平興國禪院復十方住持者，
奉此制也」。太平興國禪院在改革前後，氣象有了巨大的變化，變革以前是「道
喪不傳，而其徒以僥倖居之，垂四紀矣。凡鄉之學釋者，雖知有真乘法印，當
迷而疑，何所扣決」，而此後則是「升堂之日，會者萬計。師據床安坐，有問
斯答，如鐘之鳴，如谷之響。重昏宿蒙，冰解雪釋，歡喜讚歎，洶動街陌。論
者謂國朝嚴佛事，俾擇知識表於禪林。太平，郡之福地也。」〔註3〕這種變化
在當時可能具有典型性，故而大多數甲乙制的寺院在上代住持圓寂之後都改
成了十方制，此舉措被以法令的形式固定了下來〔註4〕。就政府方面而言，十
方制能增強其對教團的控制能力；而對僧團來說，它給賢者提供了一定的機
會，因此其進步性是不言而喻的。可惜後續貫徹十方制的時候，出現了一些舞

〔註1〕　（宋）余靖《五溪集》卷九，頁85上。
〔註2〕　（宋）李覯《旴江集》卷二四，頁204上。
〔註3〕　《全宋文》第42冊，第628頁。
〔註4〕　（宋）謝深甫等編，戴建國點校《慶元條法事類》，哈爾濱：黑龍江人民出版
　　　　社，2002年，頁704。同書卷五十記錄了揀選的方案：「諸十方寺觀住持僧
　　　　闕，州委僧道正司，集十方寺觀主首，選舉有年行學業、眾所推服僧道，次
　　　　第保明申州，州審察定差。無，即官選他處為眾所推服人，非顯有罪犯，不
　　　　得替易。」

弊和請託的問題，如「實封」「助軍」之類的賄選一度十分猖獗，這又是意料之外的情況。在一些較極端的狀況下也有將十方制改回甲乙制的情形。革律為禪的相關記載亦較多，如《淳熙三山志》卷三十四：「淨安院，安德里，古曰祇洹寺，梁大通六年置，唐咸通間始改今額，皇朝大中祥符六年改律為禪。」〔註5〕又《補陀洛迦山傳》：「紹興元年辛亥，真歇禪師清了自長蘆南遊，浮海至此，結菴山椒，扁（匾）曰海岸孤絕禪林，英秀多依之。郡請於朝，易律為禪。」〔註6〕革律為禪即將律寺變更為禪寺，這是宗派屬性的一種變化。〔註7〕十方制寺院在宋代中後期漸漸成為主流，下文要探討的寺院架構問題，若不作特殊之說明均以十方制為基礎。

　　寺院體制從「晉唐到兩宋」，發生過「兩次較大變化」，分別是「唐代的三綱制度到北宋的寺—院二級制度」，再演化到南宋「住持制度」，也即宋代是佛教「制度文化發生較大變動的時期」，尤其是「兩宋情況多有不同」。〔註8〕大致來看，宋代確立了住持制度的判斷應該是正確的，故論斷此一時期為寺院制度較大變動的時期也基本可靠。贊寧在《大宋僧史略》中言：「詳其寺主，起乎東漢白馬（寺）也，寺既爰處，人必主之，於時雖無寺主之名，而有知事之者。至東晉以來，此職方盛。」〔註9〕寺主是三綱之一，是國家設置的基層僧侶管理者，有時候也被稱為法主或者宗主。隨着時間推移，到了隋代三綱制度漸漸確立，上座和維那也出現在了寺院管理層中。此時禪宗未興，佛教各派與國家的關係較為緊密，三綱是由國家統一任命的，寺院在一定程度上具有某種國家機構的色彩。三綱統轄的具體事務比較明確，上座為首腦，寺主從旁輔助，具體的實施操作則由維那進行。此外他們每人又具體擔任了一方面的工作，如上座司有講法及規範戒律的職責，寺主則負責與官方的交涉等。在長久的日常應用中，寺院方面也設立了一些更具體的職務，比如典座、知事，直歲等，隨其名稱而各有所司。三綱制度是叢林兩序體系的先聲，為僧侶的

〔註5〕（宋）梁克家，《淳熙三山志》卷34，頁502上。

〔註6〕（元）盛熙明，《補陀洛迦山傳》，《大正藏》冊51頁1137下欄。

〔註7〕也有人不同意這種看法，認為革律為禪乃住持制度的更張，如 Morten Schlütter, "Vinaya Monasteries, Public Abbacies, and State Control of Buddhism under the Song (960-1279)," pp. 153-154。或許此語在部分寺院的變更中蘊含了這一層含義，但是很難據此判斷所有的情形都是如此，基本上宗派的變化還是主流。

〔註8〕王仲堯著《南宋佛教制度文化研究上》，北京：商務印書館，2012年，第156頁。

〔註9〕《大正藏》，第54冊第244頁下欄。

修行提供了穩定的保障，同時也維護了僧團的紀律，為提供合乎儀範的僧人形象提供了可能。寺內自決職務的漸次出現，表現出教派內部規範和世俗權力的互動。這一進程中佛教原教旨主義的苗頭一直存在，一部分僧侶仍然試圖從行政體系中開掘出教派自治的可能。同時多崗位系統的出現也是分化政府控制力的一種對策，這一趨勢的最終發展成了禪宗初期山居穴處的「自治」體系。

二、北宋的寺院制度革新

北宋的寺院體制為一過度階段的看法由王仲堯最先提出，他提供的例證來源於兗州興隆塔地宮發現碑文的校讀〔註10〕。從三綱到住持制度之間有一個過渡的時期，王仲堯認為過渡時期的主要制度是寺—院二級制。此過渡時期並不完全發生在北宋，個中情形較為複雜。王氏在書中指出了唐代零星分佈的帶有屬院的寺院，如成都大聖慈寺的情形，「上皇（玄宗）駐蹕成都，內侍高力士奏：「城南市有僧英幹，於廣衢施粥，以救貧餒，願國運再清，克復疆土；欲於府東立寺，為國崇福。」上皇說（悅），御書大聖慈寺額，賜田一千畝，敕新羅全（金）禪師為立規制，凡九十六院，八千五百區。」〔註11〕大聖慈寺屬院達到了96個，范成大任四川制置使時曾記有《成都古寺名筆記》，其中提到該寺的院名計有「鮮于院、百部院、千部院、白馬院、承天院、如意輪正覺院（如意輪院）、文殊閣院、西大悲院、大將院、保福院、石像院、慧日院、吉安院、壽寧院、華嚴院、西林院、揭諦院、寶勝院、彌勒院、錦津院、東律院、愣嚴院、起悟院」等二十個。〔註12〕亦即唐代已經有了兩層制的寺院組織體系，且形式似乎也比較成熟。南宋住持制度確立以後，這種二重結構系統仍然在被一些寺院採用，不過其分院並不局限在同一個空間之內，而是以結構的統轄取代了地理的統轄，有點類似後世下院的制度。下院可能遠離本寺，但在關係上的從屬是不容置疑的。因此北宋之前和之後都有寺—院二級制度的形式存在。北宋時是否這樣的二級制特別盛行呢？似乎也不能找到統計學上的證據，《宋會要輯稿》載：「（大中祥符）七年十月詔，兗州延壽寺十九院之中，今後於逐院內從上名輪係帳行者人，專切看管所貯御書經閣，候一年別無遺

〔註10〕　《南宋佛教制度文化研究》，第169頁。

〔註11〕　（宋）釋志磐《佛祖統紀》，《大正藏》冊49，第376頁上。

〔註12〕　（宋）范成大《成都古寺名記》，見龍顯昭主編《巴蜀佛教碑文集成》，成都：巴蜀書社，2004年，第192頁。

關，特予剃度。」〔註13〕延壽寺的十九個院都位於同一伽藍之中，每院規模不能詳考。味其文意大致可以斷定延壽寺為十方制，那麼這樣的二級院制度是否與甲乙改十方的變化有關呢？

甲乙制一般被描述為「有屋數間，簷廡相接，各具庖爨」〔註14〕，即其內部各分支具有獨立的空間，經濟也互相分立。這一點容易使各院自殖而成為尾大不掉的子系統。子系統一般都具有經濟處置的權力，且對繼承人也有自決的能力。因此，甲乙制的寺院中常存在獨立的分院系統。寺院改成十方制之後，內部的子系統由於行政權力難以觸及等因素，故而其仍然具有一定的獨立性。一般十方制寺院會仿照分院的模式來處理師徒子院，將類似「諸侯」的子系統係名為不同的分院，使其較長時間內保留權力，這能最大程度維持整個寺院的穩定性。之所以說甲乙制寺院，以及甲乙轉十方時容易導致分院的出現，並非完全出於推測，是有資料可以印證的。《寶慶四明志》卷十一：「太平興國寺，鄞縣西南一里半。在唐為太平興慶寺，開元二十八年建，皇朝太平興國八年改賜今額。寺有子院三，曰浴院，曰經藏院，曰教院。惟浴院為十方山主，餘皆甲乙住持。」〔註15〕即十方制中存有獨立的甲乙院，實際上僅是一個下院改為十方制，這種情況其住持人選可能還是來自於以前的師徒系統中，本質上是甲乙制的重複。又如元人傅若金《新淦州建興寺施田碑》中記載：「建興寺者，肇唐武宗中，始其徒盛大，支為院十有四，環列左右，代遷時移，今所存者獨六院，而院各有田以飯其眾，歲久稍增益之；獨寺正殿為公堂，故有田百六十畝有奇，歲入租八十有四石，以資董視營造之費者，前是未有所增焉。」〔註16〕建興寺已經改為了十方制，但子院與甲乙時期一樣也有經濟的自主權，這很明顯是改制時期留下的遺患，勢力較大的甲乙師徒保留了充分的權力，從而變成了一個子院系統。寺—院二級制度在北宋時期的增多，很大程度上與甲乙改十方的潮流有關。因而，北宋較長一段時間內的寺院制度是比較複雜的，二級制度中既有甲乙與十方的對立，又有互相交融的部分，即十方寺院中又含有

〔註13〕（清）徐松輯：《宋會要輯稿·道釋》第 8 冊，北京：中華書局，1957 年，頁 7879 上下。

〔註14〕（宋）周煇《清波別志》卷中，《景印文淵閣四庫全書》第 1039 冊，臺北：臺灣商務印書館，1984 年，第 105 頁。

〔註15〕浙江省地方志編纂委員會編《宋元浙江方志集成》，第七冊，杭州：杭州出版社，2009 年，第 3335 頁。

〔註16〕（元）傅若金：《傅與礪文集》卷三《新州建興寺施田碑》，見《景印文淵本四庫全書》第 1213 冊，臺北：臺灣商務印書館 1984 年影印，頁 312 上。

師徒系統的分院。這種制度下的寺院呈現什麼樣的態勢呢？

寺－院二級體制為宋代僧團管理帶來便捷的同時，也引起了一定程度的淆亂。這種現象的造成既有前代遺留的歷史問題，也與當時的宗教政策有關。蓋甲乙和十方的轉變並不僅僅是住持選拔制度的更換，還牽涉到了僧團結構、住食習慣等。單純依靠選拔賢能領袖，明顯不足以解決甲乙面臨的各種問題。陳舜俞在《福嚴禪院記》中寫道：「佛無二道，末有禪律，道異徒別，而居亦判矣。崇扉閣然，鐘倡鼓和，圓頂大袖，途人如歸，環食劍處，不問疏親者，謂之十方。人闔一戶，室居而家食，更相為子弟者，謂之甲乙。甲乙非道之當也。……祥符始年改賜今額。歷年雖多，有徒居之。獨廩宇自皇祐庚寅歲，主者志洪率其屬僧願為十方，縣為之告於郡，郡謹用朝廷之法，即許之。其年七月縣令命僧處成主之。成未幾棄去，而縣亦新令尹矣。又擇主曰繼式。成、式禪者而皆出於十方，居中論議招納皆不戾公道，而其徒歸之人，睨其道之勝，而徒之歸如是而眾，亦向鐘鼓而食，斧斤而居，求於人皆樂然與之惟恐不及。予居嘉興，小舟及其門不遠二舍，嘗遊於院之甲乙時，若像而殿，若聚而堂，苔沿甃隙，圮阤不支。後三年遊於式之時，前之草萊則蘭若矣，前之瓦礫則金碧矣。」〔註17〕陳氏記錄了甲乙、十方兩種制度下的寺院狀況，意在突出十方制度的先進性。甲乙制被描述為割裂、混亂和傾圮的狀態，十方制則能夠提振寺院。雖然陳的看法有其片面性，但是對兩種制度下寺院狀態的描述卻是可信的。前面已經提到寺－院二級制度在北宋呈現一種雜糅的狀態，則當時的寺院空間除了「環食劍處」「人閤一戶」這兩種情形之外，應當還有一種綜合的情形，那就是寺院層面已經採用了十方選賢的方式，而各分院卻表現出室居而家食的狀態。亦即同一空間內部「院」這一層面仍然是蟻藏蜂聚的形式，甚或其內部具有一定的田產的話，應當具有相當的獨立性。這降低了僧團的凝聚力，並阻礙僧團領袖權力的貫徹，使得總體競爭力下降。因此，甲乙改十方要處理的首尾工作較多，尤其是破除舊的僧團習俗，建立新的嚴正的規範。處理這些後續就是逐步建立完善的住持制度的過程。宋人李石在《隆州重修超覺禪寺記》中記錄了處理首尾的過程：

> 先是州有超覺僧舍，凡歷三太守而院事甫集：始也樊侯汝霖建雲章閣，以奉安光堯太上皇帝御書其中也；何侯耆仲請改律為禪，以稱宸奎所藏；至是，史侯松老又大治棟宇，因舊增新，於以全十方

氣象，曰：「佛事如是，足以望此州矣。」……而士民乃相與倡言曰：
「是有三難：地以險自障而難於取平，僧以私自營而難於聚食，院以
貧自畏而難於致象，此沿革禪律之是非分矣。」侯曰：「是有甚易者：
地則高下為基而平之，僧則立規矩、嚴師而振之，食則括隱剩田以
給之。」〔註18〕

「全十方氣象」之後寺院仍然面臨著「自營難以聚食」的麻煩，因此才有住持
僧立新規矩的作法。這裡的「立規矩」「嚴師而振之」，既是處理寺院管理制度
轉變中留下的麻煩，同時也是確立僧侶領袖權威，並推行科層的管理制度的開
始，其意義不可謂不大。徹底推翻舊制並全面重組的過程，在寺院層次上是
「將原來分散的若干建築通過撤舊建新、功能重置等方式構成一個有機的整
體」，對於單體的建築來說「則是將內部的空間進行分割再分配」〔註19〕。類
似的記載較多，如李正民在《法喜寺十方記》中言及：「紹興九年春，秀州海
鹽縣始以法喜舊寺革為禪林。掃螻蟻之封疆，蕩狐兔之窟穴，剖剔藩籬，徹除
蔀屋，開戶牖，正堂奧，變昏暗以為虛明，廓狹隘以為廣大。三門洞啟於前，
正殿磅礴其後。凡僧堂、丈室、鐘樓、經藏、庫廚、舍寮，為屋一百五十楹，
皆因其故而鼎新之。」〔註20〕林立的分院系統被沙汰之後，一種更具權威性的
寺院組織制度確立起來，這就是風行禪林的住持制，後來的寺院管理基本上都
是因循這種體制。

　　住持制推廣前的很長一段時期內，已經有一個類似的體制被一些較小的
民間禪林採用。所以會如此乃因民間寺院受到國家政策的影響不大，同時體
量小較易集中權力，這有助於按照僧首的意志來實行管理。當需要一種可以
迅速自上而下貫徹權力的制度的時候，很明顯官方推廣的二級制並不符合要
求。一些比較有魄力的僧侶就摸索出了因名繫職等級謹嚴的新體制。這種體
制有家庭組織方式的影子，其關鍵點有兩條，一成員數量不能太多，冗員過
多職位很難繫聯到個人。二內部成員純粹經由相互之間的感情及領袖的魅力
結合，這與古典的家庭制度有內在的相似性。從根本上看，一個制度的誕生
是因為某種既定事實的策動，禪林在踐行百丈清規時察覺到了設立具體職位
的需要，唯有如此，才能更有續的組織修行的生活，並且提高寺院的運行效

〔註18〕（宋）李石著《方舟集》卷十一，655頁上。
〔註19〕國威《宋代寺院的制度改革和空間重組》，《中華佛學研究》第十九期，第1～
　　　　22頁，新北：中華佛學研究所。
〔註20〕（元）徐碩《至元嘉禾志》卷二十三，第196頁。

率，以保證在同儕的競爭中取得先機。當這一制度的雛形確立之後，隨着寺院的體量變大其結構日趨複雜，同時職位系統也慢慢變得複雜起來，最終形成了住持制的前身。所以名其為前身，此時「住持」只有在很少的情況下才會被理解成寺主，更多的時候它是一個帶有榮譽色彩的虛銜。契嵩曰：「謂住持者，何謂也？住持也者，謂藉人持其法，使之永住而不泯也。」〔註21〕則住持意為住而持其正法，也就是所有傳揚法統的人都可以被冠此名，這是一種精神的領袖，其名稱內少有權力色彩混雜。住持制由雛形到最終形成推動了其詞意的完善過程，一個關鍵節點就是「禪住持」這一名號的出現。此名號不但完成了由名譽向權力義的跨越，同時明確了其蘊含的職責。這一職責的內涵天然的具有等級性，脫離了清規所宣揚的平等理念，標誌着禪宗寺院體制大轉變的開始。

　　「禪住持」較精確地釋義可以在道誠的《釋氏要覽》中找到：「（此規式）自洪州百丈山大智禪師懷海創置也。略云，以禪宗自少室至曹溪已來多居律寺，雖住別院，然於說法住持，未有規度，常爾介懷。博約折中，設於制範，務其儀也。遂創意別立禪居，凡具道眼有可尊之德者，命為長老。既為化主，即處於方丈，同淨名之室，非私寢也。院不立佛殿，惟樹法堂，表佛祖所囑受當代為尊也。」接著他具體說明了人事分配情況：「合院大眾，朝參夕聚，長老升堂，主事徒眾，雁立側聆。賓主問訓，激揚宗要，表依法而住也，齋粥二時均遍，務於節儉，表法食雙運也，行普請法，上下均力也，置十務謂之寮舍，每一寮用首領一人，令各司其局也。」〔註22〕「禪住持」制度中具有領袖色彩的「長老」之下，分設了四個主事協助處理具體工作。道誠認為這一制度相較當時的體制有四種好處：「一不污清眾，生恭信故；二不毀僧形，循佛制故；三不擾公門，省獄訟故；四不洩於外，護宗綱故。」〔註23〕除了他列舉的四種好處之外，這一制度還有一些特別之處對寺院組織方式產生了深遠影響。禪住持制度突破了百丈訂立的機械的平等制，平等是一種良好的道德律令，然而當機械的維持平等制的時候，可能會對團體的效率構成負面的影響。百丈的農禪體系中，所有人都是僧團中的一份子，大家同喫同住被統轄在禪僧這一集合詞語之下，個人在這個時候是被忽略的。此制度在叢林草創之初有很好的正面作

<hr>

〔註21〕（宋）契嵩著，林仲湘、邱小毛校注《鐔津文集校注》，成都：巴蜀書社，2014年，第41頁。
〔註22〕道誠《釋氏要覽》卷三《住持·禪住持》，《大正藏》冊54，第301頁中～下。
〔註23〕道誠《釋氏要覽》卷三《住持·禪住持》，《大正藏》冊54，第302頁中。

用，平等的口號能吸引流離失所的民眾，這可以從歷代的叛亂中清晰的觀察到。隨著人數規模的擴大其弊端也會變得非常明顯。機械平等制效率低下，缺乏領導者，沒有明確責任的劃分，內部成員互相角力，容易滋生推諉的習氣。這大大影響了僧團的發展，導致其在教派內外的競爭力都不足。因而，禪住持制度的產生是叢林內部發展的要求，它可以提高僧團的行政效率，最大限度的發揮個人的潛力，以營造更適合教派發展的環境。若一味的維持農禪制度，很難想像禪宗能在宋代大放異彩。「住持」作為僧團領袖的意義被漸次確立，可惜因為材料的限制很難釐清此時長老及執事僧的選舉方式。如果僅憑僧臘的話，就又掉入了另一個陷阱，這與住持制的賢者當政的理念相左。禪主持制度雖然較前者更先進，但還有許多有待完善的地方，比如成員之間的維繫仍然依靠僧首的個人魅力，且更換和選舉方式並不清晰，因而，只能界定「禪住持」為一過渡性的體制。住持作為寺院領袖的意義被確立之後，一種新管理體制的到來似乎已經是不可避免的了。

有學者認為住持制度的確立，有三個特定的內涵需要同時成立，一是「住持成為寺主的正式名稱」，是「一個寺院生存和弘法的主要責任人」；二是「以住持為首、兩序分責的叢林體制形成並體系化」，「寺院體制的調整是為了適應住持制管理的需要」；三是「執行住持公舉選任制」，住持必須通過「期集公舉」的程序產生，並「通過差額公選，再由行政確認」。〔註24〕除了第三方面有待商榷之外，另外兩個判斷基本上是成立的。十方制領袖的產生有其自身機制，不僅決定於寺院，更要被行政管理機構左右。地方官員在此事上的話語權似乎更大，故而公舉選任的制度只能被看作是行政手續的補充，並不具備決定性的意義。因此，以其為住持制成立的條件顯得不夠充分。住持制不僅標誌了寺院領袖制度的成熟，同時為僧團的管理引入了效率更高的科層體系，這對他們發展宗教經濟提高競爭力等方面都具有顯著的意義。同時，這種制度是對帝國權力架構的象喻，它將僧侶由修行者的身份引向了一種更複雜的維度。從處理雜務的角度來說，他是一個機構職員，履行着高度世俗化的責任。同時從宗教的方面來看，他又以解脫為終極目標，需要不斷的培植其神聖的性格。隨着機構的體量不斷變大，他追求解脫的目標在不斷被弱化，同時作為職員的身份被強調出來。因此主持制度創立的初衷是為了營造良好的環境，以為僧眾解脫提供可能，然而在實現這一目標時更多的僧侶被困在了俗務的經營上，很難有時間

〔註24〕王仲堯《南宋佛教制度文化研究》，北京：商務印書館，2012年，第194頁。

和精力追求神聖的目標。因此，這一制度從根本上說加強的是教派的世俗性，這樣的結果具體是怎麼造成的呢？

　　上文已經說明了「住持」二字語義的發展過程，北宋初其表「寺主」的意思並沒有比前代更加清晰，寺院的領袖此時經常被稱為「法主」「院主」「寺主」「管勾院事僧」等。若是「住持」仍然代表了對經典的解釋權力，那麼此時的寺院體制中就存在明暗兩套系統，管勾院事僧序列司職處理雜物、俗事，以及維持寺院正常秩序。而弘法傳道的高僧大德則由「住持」這類稱呼來表達，它代表了寺院追求知識、踐行佛陀教誨的層次。這種分立可能會引起司職的衝突，俗務處理的權力僧不具有對佛法的解釋能力，因此他的管理權會被一定程度的削弱。同樣，德高望重的學問僧也會受到類似的限制，這是一種失衡的狀態。在推進「住持」制度建立的過程中，朝廷曾經出臺過一些措施統一寺院內部的稱呼，如徽宗宣和三年曾敕令：「政和三年六月，御筆天下，道士不得稱宮主、觀主，並改作『知宮觀事』，女冠准此。僧尼不得稱寺主、院主、庵主、供養主之類，並改院主作『管幹院事』，副作『同』，供養主作『知事』，庵主作『住持』，餘皆依此改定。」〔註25〕這個政令可能是為了禁稱「主」這個犯諱的字眼，但在客觀上也推進了寺院制度的齊整化。趙彥衛的《雲麓漫鈔》中另有一條記載敘述有關的首尾：「漢明帝夢金人，而摩騰竺法始以白馬陀經入中國，明帝處之鴻臚寺。後造白馬寺居之，取鴻臚寺之義。隋曰道場，唐曰寺，本朝則大曰寺，次曰院。在法寺有寺主，郡有僧首，總稱主首。而宣和三年禁稱主字，改曰管勾院門、同管勾院門事，供養主作知事，庵主作住持。至建炎初，避御名，並改曰住持。」〔註26〕因此，住持被最終定名還是行政手段干預的結果。這一法令的根據應該是宋代規模較小的叢林制度實踐，亦即上文提及的禪住持的制度。「住持」一語不再單純的表示弘法宣教，而是兼攝了寺院乃至僧團領袖的意思，則不僅意味著北宋及其前代伽藍中並行的世俗和神聖分立的權力秩序逐步瓦解，同時也宣告了一種新的管理體制的誕生。「住持」自此就成為一種通行的稱謂，當然長老、堂頭這些叫法也並未被廢除，在不太正式的場合仍然存在。

　　伴隨「住持」義的完善，兩序分責的管理體制逐步建立了起來，這可以看

〔註25〕（宋）吳曾：《能改齋漫錄》卷一三《御筆宮觀寺院不得稱主條》，見《影印文淵閣本四庫全書》第 850 冊，第 754 頁上。

〔註26〕（宋）趙彥衛《雲麓漫鈔》，上海：古典文學出版社，1957 年，第 92 頁。

作宋代寺院體制的成熟化。為配合這種體制,一種管理制度也慢慢的被確立起來,這就是敕修的清規。叢林的清規可以追溯到早期的農禪時代,當時的狀況是人員不多且山居穴處。這種狀況下勞動力嚴重匱乏,大多數僧侶都是由流民兼任。他們缺乏基本生活資料,且此時禪宗地位不高,能獲得的布施也非常有限。因此,一種粗糙的平等制就顯得十分必要,僧團大眾無論長幼均必須提供勞動,平均的分配收穫,這樣能維持群體的穩定性。後來叢林規模越來越大,內部的事務、外部的形式都變得複雜起來,此時簡單的清規,甚至機械的平等制都變得不再合適。完善職事體系、細密化分工甚至將僧侶等級化,就是寺院體制改革的方向。這也是許多叢林私創規約的指導策略,這些策略逐步成熟並最終被王權固化,以行政方式推廣到全國各宗派的寺院中成為了住持制度。此過程具有兩方面的意義,首先,「王權政治對佛教控制強化」,亦即「原屬民間的僧伽制度與正式制度接軌」。〔註27〕其次,通過行政手段向所有宗派推行劃一的管理政策,有助於促進佛教各派系的融合,更確切的說是禪宗的管理理念逐步的滲透進了其餘宗派,而其餘宗派對禪宗的貢獻也有一定的認可。有人以為這項工作完成了佛教的中國化,是有益的實踐,也有人以為禪宗不學的浮誇風氣不僅影響了佛教宗派,也蔓延到了儒家之中,其流弊巨大。再者,模仿世俗制度建立起來的體系,實質上降低了宗教的神聖性。按照理想狀況,信徒必須按照淨土的方式來建立寺院,一個寺院應該就是一個宗教宇宙的縮影,是建立在俗世的神國。如果放棄對淨土的模仿轉而效法世俗的方式,就等於放棄了對教義的實踐。按照羅德尼‧斯達克等人的觀點,神聖性降低的同時排他性也會跟隨下降,信徒的委身程度也會變低,具體表現為對教義的懷疑,以及捐獻慾望的下降等。雖然被認為有各種缺點,但叢林制度還是表現出了頑強的生命力,它較高的效率在一定程度上抵消了人們的顧慮。宋代叢林的私創規約較多,內容也各不相同。宗賾在《禪苑清規》的序中指出「叢林蔓延,轉見不堪。加之法令滋彰,事更多矣。」〔註28〕這種多元化帶來了好處的同時,也帶來了一定的弊端,因為規約的根本是佛教的戒律,不同的規約會影響同一戒條的解釋方向,進而影響到僧團的風貌。到了元代德輝根據《備用清規》並參考了諸家規範,撰成了《敕修百丈清規》,成為了政府推行的法令。德輝所據的《備用清規》是由一咸編定,其藍本是宋代五山十剎這種大型寺院所用的清規,尤

〔註27〕王仲堯《南宋佛教制度文化研究》,第 199 頁。
〔註28〕《大正藏》冊 48 頁 1158 中欄。

其是宗賾編成的《禪苑清規》和惟勉的《叢林校訂清規總要》。因此，敕行規範的形成時間還是在南宋。即宋代清規中包含的兩序制度具有藍本的作用，也與當時的社會環境達到了相同的價值訴求。

三、南宋住持制的形成

南宋形成了住持制的管理方式，住持作為寺院的總負責人，襄理寺院內外的所有事宜，包括弘法和俗務兩個方面。這改變了俗務和弘法分立的狀況，極大增強了宗教團體的力量。具體事務的辦理由東西兩序的執事負責，執事的數量及任期隨叢林各有不同。執事選拔的手續已比較完善，由住持考察並提名，徵詢意見後任用。東西兩序是十方叢林特有的制度，乃是仿照朝廷文武兩班所設，因此其地位的高低多與資歷有關。僧人的排序按照受戒時間的長短來進行的，也就是戒臘，出家時間長的僧侶會享有一定的優先級。在豐富叢林制度的過程中，戒臘就成為評斷地位高低的一個標準，寺院會按照戒臘長短，相機來授予僧人相應的序職，也就是一些具有實權的執事職位。隨著資歷以及能力的提高，僧侶會被升序。所謂的東西兩序，則是按照僧人在法堂、禪堂中所處的位置劃分的，位居東方或者前方的即為東序，否則為西序。一般來說，東序由熟悉實務的人擔任，如都監事、維那、典座、直歲等，而西序則由通曉儀軌的人擔任，如前後堂首座、書記、知客、侍者等。這個標準執行的並不十分嚴格，東西序僧侶的職位更多還是按照情勢和個人能力來分派的。此外還有一些不入序職的雜務，會分派給一些普通僧侶，作為東西兩序管理者的補充，如淨頭、園主、磨主等。他們的地位雖然低於有序職者，但在寺院中也處於領導的層次。住持統籌下的東西兩序負責制在叢林中形成之後，迅速被各教、律等寺院效仿，甚至規模很小的地方寺院也競相採用。其主要的原因就在於其呼應了當時社會政治制度，且具有極其高的效率，能在很短時間內整合寺院的力量。這對弘法和宗教經濟都有至關重要的影響。

住持和兩序系統是寺院人事的主要框架，還有一些處理雜務的僧首序職較為靈活。雜務體系作為東西序的補充，可以和兩序並列分析。一部分較重要的位置直接統歸在住持之下，另有一些職位的統轄權則分屬在東西序的頭首和知事中，這就形成了兩級騎跨的局面，這種靈活的子系統設置及統攝情況後文會另作說明。除此之外還需要補充說明的有兩處，一，這裡提到的序職僅是較常見的部分，另有一大批因為普及性不強而被忽略。据白化文統計「僧人的

執事職別，細分起來，可達八十種。」〔註29〕按照頒行的《敕修百丈清規》來計算也有大約三十個職位，較大型的寺院可能會設立的比較齊全，中小型的寺院則基礎的架構就能滿足要求了。二，隨寺院經營產業的畸重不同，頭首的設置也會隨之變化，即職位的固定性並不強，人為操控的因素較多。這主要表現為部分雜務序列的首領僧會因為親疏的關係、執事能力的強弱以及所營產業的盈虧等情況，被提高到西序中成為與頭首並列的地位，這種職位因人變化的情形在科層制中會帶來動盪的隱患。總的來說，兩序之設乃是「為眾辦事」，「而因以提綱唱道」，因此要求這些僧侶必須嫻習「世出世法」，並最終達到「據位稱師，臨眾馭物……成己而成人」的目的〔註30〕。

常見職位的名目和功能，清規及類書中有較明確的記載，另外本文的附錄中也做了簡要的介紹。當時寺院職事僧的群體處於不斷的演化之中，許多職位的存廢都沒有定數，故而只能將其中較重要的部分扼要作一介紹。禪寺的職位大多都可以在教院和律寺中找到，僅權力和執掌範圍有一些變化，如三綱就被完整的繼承了下來，上座的名稱更改為首座，維那和典座全無變化。事實上，前代的稱呼並不規整劃一，也偶有稱上座為首座的。贊寧總結選拔首座的標準為「取其年德幹局者充之」〔註31〕，而宋元禪宗清規中則表達為「年高臘長」〔註32〕，對應的關係非常明顯。首座雖然沒有了三綱時期顯赫的地位，但是他的職司或者說權力卻有一定程度的提高。「首座之稱，居一眾之首也，在叢林與長老平分風月，在庵中與庵主同展化儀。」乃「十方之儀範所鍾，一眾之道業所係。凡打板坐參、放禪行道，種種動靜，靡不關心，唯恐道緣未辦，法化不周。眾有怠惰者，當策之以精勤；犯眾者，當制之寬厚。……凡禮貌供需，廚堂受用，或豐或儉，一切折中。常以火種刀耕，形影相弔為懷。」〔註33〕很明顯，這種提高是將其脫離了與三綱並列的狀態，成為了僅次於住持的職位，而典座和維那的職司便有一定程度的收縮。對前期教門制度的沿革，一方面表現出了禪宗正規化及融入佛教主流的努力，另一方面也可以看出其擺脫教派行政效率低下，並增強世俗性的趨勢。前文說明住持制作為一種新興的寺院管理方式，具有一定的先進性和極高的效率，那麼為何其能具備這些優勢呢？除

〔註29〕白化文著《漢化佛教參訪錄》，北京：中華書局，2005 年，第 156 頁。
〔註30〕《大正藏》第 48 冊，《敕修百丈清規》。第 1130 頁下。
〔註31〕（宋）贊寧《大宋僧史略》，見《大正藏》54 冊，第 244～245 頁。
〔註32〕（宋）道原《景德傳燈錄》之《禪門規式》，《大正藏》第 51 冊，第 251 頁上。
〔註33〕（元）明本《幻住庵清規》，見《卍新纂續藏》第 63 冊，第 582 頁下。

了優勢有沒有什麼不足的地方呢？

　　住持制取代了以師徒關係為核心的舊體制，倫理關係維持的制度類似於家長制，教派規模較小的時期比較實用。然而它也存在一些難以克服的缺點，如分工不明確，責任不清晰，人員任用比較隨意，辦事程序雜亂無章等。相較而言，住持制更像科層制度（Bureaucracy），科層制是一種以正式規則為主體的管理方式，組織內部有嚴格的分工和複雜的規章制度體系。科層制的本質是協調的概念，也就是說「由於群體內某些人在組織其他人從事各種活動時均能達到很好的效果」，因而，「整個群體便無需開會也用不着花許多時間去作出民主決定」〔註34〕，而僅由他們個人來協調解決。按照社會學的觀點，住持制僅能符合科層特徵中的幾項，比如權威的層次、階層的指揮體系和監督體系、詳細的規章制度體系、具有合法性的結構以及非個人化等。不能滿足諸如專業化等特點，僧侶的寺院職務並不是主業，至少表面看來他們更應該追求解脫的可能，而不是被冗繁的雜事纏繞。且地位的升降並不完全繫於處理差使能力的高低上，因此它只能被視作一種初始的、粗糙的類科層制。

　　這種粗糙科層制最直觀的特點就是等級關係，自上而下大約有四個級別：方丈、頭首、辦事、普通僧眾，另外還有一些僱傭以及寄居性質的民眾，因為缺乏僧侶身份而不算在四級之中。縱向的等級可以保證首領意志的貫徹，且降低了推諉、懈怠的可能性。一般情況下，低一級的僧侶只需要向其直接領導負責，這雖可能會致基層僧侶形成對抗力量，而使得寺主的意志難以貫徹，但這樣的情形僅出現在大型寺院之中，對規模較小者其提高效率的好處明顯是第一位的。大型寺院為了規避此缺陷，在住持制中加入了兩條臨時敕差系統：侍者制和直歲制。《敕修百丈清規・侍者》云：「侍者之職最為近密，觀道德於前後，聽教誨於朝夕，親炙參扣，期法道底於大成，而禮節常宜恭謹。慶喜之侍瞿曇，香林之侍雲門，佛祖重寄，其可忽諸？凡住持上堂、小參、普說、開室、念誦、放參、節臘特為、通覆相看、掛塔燒香行禮、記錄法語，燒香侍者職之。」〔註35〕從這一段記載來看，侍者相當於寺院首領的助手，其創立的初衷是考慮到後世住持事繁的狀況，以幫助他們處理雜務。因此，這些人和住持的關係較為親密，一般作為法統的繼承者培養。「古之為人師長，而得其侍者，機緣契

〔註34〕〔美〕羅納德・L.約翰斯通著，袁亞愚、鍾玉英譯《社會中的宗教──一種宗教社會學》，成都：四川人民出版社，2012年，第82頁。
〔註35〕《大正藏》第48冊，第1131頁下欄。

合，咸有所待焉」，比如「泐潭以野鴨而待雄峯，臨濟以鯉魚而待洛浦，雲門待香林於紙襖，鳥窠待會通於布毛，乃至鹽官犀牛，趙州大王，南陽呼喚，西睦商量，白雲佛果煨蘆服吟小艷，是其樣子也。而其所待雖異，而至於克成大器則同矣。」〔註36〕所謂「克成大器」的希望，以及公案背後的權力傳承，都表示了一種付囑法統的意味，這與禪宗另一套權力系統有關。侍者往往是從寺院底層選出來的年輕僧侶，沒有較高的序職，只對寺院的長老負責。因此就成了僧團領袖掌握下情的特使，一方面，他們能夠跨越兩個階層直接面對寺主，形成對頭首的轄制。另一方面，他們因為沒有世俗差使，平時的起居歸西序管理，這樣寮首又直接控制他們。這有點類似政府採用的幕僚制度，幕僚本身權力有限，但能左右首領的決策。此互相牽制的局面增強了寺院人事系統的穩定性，在一定程度上杜絕了懶政、不公、舞弊的可能，同時首領的權威進一步增強。實質上，完整的科層制需要避免的並不是底層的推諉和怠工，而是「寡頭統治」風險的規避，它指這樣一種趨勢：寺院的權力和控制日益被授予少數領導者。這種情況下，領導者會傾向於延長自己的任期，從而導致他很難被撤換。宋代禪宗也遇到了這種問題，宗教方面大量偶像作為祖師出現，而在教派中寺主的更換往往要藉助行政權力的干預，後文將對此問題作專門的說明，先看寺院中的差遣制度的詳情。

直歲制是一種臨時的差遣制度，與其相類的還有直月、直日乃至巡更等。所謂直歲即當差一年，這一年中一切作務都由直歲負責辦造。比如「殿堂寮舍之損漏者，常加整葺；動用什物，常閱其數；役作人力，稽其工程、黜其游惰，毋縱浮食，蠹財害公。田園莊舍，碾磨碓坊，頭疋舟車，火燭盜賊，巡護防警。差撥使令，賞罰惟當，並宜公勤，勞逸必均。」〔註37〕這些勞役的項目雖多，但直歲只需要總成其事而不必親為，也就是他這個職位實質上是承擔了居中協調並督促進度的角色。他不具有臨時專斷的權力，所有事情的決斷都必須報告給相關負責人，即「稟住持人矩劃，及與同事商議，不得專用己見」。〔註38〕直歲看上去似乎權力有限，但他實質上分享了一定的監督權，比如「估唱亡僧物件」〔註39〕，兩序執事須同直歲一起主導，監督權在任何時候都有很大的價

〔註36〕《禪林象器箋》，第 215 頁上。
〔註37〕藍吉富主編《禪宗全書》第 81 冊，臺北：文殊文化有限公司，1990 年，第 373 頁。
〔註38〕《新纂卍續藏》，第 63 冊第 531 頁上欄。
〔註39〕《禪宗全書》，第 216 頁。

值。最關鍵的是他能夠制止西序頭領插手俗務的某些可能，並可以直接向方丈負責，當然修造活動的立項還是由都寺等決定。直歲的設立可以在立項權和執行權中建起壁壘，這在現代工程管理中較常見。總之，直歲對寺院的固定資產負有重要的責任，以免常住財物耗散。他們負責監督、管理事宜，平時事務非常繁雜，故而此職位的人數比較靈活，遇到「大修造，則添人同掌之」〔註40〕。耽於俗務會嚴重影響僧侶本身的學習，這些直歲僧一般是從中堅力量中選出，需要同時擔負弘法事業。因此，直歲的在職時間都不會太長。直歲是一種差遣制度，與宋朝實行的官吏考課和選任制度相合。差遣是臨時的任職方式，直接決定權力的大小，而實際的官職只作為虛銜，決定其俸祿，住持制在成熟的過程中可能受到了這一設官思想的影響。其優點前面已經提及了不少，但缺點同樣也難免，吏員隊伍太過龐大，且辦事權力存在淆亂的可能，因而對行政效率有一些影響，這一點在住持制中也難免發生。

縱向的系統在一定程度上避免了寺院中層權力過大，欺上瞞下的情形，這是住持制的創舉。除此之外，還有一些橫向的規避措施，這從東西序的分設以及兩序頭首的職司分派中就可以看出。據清規來看，兩序制產生於佛堂講法的儀式中，「長老上堂升座主事，徒眾雁立側聆」〔註41〕，東西分序的儀式後來就變成了主事的體制。其可能起源於對朝廷文武兩班的模仿之中，按照雁立的順序，個人所司的具體事務和權限各有不同，一般呈從前往後遞減的順序〔註42〕。理想的狀態是東序的知事負責宗教的禮儀項目，所謂「廉於己而世法通」者也；而西序的頭首住持具體事務，即「叢林熟」者。他們各司其職協助住持維持寺院工作，然而從現存的清規來看，這種理想的局面似乎並不存在。東序並不專司禮儀的活動，他們對權力的要求，或者說職責的具體範圍非常廣，基本上和西序的系統重合，這樣東西兩序的配合就成了頡頏的局面。從好的一方面看，兩序頭首互相掣肘不至於造成尾大不掉的狀況。住持制在設計的初始階段應該確實存了這樣的想法，不過是在序內形成權力分離的形式，而非兩序間

〔註40〕《禪宗全書》，第 53 頁。
〔註41〕《大正藏》第 48 冊，第 1158 頁上欄。
〔註42〕禪堂是寺院議事的場所，可以認為其為一寺院的權力中心，因此其間的座次安排具有強烈的等級制。幾乎每一個位置的座位都被取了特殊的名字，比如座前、座下、轉位、班位、被位等。這樣的安排一方面可以保持長幼尊卑的次序，不至於產生淆亂，同時也投射出了一種威權的意味，等級高的僧侶似乎在通過一切可能宣示他的控制力，這種控制力似乎並沒有建立在佛法修為的高低上，而是經由職司大小來界定的。

的鑿柄。比如西序之中，首座負責全面的工作，其餘頭首則負責某一具體領域，這一設計可以削弱「首座與長老平分風月」的狀態，否則容易造成整個寺院層面的分裂。另外住持的選拔需要經過政府的甄別，雖然也有請託和舞弊的可能存在，但畢竟不是主流狀況。而首座的委任則決定於寺院內部，這在程序上就少了一項考核，易造成「所任非人」的形式。《禪林寶訓傳》云：「夫禪林首座之職，乃選賢之位。今諸方不問賢不肖，例以此為僥倖之津途，亦主法者失也。然則像季固難得其人，若擇其履行稍優，才德稍備，識廉恥節義者居之，與夫險進之徒，亦差勝也。」〔註43〕那麼為何首座的職位會競爭特別激烈呢？這個位置是寺院的二號人物，且不需要經過特別的行政手續，主政的資歷和邀名的便宜都非其它職司可比，因此，這是問鼎方丈這一職位最容易的津塗。這與東序的都監寺等職位不同，其明確要求了往故的資歷，且選拔標準中已經說明了臘高歷事者方能充任，也就是必須已經有較高名聲的人，因此都監寺等包含了一定的名譽成分。不過東序脫離了設計初衷開始干涉雜務之後，其實際的選拔過程也不明朗了。總之，從現存的清規來看，東西序所設的職位統轄業務多有重疊，兩序的頭首以及下員很難對具體事務一言而決，往往需要提請住持仲裁，這限制了他們權力的施展。從不好的方面來看，職位系統的混亂會造成成員責任感缺失乃至推諉的不良局面。兩序制會造成「黨鬥」「強弱異勢」，以致「不相容者」的局面。僧團領袖為了改善這種內耗的狀況，也採取了一定的措施，比如設立臨時職位分擔兩序交叉的工作，細化東西序的職責範圍，其中值得注意的是東序的首座來兼任西序的監寺。這樣兩序的競爭狀態會被徹底瓦解，同時兩序之間掣肘的關係也會隨之冰消，而完全編成互補的系統，東西序的事務由同一人決斷後提請住持裁准。這種方式避免了內耗的狀態，卻也喪失了橫向分權的初衷，因此只在一個較小的範圍被採用。

四、監察制度與行事程序

　　除了東西兩序的橫向設置，序內的職位安排也考慮了權力的分散，這是以職事重疊這種粗糙的方式進行的，其效果也好壞參半。既增加了頭首議事的決斷程序，也帶來了責任不清的弊端。住持制中的縱、橫兩套系統，一定程度上免除了權力集中的隱患，這是消除舞弊的辦法。除此之外，他們還建立了監察財務的制度，此為住持制的另一創舉，也是其強勁生命力的保證。寺院的監察

〔註43〕《大正藏》第 48 冊，第 1158 頁中欄。

有內外之分，外部的監察係於政府的法治。即蠹害常住的僧侶可以被送交官府辦理，這一點與庶人犯罪區別不大，只是適用的法條更加的嚴格複雜一些。內部監察制度的起源可以追溯到三綱制時期的綱維，他們負責鉗轄散眾以及維護戒律，這一權力是習慣法所賦予的，並沒有被以制度的形式貫徹下來。因此，彼時之監察主要靠僧侶的自覺以及領袖的模範作用，代表了一種富含宗教情懷的德治狀態。如《晉荊州長沙釋法遇》中記載的事例：

> （法遇）止江陵長沙寺。講說眾經，受業者四百餘人。時一僧
> 飲酒，廢夕燒香，遇止罰而不遣。安公遙聞之，以竹筒盛一荊子，
> 手自緘封，題以寄遇。遇開封見杖，即曰：「此由飲酒僧也，我訓領
> 不勤，遠貽憂賜。」即命維那鳴槌集眾，以杖筒置香橙上，行香畢，
> 遇乃起，出眾前向筒致敬，於是伏地，命維那行杖三下，內杖筒中，
> 垂淚自責。時境內道俗莫不嘆息，因之勵業者甚眾。〔註44〕

法遇是道安的學生，當道安得知其僧眾中存在不法情況時就寄筒警示，法遇用自罰的方式來激勵眾僧，反映其律己以嚴的同時，也說明了當時戒律監察制度的粗疏，並沒有成熟的馭眾手段。隨著住持制度日漸成熟，與之配套的監察制度也急需建立，以便眾僧的律儀能有所規範，並最終建立一種「以自律體現其非制度性，以他律表示其制度性」的宗教監察策略。〔註45〕綱維的職能被完整的保存了下來，並最終被賦予了實權，是有意識推行監察制度的標誌。具體來說，寺院的監察需要分為兩類來討論，「其一是負責專門監察戒律實施的僧職或部門」，「其二是解釋戒律、執行授戒事宜的僧人」〔註46〕，這兩者的根基不同。前者是因為寺院制度而產生的行政機構，其權力的來源是寺主的任命以及眾僧的銓選，後者則要訴諸於其宗教知識的高下，其權力來自於飄渺的神授。雖然兩者有存在交叉的可能，但就根本而言，戒律僧的權力來源是其德行和學識，這是介於威權和神聖力之間的權力。不過這並不是本文的重點，這裡更關心的是寺院的監察制度的體制和程序。

監察體系作為住持制度的一環，主要負責查察寺院的經濟活動和賬目往來。塚本善隆認為：「擁有龐大財力和權力的少數僧侶的豪奢，與受其統治驅

〔註44〕《湯用彤全集》第六卷，石家莊：河北人民出版社，2000年，第164～165頁。
〔註45〕董群著《禪宗倫理》，杭州：浙江人民出版社，2000年，第147頁。
〔註46〕嚴耀中著《佛教戒律與中國社會》，上海：上海古籍出版社，2007年，第151頁。

使的無智僧眾的卑俗,不但導致了教團的墮落,而且形成顯著的階級對立,違反佛教自治共議之制及以平等為原則的僧團的本性」〔註47〕。此語專為北魏時期的釋門所發,到了唐宋情勢略有好轉,但亦可以作為殷鑒。因而宋僧創立寺院財務的監察制度就具有歷史和現實的雙重意義。任何制度的基礎都由職位的設置和行事程序的建立兩方面構成,監寺統領寺院的全面工作,同時作為監察體系的第一責任人,執行所謂「會計薄書、出納錢穀」等工作。監寺之下設有副寺作為財務等的專職負責人員,具體事項的辦理則設有專員,這些專員經常以派出監察的方式來履職,比如監收、監園、都莊、都場等。「收租之時,自有監收僧行」,其「為住持之似任」。此職位的設置具有很大的靈活性,亦可以視作一種差遣制度,人員的選拔原則是住持「公選區用」或者「對眾拈鬮」。這樣做一方面為了防止執行和監察聯合舞弊,另一方面也可以精簡辦事者的數量。這是人事設置的狀況,與其配套的行政程序又是怎麼樣的呢?據唐耕耦的研究顯示:「敦煌寺院不僅有完備的帳目以及領物、支付、借貸、抵押、結算移交等憑證,而且有徒眾審查和上級僧官審查相結的稽查制度。」且「為了保證常住什物不被侵吞,檢查主管者的誠實性,寺院設置了領得歷、付歷、借歷、點檢歷、交割點檢歷等。貨物進出、交付、損耗、變動,都要人歷注明。尤為重要的是,寺院的寺主、都維那、直歲、典座、法律以及倉庫保管等職事僧實行輪換制,職事僧離職時要對在職期間職掌的常住物清點清楚……移交清冊,要面對本寺徒眾以及上級派來的僧官宣讀,接受審查質詢。」〔註48〕為配合賬目制度,還實行了多人聯合署名的政策,即「常住錢物,須要簿書分明。方丈什物,點對交割,具單目,一樣兩本,住持兩序勤奮簽押,用寺記印,住持、庫司各收一本為照。公請一人,看守方丈。」〔註49〕住持及兩序的簽押即為聯合署名,加上造作賬目者,一本簿冊的簽押人達到了四個,這種簽署既為監察程序的必要,同時也為後續賬目審核提供了基礎。官方寺院的審計有時候由政府主導完成,這個時候聯合簽署就成了一種保障。

宋代的住持制寺院中與人事構成相配套還有一些行事秩序。行事秩序除了完善的流程之外,還有簿冊的建立、審閱,以及權力讓渡的系統。其中牌、

〔註47〕〔日〕塚本善隆《北魏的僧祇戶和佛圖戶》,載《日本學者研究中國史論著選譯》第七冊,北京:中華書局,1993年,第132頁。

〔註48〕唐耕耦著《敦煌寺院會計文書研究》,臺北:臺灣新文豐出版公司,1997年,第64頁。

〔註49〕《禪宗全書》,第81冊第294頁。

圖、榜等作為讓渡信物被經常使用，它可以為流程帶來規範性，同時也使得僧侶能夠意識到權力場域下自己身份的轉變。與此有關的內容已經有不少的研究可以參考，此處不再贅述。從根本上看，住持制的決策過程、職務安排、行事程序都是對政府架構的模仿。宋代佛教的環境不同，有這樣的變化本也屬情理之中。然而就宗教本身即超越世俗的層面來看，這又是一種嚴重的矛盾。佛教講求福利群生，要僧侶能夠折服自身驕慢的習氣，發揮人人具有的佛陀本性，來為普度眾生脫離苦海而奮鬥。其教理包含了平等的重要思想，這是「對現實社會不平等的反抗和人生痛苦的解脫」〔註50〕，因此，僧侶在共住的時候應該踐行此原則，佛教也一直在進行相應的嘗試。然而，住持制卻改變了追求平等的理想，這種制度最內核的思想是差等，是建立在威權之上的。不同等級的僧侶待遇有較大的差別，上級對下級具有充分的統治權，形成寡頭統治的風險很高。高級僧侶權力的來源並不是低級僧侶的意願，也非宗教領袖的委任，而是更高威權體系的授受。亦即寺院成了世俗政權的延伸和縮影，政府通過武力來建立的等級制度投影在了寺院中。僧尼為了追求解脫而進入寺院，然而寺院卻採取世俗制度來幫助他們超拔，這其中的矛盾不言自明。這是一種充分而且高度的世俗化，麻天祥教授說：「宗教的超越性以及對無限的終極關懷的追求，常常以理論上的二律背反，體現在現實的參與和有限的社會生活實踐之中。」〔註51〕宋以後的佛教對社會生活實踐的介入，似乎已經略微超過了其對超越性的追求，當時的僧侶已經意識到了這種不妥，故而住持制度中經常充斥著革新和守舊的對抗。

　　禪宗具有某些「革命性」的因素，它們的創造力比任何宗派都強，因此，脫胎於清規的住持制對寺院生活和管理方式的改變是全方位的。禪僧在推進這種變化的時候也意識到了其可能帶來的弊端，這種考量集中反映在職位的設置中。一方面要改變以往責任不清的狀態，專業化事務的處理方式，就必須將三綱系統全面推到，按層次授予權限。另一方面如果憑空創造職位與古無據，則名不正言不順，授權的正當性不僅會被其它宗派責難，即使在本宗也難以使所有人信服。故而禪宗在「變動僧職時，總有些小心翼翼的味道，並在文

〔註50〕歐順軍《倫理視域下的佛教平等觀》，長沙：湖南師範大學出版社，2012年，第118頁。

〔註51〕麻天祥《以人間佛學建人間淨土——佛光山的宗教理論與實踐》，見《大乘佛教與當代社會》，上海：東方出版社，2003年，第332頁。

獻與歷史中不斷尋覓可供依憑的根據」〔註52〕。住持制中並未出現全新的職務，而只是對以往的職司做了新的限定和解釋，比如清規中對書記的說明：「即古規之書狀也，執掌文翰，凡山門榜疏、書問、祈禱詞語，悉屬之。」〔註53〕這是一種固定的格式，第一句開宗明義說明其效仿古制的特點，然後具體講解職責的範圍。這種對革新的讓步有複雜的原因，首先是「為自己的僧職改革完善出一整套神聖依據」〔註54〕，效仿古德對寺院的管理方式，使得各職司的權力不再師出無名，而是經過了先聖的首肯。他們行使的對寺院的管理權，是佛陀權力的一種分潤。其次，禪宗對聖典的攀附不僅獲得了體制改革正當性的授權，同時也使整個叢林擁有了與教門相當的地位。即組織制度的正當性作為全體正當性的一環，既加強了總體說服的能力，同時又反哺了其餘系統。禪僧聚居的狀態以往會受到山居穴處的責難，而當住持制獲得了神聖依據，就改變了這一不利狀態。且主持制度由叢林期發展而來，過去那種粗放的形式也就成為了當下神聖證明，禪宗也因此得到了某種遙遠的授記。第三，這種仿照國家架構來組織寺院管理系統的方案，除了可以獲得教派神聖性賦予的權限之外，還會增加一種額外的權力來源，這就是帝國的隱喻。通過科層職司的設立，並輔助建有類似皇宮樣式的建築，王朝的權力仿佛落在了寺院之中，這個時候頭首的行事就不僅代表了宗教，也有了代天行憲的皇權的影子。普通僧侶只能重溫並想像王朝的力量，這實質上是權力的加強。換言之，世俗性的加深削弱了來自教派的神聖性，而同時又建構起了另一神聖權力——帝國權力。

　　精英佛教時期，教派的神聖性能帶來較大的收益，皈依者追求的更多是形而上的意義。然而隨著教派的大眾化，許多俗眾闖入到團體之中，他們感受超越的能力較低，而想像王朝的能力又過強，這個時候加強隱喻帝國的側重是更加有利的。宋代的禪宗從閏位變為主流，對這些局面不得不慎重的考量，一方面作為佛教的大宗必須獲得古典文本的認可，這就要加強宗教神性。另一方面，隨著教團的發展，文化較低的人湧入教團，他們更需要想像帝國的力量。這兩者的平衡很難處理，在創立住持制的過程中，宗教神性的要素壓過了後者，這就使他們在推出這種創造性體制的時候，又大量引用了以往的司職名稱，一種強烈的搖擺性充斥其中。

〔註52〕王大偉著《宋元禪宗清規研究》，北京：宗教文化出版社，2013年，第162頁。
〔註53〕《禪林象器箋》，第229頁上。
〔註54〕《宋元禪宗清規研究》，第162頁。

五、寺院俗務的神聖意義建構

在佛教發展史上，住持制度的確立是一個創舉，其得以迅速在教團中推廣的主要原因是本身具有的先進性。此制度的高效率保證了僧團力量的持續，這對傳揚教法無疑具有正面的意義。同時也應愛看到，住持制將僧侶困在俗務之中，許多崗位因人繫事，工作非常繁重，以致他們很難有精力追求宗教知識。這種得失相濟的狀態使寺院有了機構的特徵，此種情況下僧侶變的則更像一份職業，然而這個職業的意義是由他操持的俗務生成的，這和宗教的理想相悖，因此僧伽知識水平的普遍下降也是可以想見的。一個決定出家的人是為了尋求豐富的精神生活，找到解脫世俗紛擾的方法，然而當他到了寺院的時候，卻重新被職司所纏縛，即「誰道空門辭苦惱，搬柴運水事偏多」〔註55〕，這似乎背離了制度設置的初衷。按理這樣的情況會使許多信眾卻步，從而導致出家人的規模下降等狀況出現。可是僧團的規模在宋代並沒有明顯萎縮，反而有日漸壯大的趨勢，這其中又有什麼原因呢？一個人要皈依到某個教派的時候，他首先要評估教義，教義必須具有吸引性，比如能提供解脫的方案或者豐厚的財富，這可以被看作委身宗教的回報。對回報有了明確的概念之後，則需要權衡付出的代價，如果回報可以沖抵掉委身的付出，例如提供獨佔的享受，〔註56〕那麼他可能就會深度的參與到教團中去。反之，他的參與程度就會較低。按照住持制提供的修行環境來看，其帶來的宗教回報似乎不太高，信徒的高度參與就顯得不可理解。因而這一體制本身很可能包含了其它的代償性措施，來彌補了回報不足的弊端。為了解決這個問題，我們必須引入宗教張力的概念。

什麼是宗教的張力呢？張力（Deviance）又可以稱為次文化異常，代表了從世俗生活過度到宗教生活時，需要改變或者放棄的原有習慣的多寡，這是一個表徵強度的概念。當一個人歸宗到某教派時，放棄的原有習慣越多，或者新團體的氛圍與世俗社交氛圍差距越大，則我們可以稱此教派的張力越大，反之則越小。住持制與世俗社會間的張力很低，禪宗大量吸收中國本土的文化，其

〔註55〕（清）王文清撰，黃守紅點校《王文清集》，長沙：嶽麓書社，2013 年，第 454 頁。

〔註56〕如果宗教「群體創造的利益不能拒絕非參加者享受」，那麼宗教徒所付出的代價就太高了，即「當不參與仍然可以獲得別人的活動的利益時，真正理性的行為者將不會為了追求更好的目的而加入一個群體」。見《信仰的法則》，第 184 頁。

與周圍社會規範和價值的差異要低於其它宗派，也就是次文化的異常度更低。這樣皈依能更多的保留原有的習慣，這是禪宗宗派的優點之一。不過這並不足以彌補損失的代價，而僅能作為吸引入教的因素。住持制對個體僧侶最大的影響是改變其修行生活的重心，此損失是皈依以後產生的，故而需要對這種重心的移易做出新的詮釋。質言之，重新界定寺院俗務的價值是一種可行的方式。寺院的職司所以會有全新解釋的可能，必須從教義中挖掘這種解釋的基礎，也就是所有的俗務都要被統轄在超越的可能性之中。禪宗尤擅此道，所謂「搬柴運水，即是神通；資生順產，不違實相」〔註57〕。這種解釋建立在禪宗的理論之上，它將修行融入到了俗世的生活中，既可以讓禪宗法門成為易行法，同時也將俗務超拔而具備形上的意義。除了廣義的解釋之外，在具體職司的規定中也有對應的說明。如淨頭一條：

> 淨頭之職，五更上燈，日出收笟篦，淨布浸之，次刷洗篦槽，並疊掃地，添換笟篦、淨巾並灰土、皂角，打當水廁。齋後洗濯篦布，晚後燒湯上油，常令湯水相續，無使大眾動念。淨頭者，行人之所甚難，當人之所甚惡，可謂無罪不滅，無病不愈，無福不生。〔註58〕

淨頭是寺院雜務中最辛苦的職務，清規也沒有迴避這種特性，但是賦予了其別樣的意義：可以快速消解業障從而獲得福祿。這一表述中蘊含了兩種邏輯：一則因為此職司最為難當，是常人所不能行的職責，故而其滅罪生福的功能最強速度最快。二則淨頭為和合眾創造良好的生活環境，這是弘法事業的需要，本身就具備殊勝的功德，因此淨頭的服務對象不僅是僧伽眾，也包括了佛教宏大的事業。僧團的超脫者所帶來福德會霑溉淨頭，這些來源並不是淨廁這個職業本身所具有的，而是因為佛教的敘事策略而附帶產生的。除了綜合性的解釋之外，他們還會通過樹立榜樣來強化俗務的價值，「人們會從有些典型的榜樣那裡得到暗示」〔註59〕，只要榜樣的高度委身和表達被正面的回應，且獲得一個適合品味的宗教回報，那麼他就具有感召力。質言之，一個被廣泛宣揚的榜樣能夠源源不斷的產生宗教資源，而可以對榜樣力量削弱的事例會被有意無意的清除。

　　作為榜樣的淨頭應該從雪竇重顯算起，重顯曾供職於靈隱寺的淨寮，後來

〔註57〕 （清）陳毅撰《攝山誌》，南京：南京出版社，2017 年，第 153 頁。
〔註58〕 《禪宗全書》，第 136 頁。
〔註59〕 《信仰的法則》，第 183 頁。

成了聞名天下的大師，這不僅促成了指示性很強的「雪隱」一詞的產生〔註60〕，同時也使得淨頭的價值具備了新的可能。雪竇擔任淨頭與其能弘法天下之間並沒有很強的關聯性，但在這個職司有關的記載中都會強化他這一履歷，久而久之，就會讓人感覺淨頭乃大德的充要條件。因此，因為雪竇大師淨頭被賦予了一種向上的力量。且這種向上的力量具有排他性，這又是一個邏輯的問題，「當不參與仍然可以獲得別人的活動的利益時，真正理性的行為者將不會為了追求更好的目的而加入一個群體」，如果淨頭這個「群體創造的利益不能拒絕非參加者享受」，那就會淪為壞的角色模範（Role models）。這是不能允許的情形，而「雪隱」取代淨寮成為一種新的命名規範，其實就在經由觀念層來宣佈獨佔的能力。為了增強榜樣的說服力量，對雪竇司職的情態還有一些追憶式的具體說明，如「將眾人用過的籌子，雖把水浸漬洗滌，其上有乾塗之物不去者，躬以指甲剔洗；又恐不光滑，或少尚你所用處身體，乃於自面上蕩試之。如此，若看其面相窮寒寂寞，而其言語道德，如此之行，人之敬慕。」〔註61〕所以判斷其為假想之內容，是因為《南屏淨慈寺志》記載：「顯至靈隱，浮沉眾中三載，曾奉使歸訪師，靈隱無識之者，於淨頭寮舍物色得之。」〔註62〕既然沒有認識他的，那麼當時闔寺僧眾對他的事蹟也絕無瞭解可能。細節的復原有助於加深充要判斷的力量，並對後來者形成鼓勵。無獨有偶，雪竇的觀點中最重要的一條就是佛法的普遍性：

> （重顯）上堂云：「一切法皆是佛法，顢顢頇頇非為正規；一切法即非一切法，莽莽鹵鹵還同天鼓。賞個名、安個是、立個非，向甚處見釋迦老子！還會麼？」以拄杖桌地一下，云：「各請歸堂！」〔註63〕

這應和了前文提及的禪宗關於搬柴運水的看法，俗務再度被擢拔到了佛法的價值。為普通俗務賦予神聖意味，這種思潮的發展必然走向佛法的普遍性命題。也有自願擔任較辛苦的雜務以鍛煉自己的意志和德行的，這類僧侶一般任

〔註60〕　《洞上伽藍雜記》載：「宋代名僧雪竇嘗隱居靈隱寺，擔任淨頭之職，而成就道業，故有此稱。又靈隱寺淨頭寮之額上，書有『雪隱』二字，此語原僅為該寺所用，以後始通用之。蓋雪為淨之意；隱為隱處；雪隱，即有淨潔隱處之意。」
〔註61〕　《大藏經補編》，第19冊286頁中欄。
〔註62〕　《大藏經補編》，第29冊第656頁中欄。
〔註63〕　《禪宗語錄輯要》，上海：上海古籍出版社，1992年，第78頁。

事勤勉，在叢林中有較好的風評。如靈雲鐵牛定禪師：

> 禪師吉安，王氏子也，名持定……定初得度於肯庵勤禪師處，常
> 讀《雜華經》，以為積功累行修行曠劫始得成佛。復自忖曰：「審如是
> 眾生，無有成佛之期耶？」乍聞教外別傳之旨，身心踴躍，疾走參雪
> 巖欽公，乞居槽廠，喜作淨頭，欽憐之曰：「禪者無太勞乎？」定對
> 曰：「欲求無上妙道，豈敢言勞。」欽示以偈曰：「昭昭靈靈是甚麼？
> 眨得眼來已蹉過，廁邊籌子放光明，直下原來只是我。」〔註64〕

又如佛心本才禪師：

> （本才）依海印隆禪師。見老宿達道者看經，至：「一毛頭師子，
> 百億毛頭一時現。」師指問曰：「一毛頭師子作麼生得百億毛頭一時
> 現？」達曰：「汝乍入叢林，豈可便理會許事？」師因疑之，遂發心
> 領淨頭職。一夕泛掃次，印適夜參，至則遇結座，攔挂杖曰：「了即
> 毛端吞巨海，始知大地一微塵。」師豁然有省。〔註65〕

這兩位禪師自願參與淨頭的工作，並且都有開悟的經歷，他們的事跡被歸併到
了淨頭這一語源之下，無疑加強了「雪隱」的說服力。除了樹立正面的榜樣以
鼓勵僧眾之外，還可以通過展示怠惰乃至舞弊產生的惡果，來提供警示的作
用。這種情況一般發生在利益關涉較多的崗位上。《山庵雜錄》云：

> 徑山惠州提點虎巖徒弟，頗聰明，有幹蠱才。掌常住重物三十
> 餘年，一切金穀，恣其靡費。或以果報論之，乃答云：「滿載戴角來，
> 洲只戴得一隻。」至正初，高納麟領行政院事，其屬淨珂具狀訴之，
> 結罪杖斷歸俗。既而潛於化成院，得風瘴疾，攣拳如蝟，兩手握拳
> 承其兩頰，兩腳反承其尻。看病人欲申之，痛不可忍，日夜但聞霍
> 霍之聲，如是者三年，始氣絕。洲平昔以粗心任事，輕視因果，乃
> 言「滿載戴角來，只戴得一隻。」余謂三途報中，歲月長久，一隻
> 去一隻來，至無量劫，戴此角何止一隻而已。凡司常住金穀人，宜
> 以洲自鑒。〔註66〕

諸如此類的例子較多，不再一一列舉。對勤勉執事者的褒賞，和對怠惰不法者
的懲罰，從正方兩方面講述了宗派俗務的價值。當一個僧侶任事負責，則他從

〔註64〕（清）自融撰，性磊補輯《南宋元明禪林僧寶傳》卷八，《卍新纂續藏》第 79
　　　　冊，第 619 頁上中。
〔註65〕（宋）普濟著，蘇淵雷點校《五燈會元》，第 1181 頁。
〔註66〕（明）釋無慍著《山菴雜錄》，北京：商務印書館，1923 年，第 37 頁。

事的俗務會幫助他在解脫的道路上取得先機。同樣，當一個僧侶舞弊敷衍，則這些俗務也會生出力量，使其向下三道輪迴。褒獎是很容易產生的思潮，困難的俗務總需要有人操持，這一點只需要通過邏輯就能意識到。然而懲罰的概念可能產生於對現實的不滿，上下層僧侶嚴重分離的現實，或者不法統治者增多的局面，纔可能產生批判的意識，這是實踐邏輯層面的問題。

六、住持制帶來的世俗化弊端

拔高雜務意義的作法，可以鼓勵有解脫理想的僧眾積極任事，這會使得叢林形成較穩定的環境。然而還有一類居心不良的出家者，他們本就以尋求富貴、安逸的生活為目的，因此會採用各種手段攫取常住。這不但損害宗風，而且對整個僧伽眾的聲譽也造成了嚴重的影響。此現象的根源不能簡單的判定為住持制的弊端，住持制推行之前就有許多僧侶因這個緣故被詬病。住持制所開創的俗務系統，對發展宗教經濟有很大的推動作用。又加上其權力高度分層的特點，客觀上還是會助長此貪戀富貴的不良風氣，至少為那些動機不純者提供了便利。又宋代佛教本身的情形較為複雜，當時的宗風遠不能和前代相較，蘇軾對此感歎道：「爭談禪悅，高者為名，下者為利；餘波末流，無所不在，而佛法微矣。」〔註67〕張商英也曾抨擊寺院上層「所守如塵俗之匹夫，略無愧恥；公興賄賂，密用請託；劫掠常住，結交權勢。」其所守如此不堪，而生活卻極盡奢靡：「所謂堂殿公室之華，床榻臥具之安，氈幄之溫，簟席之涼，窗牖之明，巾單之潔，飲食之盛，金錢之饒，所須而具，所求而獲也哉。」〔註68〕無獨有偶，富弼也遇到過類似的事情：

> 鄭公（富弼）罷相，居洛中，思顯（華嚴修顯）示誨，請住招提。聞顯入境，躬出迓之。臨登車，司馬溫公适至，問：相公何往？鄭公曰：接招提顯禪師。溫公曰：某亦同去。聯鑣出郭，候於郵亭。久之，忽見數十擔過，溫公問：誰行李？荷擔者應曰：新招提和尚行李。溫公遂索馬歸，鄭公曰：要見華嚴，何故先歸？溫公曰：某已見他了。竟先還。〔註69〕

別有用心的出家者行為不檢，累帶全體僧侶的聲譽受損，以至於宗風流蕩，使

〔註67〕（宋）蘇軾著，鄧立勛編校《蘇軾全集》中，合肥：黃山書社，1997年，第433～434頁。

〔註68〕《大正藏》第48冊，第1053頁下欄至1054頁上欄。

〔註69〕《大正藏》第52冊，第643頁上欄。

佛教面臨著嚴重的冗濫危機。《古尊宿語錄》記錄了當時部分僧侶的狀態：「你一隊後生，經律論固是不知也；入眾參禪，禪又不會。臘月三十日，且作麼生折合去？去聖時遙，人心淡薄，看卻今之叢林，更是不得也。所在之處，或聚徒三百五百，浩浩地，只以殷實豐濃，寮舍穩便，為旺化也。中間孜孜為道者，無一人。」〔註70〕因此，沙汰不軌者就成了需要更多精力的問題，叢林碩德對此多有建言。興盛信梅峰禪師之《跋新鏒叢林盛事》序中言道：

> 更有一般禿驢，結識公侯，狐媚檀越，名利躁競，莫有底極。
> 甚之則削落前修，靠倒常住，以招提為鋪店，廉恥掃地，規利婪貨，
> 算盤為枕，鉤索錙銖。但其一腔工夫，金谷是務。……叢林秋晚，
> 五葉委地；八風切膚，魔毒慎胸；所到門庭，死人無數。〔註71〕

《叢林盛事》中闢有逸事醜聞一部，梅峰禪師閱罷此章之後，心中不平之氣難以排遣，故而在序言中作了匡讚。除了這種道德的譴責之外，南宋禪師如本還做了《叢林辨佞篇》來舉證冗濫者的特點，其分析獨到而中肯，實為辨奸之指南也：

> 後世不見先德楷模，專事諛媚，曲求進顯，凡以住持薦名為長
> 者，往往書刺以稱門僧，奉前人為恩府，取招提之物，苞苴獻佞，
> 識者憫笑而恬不知恥。嗚呼！吾沙門釋子，一瓶一鉢，雲行鳥飛，
> 非有凍餒之迫，子女玉帛之戀，而欲折腰擁彗，酸寒局踏，自取辱
> 賤之如此耶？稱恩府者，出一己之私，無所依據。一妄庸唱之於其
> 前，百妄庸和之於其後，擬爭奉之，自卑小之耳。……破法比丘，
> 魔氣所鍾，誑誕自若。詐現知識身相，指禪林大老為之師承，媚當
> 路貴人為之宗屬，申不請之敬，啟壞法之端。白衣登床，膜拜其下，
> 曲違聖制，大辱宗風。吾道之衰極至於此，嗚呼！〔註72〕

這裡列舉的諛媚獻佞的醜態，顯然是針對實際的情況而發。這種違反戒律乃至違反法律的行為，不能籠統的判定為世俗化的弊端，或者僧侶冗濫的必然結果，不過其多少與張力品味過低有些關係。

叢林風氣澆漓戒律弛壞的狀態，不能說是住持制度的直接結果，然其中千絲萬縷的聯繫卻不能避免。佛教的寺院組織形式是其履行信仰的實踐，其建築

〔註70〕（宋）賾藏著，蕭萐父、呂有祥點校《古尊宿語錄》，北京：中華書局，1994
　　　　年，第 772 頁。
〔註71〕《卍續藏》第 148 冊，第 96 頁上欄。
〔註72〕《大正藏》，第 48 冊第 1027 頁中欄。

格局仿照了皇家的法式，寺院的總體的生態則踐行了經論中有關淨土的設想。早期的僧團領袖希望能在凡俗中開闢出修行的樂土，以替代現實世界而成為理想秩序，並作為「普度眾生，脫離苦海」的方法。因此「寺院不僅是佛教存在的形式」，其「制度代表著建立理想世界的努力」，這一點楊慶堃在《中國社會中的宗教》中有論述：「寺院是擁有權威、規範、給養和社會生活的獨立體系。……而就理想狀態而言，整個世界的最終救贖是指寺院制度發展到容納所有的人類，完全取代世俗生活包括政府。」〔註73〕總之，寺院最完滿的狀態是作為佛教樂土理想的投影而存在，其中應該刨除所有娑婆世界的因素。然而隨著宋代佛教情勢的複雜化，尤其是以經濟目標為導向的住持制度的確立，似乎漸漸偏離了原有的發展模式。這一制度的出現既是禪宗叢林制成熟的結果，也是社會風氣變動使然。宋代出現了「一股復興中國漢文化並反對外來影響的潮流」，民族主義開始影響宗教的走向，強化教派中的本土元素會增強其競爭力。民族主義的構成非常複雜，皇權是其中的關鍵要素，因此參照帝國的格局來組織寺院，就成為可能性的選擇之一。又加上均田制的破壞，寺院的布施群體發生了結構性的轉移。要維持僧團的興盛，就必須參與到與世俗社會的互動中去，更集中的權力和更高的效率是基本的要求。維持僧團的延續和創造淨土的理想已然有了牴牾，佛教明確知道與上層權力的對抗會使他們一無所獲〔註74〕，故而寺院容納整個世界的初衷必然不能再延續下去。歸根結底，住持制度是複雜形式下，宗教理想向皇權妥協的產物，它的體制中包含的科層因素，極大地強化上層僧侶的權力，高效率性又是經濟導向團體的要求。因此，它能很好地保證僧侶團體的生活，使得佛教徒可以在文化角色之外，還可以作為一

〔註73〕《中國社會中的宗教》，第123頁。

〔註74〕宗教，尤其是佛教對社會具有較強的整合能力，這種能力在面對大型災難之時，顯得尤為可貴。因此，雖然「以世俗的統治集團和國家利益計」，宗教絕不可能被允許發展成為一股獨立的具有影響力的勢力，「但宗教所以不會被悉數消滅，部分原因在於宗教在維護社會道德秩序方面所發揮的功能，這一點連儒家學者也清楚地看到了。宗教團體為了證明其存在的合理性，通常會聲稱自己以「提升美德」為終極目標。……然而，宗教與道德秩序的關聯中，它所扮演的是一個超自然裁判的角色。宗教本身既不是倫理價值的根本源頭，也不是懲戒違反道德準則的行為的權威。因此，儘管宗教作為傳統道德秩序的一部分發揮著它的功能，但它並不曾作為主導和獨立的道德機制佔據過一席之地。這一點從宗教在傳統倫理價值體系中所佔的有限地位，從宗教試圖強化道德標準和提升道德理想之方式，以及從神職人員心目中普遍缺乏一個顯著的道德立場都可見一斑。」（見楊慶堃《中國社會中的宗教》，第254頁。）

股新興的經濟力量。這種力量獲得了官方的默許，他們利用自己在庶民之中的威望，更深入的參與到了社會的建設中。

　　住持制是宏觀層次的寺院組織制度，同時它是制度改革的物化和表徵，最終以寺院的實體形式表現出來。寺院空間的變化雖與制度的改革有關，但又不僅僅作為後者的表象存在。除此之外，還存在著一種更細微、更不易察知的權力輪轉系統。它的根源是禪宗法統的授受，即包含在上代禪師對下代的認可儀式中，可視為血胤關係的延伸。這種認可的儀式表徵了權力的讓渡，其所讓渡權力的構成極為複雜，既有寺院更高的地位，也有對相關文本的解釋權，甚至開山傳法的權力，後兩者的影響遠遠超出了寺院的層面。經由師徒關係所建立的權力場域，並不僅僅發生在甲乙制的寺院之中，在十方制乃至教門之中也非常常見。就宋代禪宗而言，這種師徒關係對宗教走向的影響，並不比住持制小。

第二節　宋代禪宗的權力構成

一、禪宗的師徒付囑傳統

　　禪宗師徒間法統的授受，最有名的事例當屬五祖與六祖之衣缽相傳。衣指三衣而缽則為食器，此二者乃受具足戒時僧尼身份成立的條件之一〔註75〕。出家人不蓄資產，因此用衣缽來代表其所有，故而禪宗引其為師徒間授受的信證。《舊唐書》：「昔後魏末，有僧達摩者，本天竺王子，以護國出家，入南海，得禪宗妙法，云自釋迦相傳，有衣缽為記，世相付授。」〔註76〕又《傳法正宗記》云：「昔達磨以來自異域，雖傳法於二祖，恐世未信其所師承，故以衣缽

〔註75〕義淨所譯的《根本說一切有部毗奈耶》中載：「緣在室伐羅城，鄔波難陀度一弟子，無缽可與。眾人食時，各自洗缽，置於淨處，出行禮塔。新出家者見缽便念：『比有閑缽，我今將去，食後當還。』即便欲取上座阿若憍陳如缽。餘人報言：『具壽。此是尊者缽，汝不應將！』復更取余尊者馬勝、賢善等缽必芻問曰：『汝無缽耶？』答言：『我無。』『誰先無缽度汝出家？』答曰：『鄔波馱耶、鄔波難陀與我出家。』必芻譏恥：『除彼惡行，誰不與缽令他出家！』必芻白佛，佛言：『不應無缽令他出家。作者得越法罪！凡欲與他為出家者，先當與辦所須六物：三衣，敷具，缽及水羅。』」衣缽為出家身份成立的條件之一，是通過戒律的形式固定下來的。

〔註76〕（後晉）劉昫等撰，陳煥良、文華點校《舊唐書》第4冊，長沙：嶽麓書社，1997年，第3229頁。

為驗。今我宗天下聞之，莫不信者，則此衣鉢可止於汝。」〔註77〕以衣鉢為記，達摩傳與慧可，弘忍傳與惠能，禪宗獨舉衣鉢為記當與此二事有關。此外，佛教另有表師徒承嗣的語詞，比如「傳燈」，《景德傳燈錄》序言道：「昔釋迦文。以受然燈之夙記當賢劫之次補。降神演化四十九年。開權實頓漸之門。垂半滿偏圓之教。隨機悟理。爰有三乘之差。接物利生。乃度無邊之眾。其悲濟廣大矣。其軌式備具矣。而雙林入滅。獨顧於飲光。屈昫相傳。首從於達磨。不立文字直指心源。不踐楷梯徑登佛地。逮五葉而始盛。分千燈而益繁。達寶所者蓋多。轉法輪者非一。蓋大雄付囑之旨。正眼流通之道。教外別行不可思議者也。」〔註78〕經此一說明，傳燈二字為禪宗所攘而成為一種獨立文體，即「燈錄」。傳燈錄表示禪宗印心的關係，以記言為主，其最終目的是為了說明傳承的次序問題。即傳燈之義雖為佛教所共有，但直到禪宗之後，其表衣鉢相付的意味才被拈舉出來。若禪宗僅有「衣鉢」意義的提舉，或可歸類為一種偶然的相合，現在傳燈也被有意無意的凸顯出來，則很難說其中沒有深意存焉。

　　一種流行的觀念認為宋代是禪宗的僵化時期，此階段禪僧開始整理前人的語錄，並從古籍中挑選出深刻的語言用以教導門徒。與初創時期的旺盛創造力相比，這個時代顯得保守而僵化。這種以融合替代創造的時代，從另一個側面來看，也是教團規則逐步正規化、嚴苛化的時期。所謂正規化即收緊僧團的管理規則，強化各種秩序，最終目的是培養出僧人長幼有序、尊卑有分的意識。前文已經談到了通過制度重組來強化寺院空間的方面，這是具體的手段。除此之外，還有作用於觀念層面的方法，它的表現沒有前者那樣明顯，但影響力似乎更大。這些觀念的源頭是宋代禪僧整理的典籍，它構成了宋禪世界中具有辯論、儀式和說教功能的宗教神話，以及神聖歷史的主體。尤其是其中認定的傳法系統，甚至具有了不容置疑的「經」的性質。宋僧所編典籍中燈錄是最主要的一種，而燈錄的本質是對法嗣傳承體系的認可，他們試圖將這種譜系塑造為一個歷史範疇的產物。即強調真實性，其本身的價值內蘊於這種真實性之內。考訂譜系並將其文本化僅僅是第一步，宋僧的目的在於強調其所傳法統來源的神聖性和正當性，並藉此宣稱他們獲得了伏藏，從而發明了一些新的修行方式，故其手中所持有的法統具備完美的特徵。這樣的表態至少有兩個影響，第一是抬高了宗派的地位，取得了佛教內部的話語權，這可以算是宗派消長的常

〔註77〕《大正藏》，第51冊第746頁下欄。
〔註78〕《大正藏》，第51冊第196頁中欄。

態。第二個是設置了禪師傳法的門檻，先期進入的禪僧通過提高准入門檻來限制競爭，沒有獲得文本認可的法師或者法統的流通性被大大限制，權力會迅速的集中在少數禪師手中。甚至所有的後來者都必須獲得他們或者再傳的認可，才能具備交流的權利，這可以算作宗門勢力的一次洗牌。

禪宗譜系的構建可以追溯到唐人撰成的《楞伽師資記》，彼時其僅為一宗派內部的史籍，宋代形成的燈錄系統已經成為涵蓋教、宗二門的宗教史著作。宋人在建構禪宗的歷史譜系時，面對歷時性接續困難和證據匱乏的局面，有意識的利用了一些技術化的手段來增強說服力，這些手段包括戲劇化的場景描寫、秘傳因素的強化等〔註79〕。技術化處理歷史細節的手段一般發生在對事件真相不能充分了知的狀況下，面對這種情況要還原文本的信息需採取一定的手段，比如可以暫時性的不考慮其作為史實的可靠性，而專門研究其觀念的真實性。《傳法正宗記》所載初祖授法的情形：

> 吾（佛陀）以清淨法眼、涅槃妙心、實相無相、微妙正法，今付於汝，汝當護持。並勅阿難副貳傳化無令斷絕。而說偈曰：「法本法無法，無法法亦法。今付無法時，法法何曾法。」偈已復謂大迦葉曰：「吾將金縷僧迦梨衣。亦付於汝。」〔註80〕

這裏對傳法的記載很簡略，只有說偈和少量囑咐的話。到了《五燈會元》之中，記載詳盡了一些：

> 世尊在靈山會上，拈華示眾，是時眾皆默然，唯迦葉尊者破顏微笑。世尊曰：「吾有正法眼藏，涅槃妙心，實相無相，微妙法門，不立文字，教外別傳，付囑摩訶迦葉。」世尊至多子塔前，命摩訶

〔註79〕 有關禪宗的秘傳情況，白昭傑在《聖僧的多元創造：菩提達摩傳說及其它》一書中多有說明，如「在唐宋禪宗建構的歷史譜系里，充滿著秘傳意識的身影（師承密付、袈裟秘傳等）。以秘傳觀念解釋不見於書籍文字、未獲教內外廣泛接受的歷史，是禪宗連綴歷史斷裂的重要方式。但秘傳作為隱沒歷史的解釋，本身極易陷入備受質疑的不利境地。於是，如何證明秘傳的真實性，如何解釋秘傳的必要性，成為禪宗內部被迫繼續思考的問題。對學禪者根器的選擇之說，傳法偈、傳法袈裟、拈花故事等傳說的產生，甚至「不立文字，以心傳心」口號的提出，既豐富了秘傳歷史的內容，同時又在解釋秘傳意識的正當性。由此，禪宗內史的建構意識與建構結果之間進行著不斷的循環論證，彼此印可，形成可以自我說明的內恰系統以下對唐宋禪宗歷史敘述中的秘傳觀念進行檢討。」見白昭傑《聖僧的多元創造：菩提達摩傳說及其它》，第97頁，上海：上海社會科學出版社，2019年。

〔註80〕 《大正藏》，第51冊717頁下欄。

　　迦葉分座令坐，以僧伽梨圍之，遂告曰：「吾以正法眼藏密付於汝，
　　汝當護持，傳付將來。」世尊臨入涅槃，文殊大士請佛再轉法輪。
　　世尊咄曰：「文殊！吾四十九年住世，未曾說一字，汝請吾再轉法輪，
　　是吾曾轉法輪邪？」世尊於涅槃會上，以手摩胸，告眾曰：「汝等善
　　觀吾紫磨金色之身，瞻仰取足，勿令後悔，若謂吾滅度，非吾弟子，
　　若謂吾不滅度，亦非吾弟子。」時百萬億眾，悉皆契悟。〔註81〕

從《傳法正宗記》到《五燈會元》，此事之細節愈加飽滿，其所蘊含的神秘要
素也變的更強。前一則故事明確提到迦葉尊者乃佛祖選擇託法之人，後者中迦
葉尊者心領神會而得到青睞才被付以傳法大任。這一二人世界的交互場景包
含有信息的傳遞，多出來的信息明顯是他們獨佔的，不為第三人所知的，是心
領神會且與經教言說相對的方式。同時它也埋藏了一種抬高自悟，貶棄語言的
苗頭，默傳心印在禪宗擁有絕對的地位，這與它的來源直接相關。這則故事中
已經包含了禪宗作為教派所需要的全部神異資糧。還有一個問題，為什麼二祖
為摩訶迦葉呢？《摩訶摩耶經》記載：「摩訶迦葉共阿難結集法藏，事悉畢已，
摩訶迦葉於狼跡山中入滅盡定。」〔註82〕《毗婆沙論》卷一百三十五記載：「尊
者大迦葉，入王舍城最後乞食。食已未久，登雞足山。山有三峰，如仰雞足，
尊者入中結跏趺坐。」〔註83〕摩訶迦葉為佛陀十大弟子之一，修頭陀行，因為
苦行的緣故他常年是一種衣衫襤褸的狀態，這與禪宗早期的山居穴處的生存
情形互相印和。這兩則記載對人迦葉去向的記載留下了伏筆，為後來禪宗祖師
間不能接續的狀態提供了一種解決方案。大迦葉的滅盡定使他傳法給三祖不
僅僅存在神異故事的可能，同時也有了歷史真實的可能。總之，禪宗僧侶似乎
有明確建構自己歷史的意識，這種建構意識和其建構的結果常能自洽，從而形
成了一種循環論證的體系。這個體系越到後來越圓滿，說服力也越來越強。

　　除了初、二兩祖之間法統的傳遞之外，比較有名的事例還有五祖和六祖：

　　祖以杖擊碓三下而去。惠能即會祖意，三鼓入室；祖以袈裟遮
　　圍，不令人見，為說《金剛經》。至「應無所住而生其心」，惠能言
　　下大悟，一切萬法，不離自性。遂啟祖言：「何期自性，本自清淨；

〔註81〕《新纂卍續藏》，第 80 冊第 31 頁上欄。
〔註82〕延聖院大藏經局編《磧砂大藏經》，臺北：新文豐出版公司，1987 年，第 12
　　　　冊第 1013 頁下欄。
〔註83〕《大正藏》，第 27 冊 698 頁中欄。

何期自性，本不生滅；何期自性，本自具足；何期自性，本無動搖；何期自性，能生萬法。」祖知悟本性，謂惠能曰：「不識本心，學法無益；若識自本心，見自本性，即名丈夫、天人師、佛。」三更受法，人盡不知，便傳頓教及衣鉢，云：「汝為第六代祖，善自護念，廣度有情，流布將來，無令斷絕。」……祖復曰：「昔達磨大師，初來此土，人未之信，故傳此衣，以為信體，代代相承；法則以心傳心，皆令自悟自解。自古，佛佛惟傳本體，師師密付本心；衣為爭端，止汝勿傳。若傳此衣，命如懸絲。汝須速去，恐人害汝。」惠能啟曰：「向甚處去？」祖云：「逢懷則止，遇會則藏。」惠能三更領得衣鉢，云：「能本是南中人，素不知此山路，如何出得江口？」五祖言：「汝不須憂，吾自送汝。」祖相送，直至九江驛。祖令上船，五祖把艣自搖。惠能言：「請和尚坐。弟子合搖艣。」祖云：「合是吾渡汝。」惠能云：「迷時師度，悟了自度；度名雖一，用處不同。惠能生在邊方，語音不正，蒙師傳法，今已得悟，只合自性自度。」祖云：「如是，如是！以後佛法，由汝大行。汝去三年，吾方逝世。汝今好去，努力向南。不宜速說，佛法難起。」惠能辭達祖已，發足南行。兩月中間，至大庾嶺。〔註84〕

這則故事的戲劇性極強，純乎是取法歷史寫作的筆法，許多心理活動和隱秘的對話都被還原了出來。按說這些細節的復現會傷害真實性，但按照古典的史學傳統這屬於史筆的正常範疇，彼時各種情勢的綜合下正合有這樣的應對，至於這種細節的真實反倒不在考慮的範圍。同二祖傳授時的情形類似，這則故事中蘊藏的觀念和禪宗後來的主張契合度極高，很可能經過了一些處理，這與前文循環論證的判斷相印合。

通過近人如胡適、柳田聖山、佛爾、馬克瑞等人的研究〔註85〕，現在我們明確知道禪宗早期的歷史至少存在有四方面的問題。第一，通過「敦煌文獻及新發現的關於達摩譜系的記載來看，宋人所創造的燈錄系統捏造的可能性很高」。第二，有關「惠能和其傳人的勝跡和言行都記載於他們身後的年代，他們活動當期史料很少」。第三，這些燈錄文本的文學品質極高，其中充滿了隱

〔註84〕《大正藏》，第 48 冊第 349 頁。
〔註85〕參龔雋《禪史鈎沉：以問題為中心的思想史論》，北京：三聯書店，2006 年，第 1～40 頁。

喻、象徵、起興乃至戲劇的手段，然而其背景又被還原到了真實的場景之中，這一切都可以「歸類為小說的典型特徵」。第四，傳法譜系的概念本質上是一個「宗教範疇」，而不是一個「歷史範疇」的產物。〔註86〕如果承認這個現實，即宋人在整理唐代禪宗文獻的時候採用了虛構的手法，那麼就存在一個很嚴重的問題。他們追認唐禪為禪宗最黃金的時代，當時宗師輩出創造力旺盛，可是這並不是唐禪的真相，那麼他們收集起來的教義和祖師宏偉的形象就會受到削弱。宗教問題上的退化論和原教旨主義會被再次提及，以作為解釋這種現象緣由，即對知識的掌握是一輩不如一輩，更古老的時候人們和神靈的交互更多，因此宗派的神性也更強。這是籠統而不完滿的解釋。從另一個路徑來看，這些文本也可以被當做宋代禪僧對當時宗教現實不滿的宣洩，可能這種不滿源自宋禪的總體狀況，其和唐代有了較大不同，因而宋僧在設想一種完善的狀況並將其投射到了唐禪之中。這或許是他們整理黃金時代文獻的初衷，然而隨著經典化運動的進展，其初始的目的變得無足輕重，裹挾他們不斷修正禪史並圓滿祖師形象的力量，已經發生了變化。況且並不是所有的經典纂修者都察覺到了兩個朝代之間宗教情況的差別，那麼他們到底為什麼要虛構一個法系的傳承呢？

二、以法嗣關係為核心的權力系統

　　宋代禪僧擬構的歷史體系中，禪宗的源頭直接上溯到了釋迦牟尼佛，佛陀將無形法通過印心的方式傳承給了摩訶迦葉。這個故事蘊含的精神後來被抽象為四句話：教外別傳、直指人心、不立文字、見性成佛。這四句話據說直到菩提達摩時代才被宣示出來。他因此成為禪宗第二十八代祖師以及東土的初祖，他的宣示行為具有了隔代傳法的神秘性，這樣包括他在內的二十八代祖師就成為了一個精神的同一體，尤其是第二到第二十七，他們存在的象徵意義高於現實意義。二十八祖被統一收錄可以看作宗派的一種表態，佛陀之外的祖師成了佛陀的延續，這樣使得每個傳承禪法的人都具備佛陀的特徵。這種文本的表態在事實上抬高了禪宗的地位，所有傳承禪法的人也就是妙悟了佛陀深意的個體組成了一個精神的氏族，他們對至高真理的領悟，並不是機械地通過文

〔註86〕 Ebrey, Patricia Buck, *Religion and Society in T'ang and Sung China*, publisher: University of Hawaii Press, 1993, P.150（唐宋時期的宗教與社會，夏威夷大學出版社，1993 年。）

獻學習獲得的，而是一剎那間了悟全體真相。這自然標誌著他們更高資質的可能。特殊法門的傳承人全體組成的精神氏族既然具有更高的地位，那麼整理他們的譜系就不僅是整合宗派歷史的問題，同時也能從這些歷史中獲得一種無形的力量，只有像祖師一樣具備良好資質的個體，才能成為他們的傳承者，也才有資格整理他們傳法的事跡。既然有更高資質，且被佛祖專門授記，那麼無形中他們的地位就應高於其它宗派，因而在競爭中他們就取得了更高的權威性。達摩之前的祖師，其作用是從佛陀手中取得正統性的認可，這種接續性是出於徵實的需要。而中土的六祖則不僅有象徵的能力，他們每個人的宗教神話，都試圖讓自我的形象與佛陀重合，更重要的是他們的舉動能賦予後世法嗣某種權力。即只有經過他們認可的人才能進入這個隱秘的譜系，才能進入禪宗文本塑造出的權力場域，並進而影響宗派中各分支力量的消長。亦即宋代僧人苦心孤詣編纂的文本，客觀上保留歷史資料的同時，也具有了對現實控制的能力，只有進入到這一歷史敘述之中，纔可以獲得開悟的資格。這種開悟資格的分派就是通過譜系的編寫來實現的，其授予的權力是已經和佛陀形像相合的祖師，只有成為祖師法脈的傳承者，才能開啟內心的智慧。因此禪宗的文本從歷史範疇到神聖範疇，再漸次的擁有了權力控制的屬性。理想的狀態下的譜系應該是接續的，即沒有出現斷層，這樣才能被上代禪師授記，授記是其合法性的來源。同時應該是單一傳承的狀態，否則權力的分派將不受控制，會出現鬥爭的情形，然而實際的情形卻不是如此。

如果兩代祖師的傳承過程公開透明，那麼爭議就會減少許多。可惜禪宗早期的幾位祖師生平和行履很模糊，連專門保存高僧履歷的僧傳中也多隱約其辭，因而許多事跡只能通過敦煌文獻復原。此現象雖呼應了禪宗秘傳和自悟的傳統，即他們的知識來自高領悟能力主導下的自我學習，授記僅起到了對關鍵信息的點撥以及教派權力傳承的象徵。這一點與以往祖師的履歷相合，可同時也為後來「政出多門」的狀態埋下了隱患。據說四祖道信別傳有牛頭山一宗，李華於天寶十一年寫的《潤州鶴林寺故徑山大師碑銘》：

> 大師延陵馬氏，諱元素。……入南牛頭山，事威大師。……初，達摩祖師傳法三世至信大師，信門人達者曰融大師，居牛頭山，得自然智慧。信大師就而證之。且曰：七佛教戒諸三昧門，語有差別，義無差別。群生根器，各各不同。唯最上乘，攝而歸一。涼風既至，百實皆成。汝能總持，吾亦隨喜。由是無上覺路，分為此宗。……融授

岩大師，岩授方大師，方授持大師，持授威大師，凡七世矣。〔註87〕
又劉禹錫《牛頭山第一祖融大師新塔記》稱：

> 達摩……東來中華，華人奉之為第一祖。又三傳至雙峰信公，
> 雙峰廣其道而歧之。一為東山宗，能、秀、寂其後也；一為牛頭宗，
> 岩、持、威、鶴林、徑山其後也。分慈氏之一支，為如來之別子，咸
> 有祖稱，粲然貫珠。大師號法融……博機群書，既而嘆曰：此仁義
> 言耳，吾志求出世間法，遂入句曲……徙居是山，宴坐石室，以慧
> 力通感故，旱麓泉湧，以神功示現故，皓雪蓮生，巨蛇摧伏，群鹿
> 聽法。貞觀中，雙峰過江，望牛頭，頓錫曰：此山有道氣，宜有得
> 之者。乃東，果與大師相遇。〔註88〕

祕傳或者別傳的情形首見於此二文本，牛頭山和東山鼎足而立的情形被揭示
了出來，另外李華對七世傳承的記載又呼應了七佛的典故，形成了一種正宗的
暗示。總之，四祖道信後禪宗已經分為兩途，東山乃弘忍一支，牛頭為法融一
系。雖然此說頗有可疑之處，一般的看法是法融曾隨明法師學般若三論，他雖
然勤修禪定，但與達摩一系的人並沒有什麼關係。更關鍵的是，「他與道宣同
時，他們晚年都很有名，道宣在增補《續高僧傳》時沒有記載法融從道信受法。」
〔註89〕然而《景德傳燈錄》卻對法融從道信的說法予以信從，禪宗的單傳狀態
在文本中被打破，景德錄的這種做法可能是後世門徒博弈的結果，後文另有詳
說。到了五祖弘忍時，禪宗的別傳狀態就更加明顯了。除了大名鼎鼎的神秀和
惠能南北對峙以外，至少還有法如、老安、智詵等，他們也在不同的地區弘揚
五祖的法門，並且都有較大的影響，甚至當時受認可的程度要超過慧能南宗一
系。五祖在付法時預言六祖之後禪法的單傳狀態會消失，受法者將會增多，禪
宗也將迎來大興，如果這一記載可信的話，有理由相信多傳的狀態是五祖有意
為之的結果。五祖門徒漸次凋零之後，多傳的情況有所改變，禪宗大致又可以
分為兩支，即青原行思和他的弟子石頭希遷一系，以及南嶽懷讓和弟子馬祖道
一一系。景德錄中大量保存了關於行思和懷讓門徒的資料，記載他們一方面是
肯定其禪僧的身份，同時也宣佈了他們正宗以及主流的身份，即這一系充分掌
握了禪宗的教派權力和文書權力，也即具備了評判正宗與否的力量。

〔註87〕《全唐文新編》，第 3633 頁。
〔註88〕《全唐文新編》，第 6861 頁。
〔註89〕蔡宏著《般若與老莊》，成都：巴蜀書社，2001 年，第 149 頁。

　　燈錄中記錄了嫡傳的同時，又記載了大量的別傳，比如牛頭山、淨眾禪，這又是為什麼呢？按理應當是掌握文書權力的一支將自我標識為正統，而對其餘的分支或者摒而不錄，或者直接定名為異端，然而這種有條不紊的系統擬構並沒有發生。不完美的現實或許正好說明了不同派別對文本權力的爭奪。即正統和別傳都被官修燈錄承認，此局面可能是談判和妥協所造成的。南方禪系在當時並沒有取得絕對的統治地位，神秀、老安、法如等人及其門徒形成的北宗，當時的影響力可能仍然很強。神秀和老安等在武周時期與政府的合作，很早就取得了較高的地位〔註90〕。他們的後學也在試圖取得法脈系統的話語權，敦煌文書中存在不少證據〔註91〕。如果宋代禪僧在建構燈錄體系時忽略掉北宗一派，那麼其最看重的真實性，也就是燈錄神聖權力來源的根基就會被嚴重削弱，這與他們苦心孤詣編撰的初衷相悖。故而承認了這些別傳，同時他們又創造了傳衣鉢和深夜奔逃的秘傳故事，應和了佛陀與摩訶迦葉心印的精神，輾轉強化了身份的正統性。這是一種迂迴的邏輯，雖然現實中有許多傳人，但是正統這一支一直把握在南方手中。儘管完滿的單傳狀態不存在了，這應和了五祖高明的預言，因此這種局面在邏輯上是自洽的。至此燈錄早期的世系被建立了起來，這種刻意營造的清晰而又有條理的脈絡，使得其自別於它所脫胎的那些文本，比如《寶林傳》和《祖堂集》。燈錄雖然應用了這些文本的史料，但真正有價值的部分是對世系的重構。這讓文本的價值超越了它本身，寶林和祖唐二集，從根本上說只是關於禪宗故事的淵藪，它是一個資料的合集，而經過加工修纂的燈錄，其性質明顯超過了這個層次，它對正統和別傳的判定，既是現實宗派博弈的結果，同時也是權力分配的根據。即其影響力投射到了傳法的現實之中，成為了教徒身份的許可證明。

〔註90〕以神秀為代表的北宗禪法的價值近年來獲得了更加廣泛的認可。印順法師認為，「《祖堂集》以神秀、慧安、道明等為北宗，是廣義的說法，狹義地，專指神秀及其神秀有關的一系」。（見印順：《中國禪宗史》，南昌：江西人民出版社，2007年，第103頁。）杜繼文與魏道儒在《中國禪宗通史》中指出在武周時期，禪宗作為一個宗派就得到了官方的認可，「並將禪宗得以立宗的最後基石安置妥當」，而神秀就是「京師禪系」的代表（見杜繼文、魏道儒《中國禪宗通史》，南京：江蘇古籍出版社，1993年，第103～104頁。

〔註91〕據韓傳強統計，敦煌文獻中與北宗禪相關的文書「有近30種」，寫卷達「100」多份，並且「按照禪宗北宗諸派系的劃分及其傳承，將這些敦煌文獻作如下分類：（1）法如系敦煌文獻；（2）神秀系敦煌文獻；（3）老安系敦煌文獻；（4）玄賾系敦煌文獻。」見韓傳強《禪宗北宗敦煌文獻錄校與研究》，南京：江蘇人民出版社，2018年，第5頁。

　　禪宗道統的擬構發生在宋代，藍日昌在研究中國佛教發展時已經敏銳的覺察到這一點。藍氏指出「爭道統乃宋人的想法，也因道統之爭，宗派之區別才愈形重要」，而真正「宗派的觀念是由後人向上追溯的」，其「初始於中唐，而大成於宋代」，因此，「宗派及宗祖代傳一人的傳承觀念是道統觀念的架構，非歷史性的構成」〔註92〕。禪宗的道統意識並不僅僅局限在其宗派之內，一些僧人甚至想通過譜系的編撰來確立其在教派內的正統身份，契嵩嘗言道：「能仁氏之垂教，必以禪為其宗，而佛為其祖。祖者乃其教之大範，宗者乃其教之大統。大統不明，則天下學佛者不得一其所旨；大範不正，則不得質其所證。」〔註93〕契嵩以禪宗為正朔，意圖在結束宋以來宗、教兩門相互對峙的局面，而將法統交付到禪子的手中。然而他並沒有舉出更多令人信服的證據，只是將舊有的說法作了修正以及解釋。例如他宣稱達摩「實佛氏一教第二十八祖」，乃「釋迦文如來直下之相承者也」，這是為了批駁二十四祖的說法，並認為這種誤解的產生乃是因其事跡「傳之中國，年世積遠，譜牒差謬，而學者寡識，不能推詳其本，真遂不諒，份然異論，古今頗爾。」〔註94〕即他的根據是文獻的考信徵實，這實質上是授人以柄的作法，他所據的文獻的真實性存疑。後來被天臺宗攻擊也就難以自圓其說，當然天臺的譜系也是建構出來的，「道統的營建和教相的判釋一樣，都是用來論證自己正統地位的有效手段。」〔註95〕既然如此，那麼為何天臺宗所建構的傳承系統，並不如禪宗的影響廣泛呢？這仍然要回到兩者的文本根基上來談，天臺宗歷史文本中寫實的策略，與禪宗相較明顯遜色一籌，這是一個主要原因。燈錄中除了道統譜系的記載之外，大量的篇幅用來描寫禪師與其弟子之間的對話，這些對話所涉及的場景和內容大都與日常的經驗有關，完美細節的重現可以提振觀眾信服的能力。禪宗的對話文本被認為有甚深義，即它本身的歷史含有導人解脫的功能，這在天臺宗是沒有的。禪宗文本被認為含有甚深的解脫義，即意味着其地位足以和佛陀及菩薩所造的經論相當，這當然是禪宗本身的教理所確定的。然而此局面易為後學者提供暗示：存在一種秘傳的策略，可以不依賴於深文廣句所包含的系統的哲學教

〔註92〕藍日昌：《宗派與燈統──論隋唐佛教宗派觀念的發展》，《成大宗教與文化學報》2004 年第 4 期，第 19～52 頁。

〔註93〕（宋）契嵩著，鍾東等點校《鐔津文集》，上海：上海古籍出版社，2016 年，第 165～166 頁。

〔註94〕《磧砂藏》，第 51 冊第 769 頁上欄。

〔註95〕朱政惠，崔丕主編《北美中國學的歷史與現狀》，上海：上海辭書出版社，2013 年，第 370 頁。

義的學習，而是僅僅依靠自發的反應和一些簡潔籠統的表述，這些表述可能會引起人情緒的共鳴，也有可能是疑情，從而洞察到佛教的真理。這當然是設計的結果，如：

> 僧問：如何是真佛、真法、真道，乞師開示。師曰：佛者心清淨光是；法者心光明是，道者，處處無礙淨光是，三即一，皆是空名，而無實有，……山僧今日見處與佛祖不別，若第一句中薦得，堪與佛祖為師；若第二句中薦得，堪與人天為師；若第三句中薦得，自救不了，僧問：如何是第一句？師曰：三要印開朱點窄，未經擬議主賓分，曰：如何是第二句？師曰：妙解豈容無著問，漚和爭負截流機。曰：如何是第三句？師曰：但看棚頭弄傀儡，抽牽全藉里頭人。〔註96〕

這些記錄大多篇幅短小文意盎然，禪師的背景信息夾雜在對話之中，形成插敘的結構。那些能令聞者別有勝解的意義，就蘊含在對答的交鋒之中。對話語言往往採用斷章取義的手段，以使其具備興的某些特質，一切內容都在將說未說之中呈現。也就是有形式的談話只是上舉的力量，真正的意圖也即「興」義在文本之中隱沒，「興」帶契的功能從而使未形諸言語的思想呼之欲出。這種若即若離的文字最容易給人以似有所得似有所失的頓悟感。實質上，禪宗文本真正起作用的是文學性，而不是宗教性。教派意圖整合法嗣系統，以確立嚴正有序的威權。這種想法呼應了禪宗來源的傳說，也就是只有在文本中被承認過的法師才具有禪宗傳人的身份，才能開山授法，否則就會遭受異端的非議。那麼他們組織文本時為何突出的是文學的質料呢？

禪宗的燈錄系統經常會表現出強烈的文學性。燈錄在形式上和牒譜具有很大的差別，牒譜以記人為主要目的，上代與下代環環相扣，而每代之中則並齊相比，其中的傳承關係一目了然，涉及到個人的事件也僅止於一筆帶過。而燈錄卻並非如此，若要記載有序的傳承關係，按說採用牒譜的形式效率最高。不過通過上文的討論我們已經知道，燈錄的修纂有求全求備的傾向。這是妥協和談判的結果，因此傳承關係的條理性並沒有那麼高的要求。況且來自不同系統的禪僧，互相之間也難以並駕齊觀。因此，燈錄雖然也以記錄法嗣傳承為目的，但其中包含有許多軼事、趣聞。這些冗雜的信息有較強的藝術感染力，可以有效規避掉法嗣之間斷續和不合理的地方，即通過填補的方式使讀者忽略

〔註96〕《磧砂藏》，第 47 冊第 501 頁下欄。

掉主體信息的闕如。燈錄並不是按照歷時的原則進行編纂的，也沒有以地域、或者支派來進行，而是表現出了一種極大的隨意性，這可能與當時的環境有關。一則故事包含了禪師背景、承法情形、逸聞趣事之外，主要的結構就是被認定為具有解脫義的對話。這使得燈錄文本的素質接近後世的小說，而非其它地位更高的文體。禪師和門人的對話細節都被完整的記錄下來，文本的創造者似乎在竭盡全力復現當時的情景，以至於閱讀者感覺他們要引用的不僅是禪者的話語，而是他們完整的思想。文本過分的追求真實性的復原，以至於其背叛了某些歷史原則，許多只有兩者構成的交互過程，本應該是難以被精確記錄的。這些作品本身的價值就會區分開來，文本更加細膩的一部分，或者對話更具有啟發性的成為典型的教材，相形之下另一部分被提及的次數就要少許多。

　　燈錄中內容更細膩的故事被選擇出來變成了一種文體：公案。公案在相當長的時間段裏都被宣傳為禪宗教導後輩的教材，許多禪僧認為只要常年累月的參悟就會獲得解脫的大義。這個時候經藏和論藏反倒處於不太重要的位置，有時候禪僧會指責它們妨礙開悟的發生。從另一個方面來看，前輩禪師得法的機緣變成了新的神話。他們的故事也許確實指向了解脫的方向，這種解脫不僅指對佛教勝義的了知，同時也意味着在教團內部更高的聲望和利益。因此，只有亦步亦趨，按照他們開示的路徑，也即複製這種神話才能獲得法統的認可。複製不僅要求解密對話的信息，這是修行的過程。更重要的是要重複對話的場景，只有神聖場景的配合才能了知那些獨佔的信息。而場景的重建需要上代禪師的配合，只有當他決定開示的時候，一個後進者纔會被選擇為法嗣。並且當他獲得開悟的認可之後，他才能宣揚曾經被授記的信息。在這個過程中，禪師具有主動的選擇權。對後進的沙彌來說，機緣的獲取和身份的認可是最關鍵的要素，取得了這兩個方面的成功，他才獲得了分潤禪宗禪師權力的可能。並且新的法嗣會成為燈錄的予料，從而保證神話的信度繼續延續下來。這不但可以證明祖師傳說的真實性，也能成為新的啟發性因素。因此，每一個親證而得解脫的人都會成為燈錄或者公案的一部分，用以證明它的真實無虛性。如《嘉泰普燈錄》之舒州龍門佛眼清遠禪師章：

> 蜀之臨邛人，族李氏。為人嚴正寡言。年十四圓具，常依毗尼。
> 師因讀《法華》，至「是法非思量分別之所能解」，持問講者，莫能
> 對，遂南游江淮。首參真覺勝禪師，無契。棄依太平，事祖數載。

因丐於盧州，偶兩足趺仆地，煩懣間，聞二人交相惡罵，諫者曰：「你猶自煩惱在。」師於言下有省。及歸侍祖，祖見師，凡有所問，即曰：「我不如你，你自會得好。」或曰：「我不會，我不如你。」師愈疑，每咨決於元禮首座。禮一日見師欲訴意，遽引師耳繞圍爐，旋行旋告之曰：「你自會得好。」師曰：「憑公開發，乃爾相戲耶？」禮曰：「你他後悟去，方知今日曲折耳。」後典賓海會，雨夜讀《傳燈錄》，至破灶墮因緣，忽撥火大悟，作偈曰：刀刀林鳥啼，披衣終夜坐。撥火悟平生，窮神歸破墮。事皎人自迷，曲淡誰能和。念之永不忘，門開少人過。」圓悟聞之，問曰：「青林般土話，古今無人出得，你如何會？」云：「也有，甚難。」曰：「只如他道鐵輪天子寰中旨，意作麼生？」云：「我道帝釋官中放赦書。」悟喜曰：「遠兄便有活人句。」祖亦然之。自是隱居四面大中庵，屬天下一新崇寧萬壽寺。舒守王公渙之命師開法，次補龍門。道望尤振，學者爭集。逾十二年，敕居和之褒禪。樞密鄧公洵武奏賜師號及紫方袍。〔註97〕

清遠禪師通過閱讀燈錄獲得了開悟的機緣，又經過了圓悟禪師的審定，最終成為燈錄的新予料，與以往的禪師變成了精神的合一體。有意思的是清遠尋求開悟的過程，既有疑情和機緣的產生，同時隱約的還存在了權力的交鋒。「無契」既可表示他們間機緣的缺失，同時也可能陳述了性情的不合，抑或者一些其它世俗性的因素。若是後者，那麼他要從覺勝那裡獲得認可的概率就很低，因為開悟的神聖性受到了來自世俗的污染。禪師復現對話時至少有兩種權力：講述對話之後的深意，高度委身的參與到對話的重構中。禪宗的文本的深意被認為只有經過專人的開示才能讓後學領悟，否則一個人只能獲得皮毛。高度委身則代表了禪師復現古德傳法的過程，這是獲得證悟的必要環節。如果禪師拒絕任何一項，法嗣都不會擁有完滿的開悟旅程，也就不能宣稱他從這裏受法。上代祖師對傳法權力的分派似與佛經之燈喻不同，若燈者一燈之光能分千燈而個個具足，而到了授法的時候禪師經常會表現出審慎的特點。按照文本來看，禪師既然能作為佛陀的化身，那麼他開悟之後智慧將不再增長或者減弱，因而他點撥來學者不會降低自己對真相的認知，這一點與燈喻相同。現實的情況是除了名氣很大的禪師，其它被記錄在燈錄中的人很少開示緣法，儘管他們有時候

〔註97〕（宋）正受輯錄，朱俊紅點校《嘉泰普燈錄》，海口：海南出版社，2011年，第297頁。

極鋒相接，但更多是同輩間的互動。專門對後學的提點並不多，許多居廟的僧侶一生都只能在俗務中蹉跎。

提點後學不足的現象可能被教徒解釋為他們的勝緣不夠，不過除了這個因素之外是否還有其它的緣故呢？比如宋代禪宗市場的潛力是確定的，過多的開悟者會使已開悟者邊際收益驟降？主要是指對現實門徒的數量、供養的多寡等而言，前文已經指出禪師對這些並非不在意。又或者龐大市場中個體的穩定性不強，導致整個僧團難以控制禪師的數量。亦即被認可為開悟者的數量過多的時候，會出現不受控制的個體。他們會將這種被付囑的權力迅速擴大，從而導致整個禪宗宗師的素質下降，這就是現在宗教學中反復描述的世俗化危機，禪宗有意識的避免世俗化的發生？事實上，維持傳法的權力不墮，一直都是禪師們關注的問題。宋代的禪僧確實想通過燈錄文本來建立一個威權體系，即只有被記錄在案的祖師纔可以授予開悟認證的權力。否則不論是自我宣稱開悟，或者接受了不被記錄的禪師的認可，都將不能獲得南禪這個集體的肯定，因此也就不能住山、授徒，不能和禪宗的主流相互交流。因而，授予開悟既是一個充滿象徵性的事件，同時也是一個權力分派的過程。為了維持整個宋禪的利益，慎重的選擇開悟者，必然是維護關鍵一環。素質是首先要考慮的因素，人事關係的衡量也不能避免。只有禪僧手中獨佔這種權力，才能完成上述的要求。比如：

> 婺州金華山俱胝和尚，初住庵，有尼，名實際，到庵戴笠子執錫繞師三匝，云：道得即拈下笠子。三問。師皆無對。尼便去。師曰：日勢稍晚，且留一宿。尼曰：道得即宿。師又無對。尼去後，（俱胝）嘆曰：我雖處丈夫之形，而無丈夫之氣。擬棄庵往諸方參尋。其夜，山神告曰：不須離此山。將有大菩薩來為和尚說法也。果旬日，天龍和尚到庵。師乃迎禮，具陳前事。天龍豎一指而示之。師當下大悟。自此凡有參學僧到，師唯舉一指，無別提唱。有一童子於外被人詰曰：和尚說何法要。童子豎起指頭。歸而舉似師。師以刀斷其指頭。童子叫喚走出。師召一聲。童子回首。師卻豎起指頭。童子豁然領解。〔註98〕

俱胝一指禪具有極強的典型性，其意義可以完整的解釋燈錄中所含有的權力關係。俱胝和尚可以重複天龍禪師的行為，而他的侍者卻不能有這樣的舉止，

〔註98〕《五燈會元》，第 330 頁。

雖然這個行為在本質上是一致的。如何理解這句話呢？實際尼到庵堂之後的
舉動是一種常見的行為，這在更早的公案文本中並不罕見，困難在於要答出令
其滿意結果，這個評判的標準不在回答者的手中。繞行這個行為本身並不具有
特別而且單一的意義，因此她要求主客共鳴實際上只能是主隨客變，循著她期
待的理路來回答。然而任何語言都可能會被她否決，這個交鋒中俱胝失了先
機，沒有勝利的可能了，因此只能無對。宗派之間的交鋒牽涉的因素很多，名
聲利益之類，如果應對不當而被有意無意的宣揚，會造成一些嚴重的後果。甚
至如果應對了但被對方認為不當，也會在支派聲譽等方面受到影響。因為俱胝
面臨過這樣的困境，並且清楚其中的運行機制和背後的利害關係，他經過一番
求索找到一指禪法，即以內蘊更高可能性的沉默來作為應對的手段，這實質上
是將問題交給了提問者，他在交鋒中重新佔據了主動。他不但用以對答問難，
並且以其接引後學，這種沉默性許多時候都顯得高深莫測。他的手指成為了一
種起興之物，表示了一切的可能，其實這也是尋常的禪宗技巧，並且在宗教歷
史上很常見。《唐詩紀事》卷七十五《貫休》條：「『赤旃壇塔六七級，白菡萏
花三四枝。禪客相逢只彈指，此心能有幾人知。』石霜問云：「如何是此心？」
休不能答。石霜云：『汝問我答。』休即問之，霜云：『能有幾人知。』」〔註99〕
這種巧妙的規避顯得靈動十足，反客為主的手法令無疑者生疑有疑者卻步。不
過問難者的疑情能否得到詮解，似乎又是另一個問題了。豎指的邏輯既已明
了，即表示一切多種可能性的指示物，那麼侍者豎指應該也具有同樣的效用。
真理的恆常性並不會因為身份的不同而有所區別，意義來自具有指示力的手
指和意味深長的沉默。因此，俱胝斷手的行為可能還是為了維護自己對這種開
悟方式的獨佔性，同時也強化自身的權威性和正當性。

　　這兩件事中唯一的變量是身份問題，童子並沒有取得傳法的身份，他不應
該突破這種限制：只有被認可的人纔可以進行開悟的啟示，因而他的行為受到
懲戒是必然的。這種手段可以作如下的描述，宋代的禪僧利用歷史的方法，也
就是通過譜系的建立來作為宗教和意識形態話語的載體，這在當時取得了巨
大的成功，然而僅憑這一點並不能保證燈錄所認定的法嗣系統具備超出同儕
的效用。一個完整的權力體系必須有獨佔的能力，並且能夠懲戒違規行為，這
兩個因素可以保證其運行的能力。而到目前為止，我們僅能看到宋僧苦心孤詣
的建立起了一個道統的譜系，這個道統如何產生「認證」的功能仍然是不清晰

〔註99〕（宋）計有功《唐詩紀事》，上海：上海古籍出版社，1987年，第1090頁。

的。這個問題又需要分三個層次來解答，第一，入燈僧侶的地位問題，我們認為這些僧侶的個人事跡是一種宗教資源，對其法嗣或者其它支派的學習者都具有號召的力量。第二，燈錄文本的創作、認證都是由政府主導的，是一種行政手段，故而其中含有威權的成份，編纂的過程就是刪汰過程，是一個強制定名的手段，甚至具有賜紫的意味。第三，最重要的是宋代禪僧有意識的強化道統的觀念，採用了聯合性的措施來維持宗派權力的品質。這三個要素綜合起來使得燈錄成了一個神聖文本的系統，這是一種全新的宗教實踐，它的號召力也是從未有過的。

三、作為神聖文本的燈錄文獻

　　燈錄所收僧侶的地位分析面臨著一個決斷的困境，是高僧帶動了燈錄的影響力，還是燈錄的廣泛流行加強了僧侶的影響？一方面，燈錄中涉及到的部分僧侶在當時確實具有較高的地位，尤為特出者甚至有被賜紫的經歷。他們的號召力自然不容置疑，收錄以及宣傳他們的事跡有助於抬高燈錄的地位。另外，燈錄中許多人物的事跡都經過了附會和再加工，本身名氣較大者的事跡往往是複合式的，他們代表了一類僧侶的形象，也即收錄的過程就是一個整合的過程，他們原有的影響力會進一步被擴大。另一方面，燈錄中也收了一些名氣不大的僧侶，他們或者有隻言片語的閃光點，也可能是作為其他僧侶故事中的配角才被提及。這些人對燈錄影響力的貢獻如何呢？以《景德傳燈錄》來看，它並沒有以求全作為編纂的指導方針，除了至關重要的僧侶之外，其餘僧眾錄與不錄有其自身的邏輯，被排除在外的僧侶其修為造詣不見得就低於收錄者。既然傳主本身的經歷並不是唯一的衡量標準，其餘的影響因素到底是什麼呢？傳燈錄雖然記載古德的經歷，然而標準卻並不在古德本人身上，而是很大程度上與他的後人門徒有關。因此，收錄一些名聲不顯事跡不彰的法師，可能是考慮到了他們的法嗣系統的影響力，同樣一些當時名聲很大，但被摒落的僧侶，也可能是因為其門庭冷落所致。門庭冷落者往往缺少法嗣，他的故事雖然有啟發性，但是這對禪宗門庭擴大的助益不多。況且大量的僧侶和有限的資源之間一直存在矛盾，如果將法嗣斷絕者再行錄入，這樣的矛盾會更加尖銳。比如長沙景岑禪師，景岑與洞上良价、臨濟義玄「駢馳禪界」，他和趙州從諗共出南泉普願門下，「岑之見地，嶄然拔群，其言云：河沙諸佛體是一，妙用無量，有文殊，有普賢，有觀音。佛體雖是一，即眾生之色身，佛面何殊我面哉！

盡十方世界全在自己光明里。」〔註100〕能詩文，其作多有可觀，這樣一個在
當時影響力很大的僧侶，《景德傳燈錄》《聯燈會要》《五燈會元》皆未開闢條
目予以記載，其片言隻語也僅作為其他僧侶的陪襯。很大可能是因為他半生居
無定所，只洵緣接物、隨情說法，並無法嗣傳承者存在。《景德傳燈錄》的編
纂者是法眼宗的道原，故而其在詳細記錄青原一系的同時，也大量涉及了南嶽
系的禪師，這些僧侶和宋代風行的禪僧大都有轉折的關係，燈錄在宗門中推行
遇到的阻力就會小很多。名氣較小的僧侶被收進燈錄之後，會產生一種附驥尾
而遠行的效應，這可以讓他們的法統品質有所提升。長沙景岑之被摒落一方面
可能是因為其徒眾過少，因而在後世的影響力不彰。這一點又牽涉到了燈錄的
權力問題，其作為一個威權文本，它要規定後世僧侶對禪宗收益的分潤問題，
當一個祖師並沒有法嗣存在的時候，記錄他事跡的意義就喪失了。另一方面，
假如景岑真有傳人存在，那麼此刻將其排除在文本之外，就是一種懲罰的手
段，他的法嗣會因為缺少燈錄的認可，身份的正當性連帶會受到質疑，也就喪
失了對開悟認可的能力，這又是另一種情形。現在的研究者普遍認識到有關禪
的黃金時代的情形，也就是燈錄中所記載的高僧的行為，大都是宋代文本編纂
時期刻意穿鑿形成的，因此選擇編造對象就成了一個需要深思熟路的問題。職
是之故，宋人有意無意的擴大某些僧侶或者宗派的影響力，可能是出於積累新
的宗教資源，以解決當時數量廣大的禪僧身份認同危機問題。當然也可能是現
實勢力博弈的結果。

　　《景德傳燈錄》由道原撰成之後呈進於宋真宗，真宗命翰林學士楊億、兵
部員外郎李維和太常丞王曙等刊削裁定，以藏其功。其中楊億用力最多，他在
序中記錄了裁定的經過：

> 有東吳僧道原者，……披奕事之祖圖，採諸方之語錄，次序其
> 源派，錯綜其辭句，由七佛以至大法眼之嗣，凡五十二世，一千七
> 百一人，成三十卷，目之曰《景德傳燈錄》。詣闕奉進，冀於流布。
> 皇上為佛法之外護，嘉釋子之勤業，載懷重慎，思致悠久，乃詔翰
> 林學士、左司諫、知制誥臣楊億，兵部員外郎、知制誥臣李維，太
> 常丞臣王曙等，同加刊削，俾之裁定。……或辭條之糾紛，或言筌
> 之猥俗，並從刊削，俾之綸貫。至有儒臣、居士之問答，爵位、姓

〔註100〕　（日）忽滑谷快天著，朱謙之譯《中國禪學思想史》，鄭州：大象出版社，2017
　　　　　年，第 379 頁。

> 氏之著明，校歲歷以愆殊，約史籍而差謬，咸用刪去，以資傳信。
> 舊錄所載，或掇粗而遺精，別集具存，當尋之而補闕。率加採擷，
> 爰從附益。……迄茲終歲，方遂終篇。〔註101〕

經楊億等一番潤色之後頒行，《景德傳燈錄》在事實上獲得了「敕修史書的特殊地位」，〔註102〕可以與《宋高僧傳》並列，成為了禪宗與教門抗衡的一個助力。與此相當的還有李遵勗編纂的《天聖廣燈錄》，宋仁宗在景祐三年為此書製序，其中言道：

> 《天聖廣燈錄》者，護國將軍、節度使、駙馬都尉李遵勗之所
> 編次也。勗承榮外館，受律齋壇，……灑六根之情塵，別三乘之歸
> 趣。跡其祖錄，廣彼宗風，采開士之迅機，集叢林之雅對；粗禪於
> 理，咸屬之篇。……且有勤請，求錫序文。朕既嘉乃誠，重違其意；
> 載念薄伽之旨，諒有庇於生靈。近戚之家，又不嬰於我慢，良可嘉
> 尚，因賜之題。……〔註103〕

經過官方的潤色、刪定，這兩種燈錄成為了帝國承認的歷史資料。陳垣曾引《晁氏讀書誌》語評價景德錄中人物「皆出唐末五代兵戈極亂之際，意者亂世聰明賢豪之士，無所施其能，故憤世嫉邪，長往不返。而其名言至行，猶聯珠疊璧，雖山淵之高深，終不能掩覆其光彩，故人得之著於竹帛，罔有遺軼焉。」〔註104〕陳氏認為此書乃一部唐末五代高逸傳。將這些僧人的行為作為典則收入帝國的宣傳文本之中，與歷代以教門僧侶為主的僧傳等量齊觀，從表面上看這樣的舉動表現了政府對禪宗這一社會力量的認可和籠絡。更深層次的意義在於宋代官方刊定燈錄中記載的僧侶事跡，是佛教完全中國化的一種文本表達，他們的思維方式、學識根基以及與本土精英階層的良好融合，都彰顯了一種新的風氣。禪僧疏遠高文典冊的格義佛教，而通過一種跨越時空的心靈交流，可以達到佛陀所稱讚的完美覺醒的狀態。這種直下薦取的方法繞開了「再傳」的標籤，是大一統王朝整合文化的舉措。客觀上，這一文本系統所載諸僧侶就具備了御賜的身份，他們的形象與帝國的命運有了關聯，這就加強了燈錄文本的效力，同時經由它認定的對開悟權的控制力把持的體系，就在帝國的權威中被認

〔註101〕《景德傳燈錄譯註》，第2465頁。
〔註102〕潘桂明著《佛教禪宗百問》，北京：今日中國出版社，1989年，第121頁。
〔註103〕《大正藏》，第49冊第663頁。
〔註104〕（宋）晁公武著，孫猛校證《郡齋讀書志校證》，上海：上海古籍出版社，1990
　　　　年，第784頁。

定了下來。沒有載入文本的祖師以及他們的法嗣，也就慢慢喪失了對禪宗收益的分享能力，而淪入了野祠淫祀的地步。這是純然來源於燈錄文本外部的力量，而燈錄作為一種宗教的神聖文本，其自身也具備能量。

燈錄中獲得開悟認證的僧侶，是祖師和佛陀形象的延續。因此，記錄他們的言行事跡就有了仿照佛經文體的意義，也就是在事實上創造新的經典。在燈錄繁盛之前，已經有了類似傳燈體的文本。這是宗教人士修纂的，他們藝術化地塑造禪師形象，乃至編訂傳法系統，其根本目的在於證明自身的合理和正當性，以取得與教門相當的社會地位。經過宋代士庶的肯定，禪宗教徒宗教身份和社會身份的模糊性就被完全擦除了，更重要的是他們掙脫了原教旨佛教思想的束縛，使得其本身的理念具有很強的靈活性。這一切都可以從燈錄傳播的理念中找到證據，燈錄體系事實上是禪宗的神聖綱領。禪宗的理念一直有一種多元化解釋的可能，他們有時候把這種狀態叫作「無相」。這種靈活性帶來了優點，同時也帶來了缺陷。如果需要它很容易就能成為輔助儒家思想的工具，同樣也很可能會成為煽動叛亂的綱領。這些內容構成了禪宗在宋代的全部事實，故而他們修纂的燈錄蘊含了推動佛法傳播的力量。也就是燈錄中每個祖師的故事，都代表了禪宗解釋的一種可能。他們有時候會和儒家合作，認為儒釋相合的可能性早有徵驗，需要的時候這樣的文本就會被凸顯出來，成為輔助教化的有力證據。另外一些時候禪師會追求閒雲野鶴的生活，他們不為案牘和俗務所束縛，體現出了一種詩性的智慧，並從自然的變化中尋中更多意義。也有一些僧侶積極的和政府合作，奔走權貴之門以幫助帝國維持穩定，或者追薦陣亡的將士，或者為乾旱地區祈雨。這種種不同的行為，在通過官方纂修等手段固定下來之後，就標誌著它不但是人類歷史層面所發生的一個可驗證的事件，同時也代表了一種超越的宗教體驗。禪宗的神聖和世俗面向都被涵蓋在了文本之內，這樣多元化而能不受質疑的體系，也惟有宗教的信念可以支撐。任何一個後世的僧侶，都可以從燈錄中找到他志向和行為的憑據，這一切都在加強它宗教文本的神性，當然也在提高它作為權力標識，統轄後世僧侶的可能性。那麼燈錄如何作為範本來啟發後世的僧侶的呢？

燈錄中每一次傳承的發生都被設定在了確鑿的時間和地點，盡可能多作為背景的歷史細節被還原了出來。禪師訓練弟子開悟，並最終親口承認他作為法嗣的身份，沒有一處閒筆。更重要的是禪師傳給法嗣的佛法具有秘傳的特徵。它沒有具體的形式和內容，當然也沒有可供識別的物質標記。這與禪宗內

部的一種看法相呼應，每個人的內心中都具足了完備的成佛可能，只要開發了本性，那麼追隨佛陀的道路自然不必求助於有形的文本，印心是一種有效的手段。這樣的看法使得禪宗傳承的可靠性經常會受到外界的質疑，因為只有覺醒的弟子和他的上師知道他們之間傳遞的信息，一個人到底覺醒了什麼根本無法復現。這些弟子在被授法之後，會迅速的與以往的所有祖師乃至佛祖發生身份的認同。也許他們在覺醒之中或者之後，會被教導佛法的傳播並不是嚴格按照時序從一個人到另一個人，而是通過這種自我覺醒來獲得傳承資格的。只要通過了開悟的實踐，每個人都能完美的復現祖師當時的知識狀態，因此，這種遙遠的授記使得禪宗二十八祖時間上的不協調顯得無關緊要。覺醒之後一個僧侶的地位會有很大的提高，他不再是普通的雜務的負擔者，甚至某些層面來說不再是普通的人，他們行使着超越人層面的權力，甚至有時候會對佛陀的教誨表現出不屑。因而，事實上覺醒者在無形中於禪宗內部形成一個新的階層，他們有共同的權力品味，同時也有類似的宗教追求。當一個僧侶跨入這一階層，就獲得了燈錄賦予的權力，可以開山建廟導人向上，否則再多的學識也只會被認為是野狐禪，非但不能傳法，甚至僧侶身份有時候都難以保全。要取得這一階層的認可至少有兩步要走，第一覺醒自身的佛性，用普通宗教學的觀點來看就是宗教稟性（Reli-Giousidiosyncrasies），也就是在宗派內部表現出可塑造性，即「見過於師」的狀態。按照既往的觀點來看，只要覺醒了自身的佛性，那麼就應該獲得了禪師的身份，這一點似乎也沒錯。然而我們認為佛性的覺醒僅為此階層身份的必要條件，甚至有時候這一環節可以付之闕如。對真理無差別的了知固然重要，然而此事更多關係到的是人事的糾葛。禪宗廣傳的階段，他們論佛講法具有一定的模式可循，一個人沒有覺醒自身的佛性，他也可以從中窺到論禪的極鋒。也就是說一個僧侶可以沒有瞭解任何而進行參禪傳法的工作，這種不受控制的現象確實也曾存在過。這也可能是宗杲將圓悟克勤的《碧巖錄》付之一炬的原因之一。記錄極鋒互參的文本可能會導致開悟者的冗瀾，克勤曾經在給虎丘紹隆的一封信中提到了這樣的話語：

> 有祖已來，唯務單傳直指，不喜帶水拖泥打露布、列窠窟鈍置人。蓋釋迦老子，三百餘會對機設教，立世垂範太段周遮，是故最後徑截省要，接最上機。雖自迦葉二十八世，少示機關，多顯理致。至於付受之際，靡不直面提持。如倒刹竿、鉢水投針、示圓光相、執赤幡、把明鑒、說如鐵橛子、傳法偈。達摩破六宗，予外道立義。

天下太平，翻轉我天爾狗。皆神機迅捷，非擬議思量所測。洎到梁游魏，尤復顯言「教外別行，單傳心印」，六代傳衣所指顯著。逮曹溪大鑒詳示說通、宗通，歷涉既久，具正眼大解脫宗師。變革通塗，俾不滯名相，不墮理性言說，放出活卓卓地，脫灑自由，妙機遂見，行棒行喝，以言遣言，以機奪機，以毒攻毒，以用破用，所以流傳七百來年。枝分派別各擅家風，浩浩轟轟莫知紀極。然鞠其歸著，無出「直指人心」。心地既明無絲毫隔礙，脫去勝負、彼我、是非、知見、解會，透到大休大歇安穩之場，豈有二致哉？所謂「百川異流、同歸於海」，要須是個向上根器，具高識遠見。有紹隆佛祖志氣，然後能深入閫奧，徹底信得及，直下把得住。始可印證，堪為種草，捨此，切宜寶秘慎詞，勿作容易放行也。……摩竭陀國親行此令，少林面壁全提正宗，而時流錯認，遂尚泯默，以為無縫罅、無摸索、壁立萬仞。殊不知本分事，恣情識揣量，便為高見，此大病也。從上來事，本不如是。巖頭云：只露目前些子個，如擊石火閃電光，若明不得，不用疑著，此是向上人行履處。除非知有莫能知之。趙州吃茶去，秘魔巖擎叉，雪峰輥球，禾山打鼓，俱胝一指，歸宗拽石，玄沙未徹，德山棒臨濟喝，並是透頂透底。直截剪斷葛藤，大機大用，千差萬別會歸一源，可以與人解黏去縛。若隨語作解，即須與本分草料。譬如七斛驢乳，只以一滴師子乳滴之，悉皆迸散。要腳跟下傳持相繼綿遠，直須不徇人情，勿使容易，乃端的也。「末後一句，始到牢關」，誠哉是言。透脫死生提持正印，全是此個時節。唯踏著上頭關捩子者，便諳悉也。〔註105〕

克勤對開悟的關捩有清楚的認識，他知道開悟的候選者需要有最上根基，然後疑情成熟，並且不被葛藤束縛，這樣才滿足受法的條件。當時的現實可能是部分禪師開始自神其說，將六祖法門神祕化、複雜化，因而他編訂這個文本的根本目的，就是指導後人脫去話頭的纏縛，而獲得透脫生死的力量。這是一個偉大的初心，且對禪宗的門庭廣大有很好的作用，但是他低估了冒濫者可能引起的危害，以及禪宗當時已經漸趨複雜化的利益體系。因此其書甫一問世就受到了多方的批評，如心聞賁禪師批評他壞了「學者之心術」，其立論的關鍵證據

〔註105〕（宋）正受撰，秦瑜點校《嘉泰普燈錄》，上海：上海古籍出版社，2014年，第677～679頁。

是圓悟禪師「求新琢巧」，賣弄才學，「籠絡當世學者」〔註106〕。雖然克勤的作法可能會將學人重新困在繁瑣叢脞之中，甚至產生新的葛藤，然而批評他籠絡人心肯定不能成立。心聞賁禪師將籠絡人心一條特別強調出來，很可能是這個做法影響了當時宗派權力的格局，其餘派別的勢力因此而有下降。至於「朝誦暮習」，並賴此大言欺世者似乎也不在少數，宗杲在福建曾將見過這樣的情形：「大慧禪師因學人入室，下語頗異，疑之才勘，而邪鋒自挫，再鞠而納款。自降曰：『我《碧巖集》中記來，實非有悟。』」〔註107〕因此，這種極鋒對答的合集被引入到禪宗之中，使得當時已趨穩定的宗派形式迅速複雜化了起來。一方面大量的門徒從其它支派流失，導致各分支博弈形成的勢力開始失衡。另一方面後學可以通過對公案的記誦來參與極鋒對答，並宣稱開悟權限的獲得，這使得通過燈錄建立傳承的威權系統的願望落空。然而這些很難說是《碧巖錄》引起的問題，更多的還是來自禪宗內部，鬆散的組織關係和嚴苛的傳承體系之間的矛盾。因此，大慧宗杲作為當時的佛教領袖，將《碧巖錄》書板焚毀就有一些特別的意味，既有進步對保守的妥協，同時也是整合傳法權的實踐。當《碧巖錄》引起的淆亂在一定程度上被糾正之後，法嗣的傳承過程又被緩慢的引導到了原來的路徑當中。總之，成為法嗣既有來源於自身的因素，包括天賦、任事能力等，同時也有世俗中人事的力量博弈。成為覺醒者群體的關鍵步驟與世俗的力量有關聯，面對這種情況，許多高僧仍然執着的探索者引導、提攜後輩的方法，使得禪宗的宗風可以不墜。鑑於此，此處對尋求開悟的旅程略作說明。

　　覺醒自身佛性具體到禪宗來講分兩步：「疑情」的成熟以及釋放。經過長時間的求索培養起來的疑情，得到恰當的引導之後會被釋放出來，這種釋放的力量能夠推動覺悟的發生，或者其可能就是覺悟。鈴木大拙將其具體分割為五個步驟。〔註108〕契會禪師或者公案的意旨是關鍵的一步，這需要凝注和集中

〔註106〕《禪林寶訓》卷4，《大正藏》第48冊，第1036頁。

〔註107〕《大正藏》冊48頁224。

〔註108〕〔日〕鈴木大拙著，徐進夫譯《開悟之旅》，海口：海南出版社，2017年。鈴木氏於此書第75頁言及了五種要素：「發起一種至誠的意欲，誓必解除業力的纏縛和生活的痛苦；切要明白，佛徒生活的目的在於悟道，以使悟的意境臻於圓熟；切要明了，一切知解努力皆無法達到這個目的，這也就是說，必須以一種最最靈活的辦法解決存在的究極問題；深信開悟就是覺醒埋藏吾人內心深處的佛性；要有一種強大的追詢精神（疑情），不到體驗自身的佛性，絕不罷休。」

（Concentration）的功夫，這些功夫的升起需要求知的意欲和疑情堅強而持久的作用，這必須自力完成，而不能假求外人的，當疑情持久堅強的存在，它就是作為引導的勝緣一樣的存在。與此相關的論述較多，茲舉高峰原妙禪師的說法為例：

> 山僧尋常教人做工夫，看個「萬法歸一，一歸何處」公案。看時須是發大疑情：「世間一切萬法，總歸一法畢竟歸在何處？」向行、住、坐、臥處、著衣、吃飯處，屙屎、放尿處，抖擻精神，急下手腳。但恁麼疑：「畢竟一歸何處？」決定要討個分曉！不可拋在無事甲里，不可胡思亂想：須要綿綿密密，打成一片——直教如大病般。吃飯不知飯味，吃茶不知茶味，如癡如呆，東西不辨，南北不分。工夫做到這裏，管取心華發明，悟徹本來面目；生死路頭，不言可知。〔註109〕

這裏舉「萬法歸處」作為參修的內容，通過持久而堅強的叩問，來培養一種焦慮或者幻滅的感覺。當強烈的幻滅或者存在主義的焦慮持久的存在之時，便是疑情成熟的時候。受法資格的取得也就是追究歷代禪師灌注的甚深義的機會的出現，需要參學者「保持一種堅強的疑情」。惟有如此，才能使將來開示所產生的舉起作用得到「強而有力的精神潛流的維持和支援」，否則，禪師的指點將「變成一種機械作用而失去他的創造力」〔註110〕。第二步是禪師的指點，它包含有一種上舉的力量。疑情一旦發生了長久而堅強的作用，這個時候個人意識中無關的意念就會被掃出境域，他的意識會集中在一個具備無限可能的問題上。也就是候選者產生了對周圍存在的懷疑感，甚至焦慮和幻滅的作用，在他的心智中佔據了上風。這一切都是禪師點化能力的後援，捨此後援則舉起的作用無從談起，而沒有舉起的作用，參禪者窺見廣大造化主境界的可能也難以出現。惟有這兩個勝緣同時具足才能獲得證悟的感覺。

　　經過這兩步揀擇脫穎而出的群體便成了「覺醒者」，而這兩步都可以從公案或者燈錄文本取資，這也是稱它們為神聖資料的原因。這是成為覺醒者的宗教學要求，也就是疑情的成熟和釋放是禪宗本身的教育方式所決定的。既論其形上面向之後，當討論現實中嗣法身份的獲取問題。《禪宗譜系及其形成》中討論了這個問題：「how was a dharma line formed in concrete terms? In other

---

〔註109〕《磧砂藏》第 70 冊第 690 頁下欄。
〔註110〕《開悟之旅》，第 82 頁。

words, what were the conditions a disciple had to fulfil with the aim of obtaining legitimate transmission and then becoming a part of the patriarchal genealogy? Were there any codes or rituals accompanying this change of status?」（傳法的系統是如何形成的呢？換句話說，為了獲得合法的傳承，並成為宗法譜系的一份子，弟子必須滿足哪些條件？有什麼祕法或者儀式的特別要求嗎？）〔註 111〕這裡他頻繁地用到了諸如 dharma line（法嗣系統）、patriarchal genealogy（傳承譜系）等詞語，其表意的指向性非常明顯。在後文中他提出了四個成為禪師的法嗣需要經過的步驟：Preliminary ordination of novice（沙彌）、Full ordination（度牒的獲取）、Enlightenment（啟發）、Obtainment of abbacy and possible transfers（成為譜系的一員）。這四個步驟中最靈活的是尋找可以指導開悟的老師，如果不能找到合適的老師，只能在寺院中擔任普通的執事差，這一點往往不取決於自己的努力。當一個候選者受到開導而覺醒，這就是在手續上向宗門和教門宣佈他成了導師的繼承者，他以後獲得的智慧、權力以及名望，都是以指導他開悟的禪師的地位作為根基的，他們兩個是休戚相關的利益共同體。實際的情況是經過四步的點化，他可以成為開悟者，這在上文已經有具體的討論。然而成為開悟者並不能保證他可以分潤禪宗的利益。即《禪宗譜系及其形成》提出的四個步驟，並不能保障一個僧人獲得現實利益的分配。

　　覺醒者要麼突破所有限制直接成為燈錄的予料，要麼成為燈錄所載禪師的法嗣，只有這兩條路徑才能使他具備獲得教派利益沾漑的可能。宋代禪宗苦心孤詣建立的燈錄系統，除了保存前代高僧的事跡以供後來者學習之外，更重要的是通過譜系的認證，來限制教派利益的分配。只有被登記、認可的禪僧，才能開山授徒、傳法，否則他和他的追隨者將都不被收錄。從這一層次看，燈錄文本具有充分的權力性。一個候選者跟隨與譜系所載事跡有關的僧侶或經過這些僧侶認可，才獲取正傳身份的資格。這一壟斷地位的取得是內外兩種要素作用的結果，內部的要素即燈錄中的事跡指示了禪宗開悟的路徑，每一個故事都不厭其煩的交待細節，使得其被復現的可能很高，此外的嘗試很多被定義為非法。一個僧侶覺醒必須復原歷史上發生的開悟事件，兩個人完全按照燈錄故事行動，就是希望能通過還原神異場景而獲得靈性的啟發，這一點類似儺

〔註 111〕 Zhang Chao. *Chan Miscellanea and the Shaping of the Religious Lineage of Chinese Buddhism under the Song.* Journal of the International College for Postgraduate Buddhist Studies, 2017, 21, pp.1-40.（禪宗雜錄於宋代禪宗譜系的形成，國際佛教學研究期刊）按文中的題名為作者譯。

的功能。這是形上的一面,存有的一面來看,禪宗的教育手段如參公案、參話頭、棒喝等,都可以在燈錄系統中找到原型。燈錄系統作為宗門寶庫的地位是經過專門設計的,既要保證它包含了神異的資源,同時也要確認它對教育手段的佔有,至於其實際效果如何則是另外一個層次的問題。燈錄系統的不斷修訂使得其明顯保持著一種求全的傾向,更多支派、更多禪師被收錄進來,他們融入了集體成為全體聖者的一部分,這樣的表態既認可了其所代表的力量,同時也存有整合鬆散教派的努力。每個被收錄的人都可以作為新的接引者,可以引導並認證開悟,也可以獲取禪宗世俗利益的分派資格。外部的要素源於政府和社會的助推作用。宋代皇室對幾部燈錄的審定發行,使得其具有宗教正史的性質。正史中所載的人物與帝國的治理乃至意識形態都有關係,從某種程度來講他們已經脫離了本身的意義,而成為了僧侶的模範。這些僧侶不僅為聖徒,同時也是帝國的精英,屬於僧侶中「士」的階層,是政府形象的延續。樹立這樣的模範,也就表達了對他們持有法門的認可。對禪僧來說要獲取賜紫乃至叢林領袖的資格,合規的開悟狀態是必須的條件,開悟從哪種層面來看都與燈錄所輻射建立的權力體系有關係〔註112〕。因此,宋人總結編纂前代文獻,實質上是整合了當時鬆散的宗派系統,也就是通過文本來獲得派系內外的權力話語。一個沙彌並不是通過才華和對經義的理解來獲取開悟傳法的資格,而是通過人事關係等外部的要素,那麼這個宗派就表現出了較嚴重的世俗化苗頭。討論禪宗法嗣系統的建立,並確認其不產生於天份和才情,實質上就是在宗教組織層面討論他們的世俗性。

一完備的權力體系除了准入門檻和內部組織之外,還需要考慮對違背規則者的懲處。唯有如此才能使系統不至於迅速的陷入淆亂之中。設置准入門檻是佛教各宗派的共識,不惟禪宗如此其它宗派也基本相同。一個人決心成為僧侶,他首先要克服社會層面的障礙。宋代係帳沙彌獲取度牒,除了少量的試經之外,最主要的渠道就是從祠部贖買。然而度牒的費用非常高,若無寺院或者財主的支持,個人很難獨力湊齊。要取得寺院的支持是一件困難的事情,個人的稟賦、師父的影響以及對寺院的貢獻等都是要衡量的因素。這三個方面恰恰都不容易量化,故而其中人情的因子會佔有一定的比重。社會層面的障礙除了

〔註112〕 可參考 T. Griffith Foulk, *"Myth, Ritual, and Monastic Practice in Sung Ch'an Buddhism,"* in *Religion and Society in T'ang and Sung China, ed.* Patricia Buckley and Peter N. Gregory (Honolulu: University of Hawaii Press, 1993), 161. (《宋代的佛教神話、儀式和寺廟實踐》,選自《中國唐宋時期的宗教與社會》)

經濟因素之外，還有一些法律專門做了限制。宋代政府立法明確了度牒贖買的條件，以及不適宜入僧的情形，並對違背條令的有關人員實行連帶的懲處。度僧條件如至道元年六月詔「（童行）須依原敕比試念讀經紙，合格者方得以聞」，若不滿足這個條件而報送者，則「知州、通判，官職並除名，干係人吏、三綱主首、本犯人決配」〔註113〕，這是對學識方面做的要求。到了大中祥符六年，進一步對品德等條件也制定了準則，即「令所載官吏試經業」之外，還要「責主首僧保明行止」，這是為了防止「遊墮不逞之民」，「靡習經戒」者，乃至「寇盜以犯刑者」〔註114〕，混入僧侶之中。天禧二年這個條令有了更充分的細則解釋：「祖父母、父母在別無子息侍養，及刑責奸細惡黨山林亡命賊徒負罪潛竄，及曾在軍帶瑕痕者，並不得出家。寺觀容受者，本人及師主、三綱知事僧尼、鄰房同住並科罪。……其志願出家者，並取祖父母、父母處分；已孤者，取問同居尊長處分，其師主須得聽許文字，方得容受。童行、長髮候祠部，方許剃髮為沙彌。如私剃者，勒還俗，本師主徒二年，三綱知事僧尼杖八十，並勒還俗。」〔註115〕有度牒的僧尼死亡之後，寺院不按時上繳度牒而用以冒領身份，也是要禁絕的現象。宋代的名僧惠洪就曾因為此事而被責罰。紹興二年敕令：「諸僧尼遇開壇受戒及供僧道帳，若度牒有偽冒，失於驗認，並帳不實，經歷官司杖一百，所供官減一等。」〔註116〕政府層面設置僧侶門檻的手段比較單一，基本上是通過對違反者課以重刑，以及株連相關人員來進行的。這一種簡單粗暴的手法，在一定程度上解決了僧侶隊伍過大以及僧團冗濫的問題，同時在客觀上也提高了入僧的門檻。

　　世俗社會設置的僧侶門檻，除了上面提及的經濟和政治兩個方面之外，還有一些較為隱蔽的策略，是通過思想的層面起作用的，比如貶低宗教地位。佛教對教化有一些積極的作用，但龐大的神職人員隊伍，卻從來也沒有成為中國古典政府的社會代理人。因此，過度龐大的僧團對政府所能起到的作用往往是負面的。〔註117〕在理念上批評佛教以限制僧團的規模是一種有效的方法。總

〔註113〕　《宋會要輯稿・道釋》，第621頁。
〔註114〕　《宋會要輯稿・道釋》，第627頁。
〔註115〕　《宋會要輯稿・道釋》，第628頁。
〔註116〕　《宋會要輯稿・道釋》，第653頁。
〔註117〕　古代的反佛者大都出於經濟目的，其根源是認為佛教生活方式違背了儒家倫理，儒家希望恢復三代的榮光，那是一個井然有序的時代，有序即意味著上下明確，分工清晰，各司其職，而佛教宣傳的理念卻有讓有序社會瓦解的苗頭。許多儒家士人從經濟利益的角度提出反佛主張，唐初的傳奕已經提到了

體來看，宋代政府在設置入僧門檻方面的手段是比較溫和的。當一個人突破了這些屏障，他就會成為一個法定意義上的僧侶。然而這僅僅是第一步，要進一步要取得禪宗「嗣法者」的身份，還會遇到更多障礙。法師如湛「永嘉焦氏，母夢寶塔而生。幼年試經得度，首謁東靈欽師及普慈暉師，所學未就，乃與楊尖淵、空相融之車溪依卿師。時眾已多，無所容」〔註118〕。又保寧仁勇禪師在一篇講稿中言道：「山僧二十餘年挑囊負缽，向寰海之內參善知十數餘人。自家並無個見處，有若頑石相似；參底尊宿，亦無長處可相利益。自此生，作個有無所解底人。幸自可憐生，忽然被業風吹到江寧府，無端被人上當，推向十字路頭，住個破院，作粥飯主人，接待南北事不獲已。隨分有鹽有醋，粥足飯足。且恁麼過時。若是佛法，不曾夢見！」〔註119〕仁勇在習禪之前，修行的是天臺和密意，因此莽撞參謁禪宗尊宿之時，被禪僧譏諷為「央癢坐主」。後來他冥索半生終於從楊岐方會處獲得了證悟，有趣的是這段話就是他被認為開悟之後所言。其中部分言語似乎指向了禪宗內部派系的問題，也就是對異己者的留難。這當然可以解釋為一種考驗，考驗他是不是具備承法的資格，不過禪宗似乎並不推崇忍辱的修行法門。而且就仁勇自己成為覺醒者之後的認識來看，留難的可能性更高。保寧仁勇的事情典型性其實不夠，因為他在回憶的時候沒有交代自己是否具備了承法的資格，也就是是否比其他待選者有更高的資質，以及疑情成熟的契機是否出現了。如果他具備了這些資格，那麼他後來的這種評價信度會更高。不過禪宗嗣法資格之不易獲得，也可以從中略窺端倪。

四、譜系的成立：對神聖權力的借用

宋代禪宗在整理早期資料方面取得了較高成就，集結了作為傳法核心的燈錄，同時也撰寫了其他類型的佛教史籍。在諸多因素的作用下燈錄取得了教派內的共識，具備了法寶式的聖物屬性。因此燈錄所擬構的譜系也漸漸從一種

這一點，並列舉了許多事實。武則天在位時，狄仁傑指出，寺院「膏腴美業，倍取其多，水碾莊園，數亦非少。」（《舊唐書》卷八九），其無益於國計民生，明可見也。李嶠也認為佛教經濟的發展會給國家帶來嚴重危害：「今丁皆出家，兵悉入道，徵行租賦，何以補之？」（《舊唐書》卷九四）中宗時，辛替否認為：「今天下之寺蓋無其數，一寺當陛下一宮，壯麗之甚矣，用度過之矣。是十分天下之財而佛有七八。」

〔註118〕《佛祖統紀》卷十五《諸師列傳》「慧覺玉法師法嗣」條。
〔註119〕《大正藏》，第51冊第548頁中欄。

歷史事實中掙脫出來，成了具有神聖權力的文本系統。宋代的禪師大都在努力維持燈錄條理不紊的局面，他們見面往往會詢問傳法師的問題，有時候也會追究參請過的上師，這些問題一方面表現了個人身份的正統性，另一方面也在強調燈錄系統的權威性。成為燈錄文本的一員或者所載禪師的法嗣，就意味著取得了禪宗一致的認可，因而能夠從宗派中獲得利益。這種利益不僅包括神聖的傳法權，同時也包括了世俗層面的好處〔註120〕。傳法權如燈喻既分之後原燈固然不會增減，但是世俗界可資分派的利益卻總是有限的，這是矛盾的。因此維持「覺醒者」的規模是一個很容易達成共識的問題，否則每個人的邊際收益將會很低。規模的維持除了有賴於禪師達成的共識，也就是控制新覺醒者的認定之外，還要禁絕私自宣佈開悟的可能。

如果沒有經過禪師的認可而私自宣佈開悟，會受到其他全體僧侶嚴重的指責，以及宗教世俗層面的排斥。一個開悟者成為禪師的繼承人意味著在法律上他們被確定為「叔侄」的關係，《宋刑統·名例律》卷六「雜條」規定：「諸稱『道士』、『女官』者，僧、尼同。若於其師，與伯叔父母同。其於弟子，與兄弟之子同。觀寺部曲、奴婢於三綱，與主之期親同；餘道士，與主之緦麻同。犯奸、盜者，同凡人。」〔註121〕這條法令的解釋中明確了師父的地位，議曰

〔註120〕 支持這一看法的著作大都是英文文本，國內翻譯較少，具體可參考兩種。
Albert Welter, Monks, Ruler, and Literati: The Political Ascendancy of ChanBuddhism (New York: Oxford University Press, 2006)。以及 Elizabeth Morrison, *The Power of Patriarchs. Qisong and Lineage in Chinese Buddhism* (Leiden, Boston: Brill, 2010)。

〔註121〕 薛梅卿點校《中華傳世法典·宋刑統》，北京：法律出版社，1999年，第119頁。此法令在「議曰」中有進一步明確的解釋：「議曰：師，謂於觀、寺之內，親承經教，合為師主者。若有所犯，同伯叔父母之罪。依鬥訟律：『詈伯叔父母者，徒一年』。若詈師主者，亦徒一年。餘條犯師主，悉同伯叔父母。議曰：殺師主，入惡逆。」議曰：謂上文所解，師主於其弟子有犯，同俗人兄弟之子法。依鬥訟律：『毆殺兄弟之子，徒三年。』賊盜律云：『有所規求而故殺周以下卑幼者，絞。』兄弟之子是周親卑幼，若師主因嗔競毆殺弟子，徒三年；如有規求故殺者，合當絞坐。「議曰：觀有上座、觀主、監齋，寺有上座、寺主、都維那，是為三綱。其當觀、寺部曲、奴婢，於三綱有犯，與俗人周親部曲、奴婢同。依鬥訟律：『主毆殺部曲，徒一年。』又條：『奴婢有犯，其主不請官司而殺者，杖一百。』注云：『周親殺者，與主同。下條部曲準此。』又條：『部曲、奴婢毆主之周親者，絞。詈者，徒二年。』若三綱毆殺觀、寺部曲，合徒一年；奴婢有罪，不請官司而殺者，杖一百。其部曲、奴婢毆三綱者，絞；詈者，徒二年。」「議曰：鬥訟律：『部曲、奴婢毆主之緦麻親，徒一年。傷重者，各加凡人一等。』又條：『毆緦麻部曲、奴婢，折傷以上，

中言道:「師,謂於觀、寺之內,親承經教,合為師主者。若有所犯,同伯叔父母之罪」〔註122〕,地位同時伴隨著一部分權力,基本上保證了師徒關係中師父一定的轄制能力。如「若詈師主者,亦徒一年。餘條犯師主,悉同伯叔父母」,「殺師主,入惡逆」等〔註123〕。叔侄關係的認定也意味著可以引用孝道的理念,這就扣合了儒家倫理,為此關係的穩定性進一步增加保障。不過這種轄制能力仍然是不完全的,最大的缺點是沒有規定叛離師門的處罰方式。從正法久住的角度來看,不論接受了哪個禪師的指導,只要獲得了開悟的肯定,他對真相的了知是沒有區別的,按理不應該出現開悟後又投往他處的情形。然而這種情況並不罕見,茲舉數例以作證明,長蘆慈覺:

> 和州開聖覺老初參長蘆夫鐵腳,久無所得。聞東山五祖法道,徑造席下。一日室中垂問云:「釋迦彌勒猶是他奴。且道,他是阿誰?」覺云:「胡張三黑李四。」祖然其語。時圓悟和尚為座元,祖舉此語似之。悟云:「好則好,恐未實,不可放過,更於語下搜看。」次日入室垂問如前。覺云:「昨日向和尚道了。」祖云:「道什麼?」覺云:「胡張三黑李四。」祖云:「不是不是。」覺云:「和尚為甚昨日道是?」祖云:「昨日是,今日不是。」覺於言下大悟。覺後出世住開聖,見長蘆法席大盛,乃嗣夫,不原所得。拈香時忽覺胸前如擣,遂於痛處發癰成竅。以乳香作餅塞之,久而不愈竟卒。〔註124〕

頎禪師

> 頎禪師秦之龍城人。初得法於天聖泰和尚。晚依黃龍南禪師。南見其所得諦當,甚遇之,令住全之興國。開堂遂為南之嗣。至夜夢神告曰:「師遇惡疾即是緣盡。」言畢而隱。閱十三日果患大風。屏院事,歸龍城之西為小庵,庵成養病其中。頎有小師名克慈,久依楊岐,亦禪林秀出者。歸以侍病,奉禮至孝,乞食村落,風雨寒暑,盡師一世而後。頎一日謂慈曰:「吾之所得實在天聖和尚。晚見

各減殺傷凡人部曲、奴婢二等。』又條:『毆傷、殺他人部曲,減凡人一等;奴婢又減一等。』即是觀、寺部曲,毆當觀、寺餘道士、女官、僧、尼等,各合徒一年。傷重,各加凡人一等;若毆道士等折一齒,即徒二年。奴婢毆,又加等,徒二年半。是名『於餘道士,與主之緦麻同』」。

〔註122〕 (唐)長孫無忌著《唐律疏議註譯》,蘭州:甘肅人民出版社,2017年,第210頁。
〔註123〕 《中華傳世法典・宋刑統》,第120頁。
〔註124〕 《大正藏》,第47冊第954頁下欄。

> 黃龍道行兼重，心所敬慕故為嗣之。豈謂半生感此惡疾！今幸償足。
> 昔神仙多因惡疾而得仙道，蓋其割棄塵累，懷潁陽之風，所以因禍
> 而致福也。吾不因此，爭得有今日事？如今把住也由我，放行也由
> 我，把住放行總得自在。」遂噓一聲，良久而逝。闍維異香徧野，
> 舍利無數。〔註125〕

從第一則事例記載的慈覺的結局來看，禪宗認為趨炎附勢改換門庭是不道德
的，且會受到嚴重的果報。頎禪師在臨終時的懺悔，也明確顯示出他對自己犯
下的錯誤的認識。他當初對禪宗譜系的選擇，並不是基於自己受到的教育，而
是考慮了禪師的名聲和影響力，這種不道德的舉措讓他受到了慢性疾病的困
擾。

　　這兩個故事中都存在了一種超自然的因素，用以補償懲戒措施不足的缺
點。僧侶隨意的改換門庭，可能會導致禪宗譜系的紊亂，這是其一。其二，如
果僧侶都傾向於選擇更有權勢的禪師作為導師，那麼作為宗教的神聖特質會
被這一事實削弱，這一行為可以被解釋為趨炎附勢。因為這些僧侶的道德修養
是存在問題的，而存在道德瑕疵的人獲得開悟的機會，這一事件本身就傷害了
開悟的正當性。故而在法條和道德的律令之外，採取超自然因素匡正僧侶的行
為，本身是為了宗派的延續。之所以會有開悟者改換門庭，其根本的原因還是
在世俗層面利益的分配。因此，為了確保宗派的延續以及對後來者的轄制能
力，這種行徑是必須被嚴格禁絕的。除了這些超自然因素的懲戒之外，以道德
為武器的案例就更多了。曉瑩在《羅湖野錄》中載：

> 西蜀顯禪師者，落髮師乃紹覺白公。有偈送之南遊曰：古路迢
> 迢自坦夷，臨行不用更遲疑；佗時若到諸方日，為我分明舉似伊。
> 既至海會，參禮演和尚。一日，演語曰：「我固知你見處，只是未過
> 白雲關。」是時圜悟為侍者，顯密以白雲關意扣之。圜悟曰：「你但
> 直下會取而。」演自城歸，顯偕圜悟入城，相值於興化。演曰：「記
> 得在那相見來」。顯曰：「全火祇候。」演顧圜悟曰：「這漢饒舌矣。」
> 由是機語相契。久而辭歸蜀。演為小參曰：離阿四十餘年，一時忘
> 却蜀語；禪人回到成都，切須記取魯語。顯旋成都。紹覺住昭覺，
> 使顯應長松之命。開堂拈香曰：「一則爐鞴功精，一則磨淬極妙。二
> 功並著，理孰為先？不見道『本重末輕，當風可辨』？此香奉為紹

〔註125〕《新纂卍續藏》，第 87 冊第 4 頁上欄。

覺和尚。爇向爐中，令教普天帀地，實溝塞壑，使天下衲僧無出氣
處。」嗚呼！言浮其實，欲隱彌露，無乃計之左乎。其與一宿覺蓋
相萬也。至於阿善戴嵩之筆，故叢林目為顯牛子。既以小技涸掩道
望，以故情謬紊師承而為後世矜式，其可耶？〔註126〕

曉瑩指責宗憲為了個人利益而干擾佛法傳播，這一看法在宋代具有相當的普
遍性。一個宗教系統要獲得良好發展的契機，懲處不遵守規矩的成員是重要的
舉措，這樣可以在最大程度上維護群體的利益，否則將會面臨分崩離析的困
擾。諸如宗憲這樣利慾熾盛以私害公的僧侶，帶來的危害性不僅僅在於他行為
本身，更在於他淆亂風氣起到壞的表率作用。因此對他的撻伐是維護僧團清正
面目的需要。此類人要麼不會在燈錄系統中出現，一旦出現也只能作為反面的
例子。這些反面典型的根源還是對宗教資源的搶奪，即開悟的身份並不能保證
現實利益的分配。當一個僧侶被一個禪師印可之後，他至少還要經過兩個步驟
才可以住廟宣法：「first, the disciple must obtain an abbacy in a public monastery」
（首先，法嗣必須在寺院中取得一定的職位），以及「second, he must decide his
lineage for himself by announcing the name of his transmission master」（其次，他
必須通過宣稱自己得法師的姓名來決定自己的法統歸屬）。〔註127〕只有經過
這兩個條件的考驗，他才能參與禪宗世俗權力的分享。否則他只能是一個像長
沙景岑一樣的遊蕩者，而他具有的法嗣傳承權力實際上也就不能兌現了。這其
中第一步尤為關鍵，牽涉到了其他宗派及世俗官府等各種勢力的糾葛。他的得
法師未必有足夠的手段處理，故而改換門庭的事就有了發生的可能。一旦他依
靠某個僧侶獲得了住山開堂的力量，他在宣佈他所承嗣的法統的時候就出現
了變數。除了僧侶作為人的貪癡的慾望難以戒斷的緣故之外，這種現象在更深
層的原因是一種長久積累矛盾的爆發，那就是多元化鬆散的教派組織和集約
化的權力趨勢之間的衝突。

禪宗的發展經歷了早年的粗放的組織方式，後來藉著香水錢的機會慢慢
向著正規教派靠攏，到了五代宋時期它已經取得了佛教主流的身份。在僧團建

〔註126〕《新纂卍續藏》，第 83 冊第 390 頁上欄至中欄。

〔註127〕Zhang Chao. *Chan Miscellanea and the Shaping of the Religious Lineage of Chinese Buddhism under the Song*. Journal of the International College for Postgraduate Buddhist Studies, 2017, 21, pp.1-40。（禪宗雜錄與宋代佛教宗脈的形成）進一步的內容可以參考 Tamamura Takeji 玉村竹二，Nihon Zenshūshi ronshū 日本禪宗史論集(Kyōto: Shibunkaku, 1976-1981), vol. 2, 122 (1360)。

設層面，百丈禪師制定清規之後，小型禪宗團體的發展模式基本上都比較統一。而「一日不作，一日不食」的訓誡中似乎又含有某些商業化的苗頭，這使得禪僧在積極發展僧產的同時，也有了聚斂的習慣。對一個初創教團來說，這種聚斂的意識是有益的。這也可以看作宋代禪宗寺院富饒的一個遠端因素。與這種世俗層面的統一性相比，思想層面呈現出了一種分裂的狀態。這種分裂導致了一些支派的誕生，他們各自秉持的理論在根本上是相同的，只有一些細部內容有所調整。此區別蘊含在廣闊的一致性之中，因此禪僧被提及時，人們首先想到的往往是他們的集體身份，而不會仔細的區分牛頭、東山等等分支。這也是他們建立由燈錄文本統轄的權力體系的根基，即不同支派的思想異質性很弱，對共同禪宗身份的認同性較強。鬆散集體通過修撰評價文本可以取得一定程度的整合。以宋代的禪宗來說，這些燈錄實質上有一種將鬆散分裂的宗派整合的傾向。但因為沒有強有力的組織者，這種通過修史而固定下來的權力後來是分散的，其典型的表現就是多種燈錄文本的出現。不同的支脈都通過燈錄來攫取話語權力，這讓憑藉文本來重構權力的意圖有一定程度的落空，而直接的影響就是開悟者的溢量和冗濫。其中有一個邏輯的陷阱，也許當時修造這些文本的人認為將不在世的高僧大量收入燈錄中不會有太大的影響，但是認這些禪師為自己祖師的情形卻沒有被考慮進去，一些時候追認祖師就可以獲得禪宗權力的分潤。這種分潤的力量沒有限制會成為混亂的根源，即能夠與祖師的身份合一的開悟者就變得不可控制。然而禪宗在世俗層面所取得的社會資源畢竟是有限的，這就致使許多僧侶無法從文本權力中獲益，也就是上文提及的鬆散教派和集約權力間的衝突。如果說早期修訂燈錄的時候，他們還沒有意識到這種弊端的話，在後來的宗教實踐和文本建設中，他們對這一情形及其引發的惡果已經洞若觀火了。因此他們採取了後續一系列的措施來改善這種混亂局面，比如打擊自己宣佈開悟的行為，開悟狀態必須經過禪師的印可等等。這些舉措的效果並不佳，隨著教派分散以及燈錄地位的下降，主要是後來很少有官修的行為，其強制性的效力得不到足夠的支持，因而作為統一教團的強制力就每況愈下，禪宗在宋代後期的式微就難以避免了。

　　燈錄文本及其構建的權力系統雖然存在各種瑕疵，並且它最終也未能竟其全功，但其成功的一些方面也不容忽視。我們一再強調燈錄的本質不是歷史範疇，而是宗教範疇，亦其本質上是一種宗教神話的主體。燈錄中的祖師一直被認為完美復刻了釋迦牟尼的種種美德，他們的形象是相合的。因此，燈錄以

及記錄他們言行的文本具有宗教經典的性質,亦即為神聖史的模式,其中充滿了辯論、儀式等內容的書寫,足可以作為僧侶教育的載具。有研究者認為宋代選擇燈史作為宗教和意識形態的載體,這一舉措對教派發展來說有非常積極正面的作用〔註128〕。具體來說,它改變了傳統僧侶的培養方式,將宗教啟蒙教育從印度佛教哲學以及神話中解脫了出來,用一些具體的事例作為媒介來描述前賢的言行,這種簡易的方式很容易在儒家社會中取得共鳴。在燈錄中,神聖的真理被巧妙地蘊含在世俗的事件之中,這些本質形而上的事物中頓時增添了許多人文且現實的氣息。同時,平凡的瑣事也具備了非凡的意義,後一點尤其重要,平凡且隨處可見的實相因為沾染了超凡的氣息,而使得生活中處處都具備了形上或曰開悟的可能。這不僅給瑣碎的生活注入了新的意義,也鍛煉了僧侶興像的藝術審美感,能從平凡處見到真醇。這種全新的本土化的佛教很容易受到良好教育的士大夫的青睞,因而能吸引精英集團編纂、修訂其文本系統,並最終被政府確定為正典,佛教影響的擴大就成了不言而喻的事實了。燈錄的內容側重以及文體風格也表現了一種迎合本土審美,掃除異域元素的傾向。在燈錄廣泛流傳之前,佛教的傳記一般採用了十科僧傳的結構,這種敘事結構「大抵由佛傳中八相成道的敘事模式予以增減」,其「模式化傾向尤為顯著」,將傳主生平「簡化納入既定的敘事結構之中」,它「重視的是意味高僧的典範性被記錄下來」,這種文本的根本目的是「塑造一個具有明顯傳教事功和神異能力的高僧典範」,因此「具有強烈的普勸修行的教化功能。」〔註129〕以景德錄為代表的燈錄系統,則採用了全新的方式,它只是在傳文前後簡單地敘述禪師的出身和圓寂,主要重點在其對話,也就是剪影式的書寫。這種敘述結構較前者更有藝術性,並且它從根本上呼應了禪宗關於修行的頓悟主張,即大量的平凡而瑣碎的追求是無意義的,只有充滿智慧的時刻纔對他的頓悟形成了助力。即楊億所說的「若拄於箭鋒,智藏發光,龐姿於鞭影,誘導後學,敷暢玄猷。」〔註130〕故而其強調得法因緣和傳法接機正得其宜。

除了上述差別之外,燈錄鮮有記錄神異感通的例子,而神感正是僧傳十科

〔註128〕 T. Griffith Foulk, *Myth, Ritual, and Monastic Practice in Sung Ch'an Buddhism*, 載 Ebrey, Patricia Buckley, Religion and Society in T'ang and Sung China, 1993.

〔註129〕 黃敬家著《中國禪宗文學與文化探論》,臺北:學生書局,2011 年,第 158～159 頁。

〔註130〕 徐明編著《中國佛教經論序跋記集》,上海:上海辭書出版社,2002 年,第 514 頁。

之一。這兩種文本都是輔教之書，其取向的不同或許有更深刻的意義存在。然就最淺顯處來看，似乎仍然是為了呼應各自修行的主張。禪宗的掃除神通，正合彰顯其「自性自悟」的智者形象〔註131〕。而僧傳中對宗教勝跡的書寫，則是為了扣合因果的理論，從而增強教派的感染力。就此觀之，禪宗具有其革命性的特質。此外，還有一個值得注意的因素，那就是燈錄預定的讀者群體包含了士大夫，這種情況下掃除怪力亂神之語，並出之以清醇、自然的言語，會形成一種詩化的美感。這或者是一種為人之學，然而它的效用毋庸置疑。以法常的傳記作為例子，《景德傳燈錄》的記載主要由其人求法與傳法的對話連綴而成，一部分涉及到了它住錫梅山的因由：

> （法常）居於天臺山餘姚南七十里，梅子真舊隱。時鹽官會下一僧入山采拄杖』迷路至庵所。問曰：「和尚在此山來多少時也？」師曰：「只見四山青又黃。」又問：「出山路向什麼處去？」師曰：「隨流去。」僧歸，說似鹽官。鹽官曰：「我在江西時，曾見一僧，自後不知消息莫是此僧否？」遂令僧去請出師。師有偈曰：「摧殘枯木倚寒林，幾度逢春不變心。樵客遇之猶不顧郢人那得苦追尋。」〔註132〕

而《宋高僧傳》中對這一段經歷的記載側重完全不同：

> （法常）容貌清峻，性度剛敏，納衣囊缽，畢志卯齋。……自天臺之於四明餘姚之南七十里，寓仙尉梅子真之舊隱焉。昔梅福初人山也，見多龍穴，神蛇每吐氣成樓閣，雲雨晦冥。邊有石庫，內貯仙藥神仙經籍。常寄宿於房，乃夢神人語之曰：「君非凡夫，因話及石庫中聖書懸記既往將來之事，受之者為地下主，不然為帝王之師傅矣。」常謂之曰：「石庫之書，非吾所好。昔僧稠不顧仙經，其卷自亡。吾以涅槃為樂，厥壽何止與天偕老耶？」神曰：「此地靈府，俗氣之人輒難居此，立致變怪。」常曰：「吾寓跡於梅尉之鄉，非久據焉。」因號梅山也。由是編苫伐木，作覆形之調，居僅四十年，驗實非常之人也。〔註133〕

此傳涉及神怪處頗多，其立足點在塑造法常非常之人的形象，也就是對他載道之資的描繪，有一種前定的邏輯存在其中，意在宣揚因果不虛，並號召信徒存

〔註131〕《中國禪宗文學與文化探論》，第 173 頁。
〔註132〕《景德傳燈錄》，第 174～175 頁。
〔註133〕《宋高僧傳》上冊，第 238 頁。

儲修道之資糧以備未來所用。這和禪宗的自力觀念相左，燈錄的記載只有機鋒相接的談話，而絕無山神水精之說。其流露出的理念乃破棄天資種姓的高低區隔諸種要素的影響，轉而塑造了一個充滿智慧的長者形象，這是對神采這一生命主體性的書寫。總的來看，燈錄作為一種新的宗教史學文本，其採用的體制及內容的側重是經過一番設計的，也是和他們主張的理論相匹配的。

燈錄這一系統將禪宗分成了兩個面向，一方面，既往的禪師已經凋零，其先言往行被保存在文本中，供後來者瞻仰膜拜。只有非常晚近的小部分禪師還活著，當然他們也被尊奉到了那些已故禪師的行列。從某種意義上講，他們已經不再是普通的僧侶，而成了楷模先祖的一部分。另一方面，宋禪內部的廣大僧侶過著平凡的生活，他們相信能從語錄和燈史中獲得靈感，他們追隨燈史的法脈，希望有朝一日也能獲得眷顧。

第三節　結論

宋代寺院的組織方式較為複雜，總體有兩種趨勢並存，即從甲乙向十方的革新，以及兩院制向住持制的改進。這兩種情形乃因分類標準的差異所引起，具體來說後者乃前者的深化。就一個寺院而言，這兩種趨勢是可以並存的。住持制由叢林期的禪住持制更化而來，具有科層制的某些特點，在處理寺院事務時表現出很高的效率，故而快速的成為了宋代佛教的主流。住持制度按司儀和實務分兩序設立職位，以人繫事，兩序之間互相牽制，同時某些較低序的職司直接由寺主統轄。這就使得橫向、縱向兩個維度，都存在著監察的功能，此為其一。其二，住持制度迅速的整合了寺院的權力，寺院內部的俗務僧只需要向寺主負責，寺主統轄寺院，並作為佛教代理人尋求更多的社會支持。

寺院組織方式的變革，可以看作佛教對內控制力量的加強。宋代的僧侶在教派整體層面上也存在著一種整合的傾向。這一整合是經由對燈錄系統的修訂來進行的，他們希望燈錄能作為傳法許可的憑證。即只有燈錄認定的禪師才能開壇講法，並且作為新的開悟行為的見證者。因而燈錄超越了歷史範疇的初衷，成為了一種新的神聖文本。其紀錄的禪師乃一種統一體，屬於禪宗內一個特殊的階層，甚至有了與佛陀相合的趨勢。禪宗的師徒付囑最終需要落實到開山主廟的實踐之中，因為寺院資源的稀缺，有時候會存在改換門庭的不義行為。這一行為挑戰了通過燈錄構建的權力系統，因而經常受到批評，這種批評

行為也可以看作他們維護法嗣尊嚴的嘗試。總之，通過不同緯度的努力來整合教團權力是僧侶因應變化所做的選擇。

　　寺院組織方式的新變化，以及禪宗對內控制策略的新實踐，這些都可以看作宋代佛教在制度創新層面的嘗試，與教派的神聖面向關係不大。彼時僧侶所着力的領域很少與解脫理想發生關係。他們追憶黃金時代禪僧的嘉言往行，通過制度創建來限定開悟者的規模，協調分配世俗層面的利益，這些行為從不同側面反映了禪宗世俗化的程度。事實上，為了提高教派內部的行政效率，並維護教團的影響力，僧侶以及他所代表的機構必須深度參與到社會化生產之中。這種深度參與即是宗教世俗化浪潮的一種表徵，其不僅在中古時代存在，現代社會中也屢見不鮮。